Danielle Dick

VON NATUR AUS EINZIGARTIG

DANIELLE DICK

VON NATUR AUS EINZIGARTIG

Unsere **Gene** als Schlüssel,
um **Kinder** zu verstehen und
gelassen zu begleiten

Aus dem Amerikanischen von
Susanne Schmidt-Wussow

Kösel

Penguin Random House Verlagsgruppe FSC® N001967

Copyright © 2022 Kösel-Verlag, München,
in der Penguin Random House Verlagsgruppe GmbH,
Neumarkter Str. 28, 81673 München
Redaktion: Bettina Spangler
Umschlag: Weiss Werkstatt München
Umschlagmotiv: Vitalii Creator/Shutterstock.com
Satz: Uhl + Massopust, Aalen
Druck und Bindung: GGP Media GmbH, Pößneck
Printed in Germany
ISBN 978-3-466-31182-8
www.koesel.de

Für Aidan

Inhalt

Hinweis der Autorin

Um den aktuellen Stand der Forschung möglichst vielen Menschen zugänglich zu machen, habe ich an einigen Stellen komplexe Fachliteratur komprimiert dargestellt. Einige meiner akademischen Kolleginnen und Kollegen werden sicher der Meinung sein, der eine oder andere Teil sei allzu stark vereinfacht; ich habe mich jedoch nach Kräften bemüht, ein gutes Gleichgewicht zwischen Inhalten und Genauigkeit einerseits und Lesbarkeit und Anwendbarkeit andererseits zu finden. In allen Kapiteln verweise ich auf ausgewählte wissenschaftliche Arbeiten für all diejenigen, die tiefer in die Forschungsliteratur einsteigen möchten. Eltern, die sich zusätzliche Informationen wünschen, finden diese auch auf meiner Website danielledick.com. Im Anhang des Buches schließlich gebe ich weiterführende Leseempfehlungen.

Die Fragebogen in diesem Buch sollen Ihnen dabei helfen, Ihr Kind besser zu verstehen. Sie richten sich grob nach den Fragen, die in der Forschung zur Beurteilung von Temperament und Persönlichkeit eingesetzt werden. Diese Fragebogen sind jedoch nicht dazu gedacht, offizielle Diagnosen zu liefern. Keine der Informationen in diesem Buch sollte als Ersatz für professionellen klinischen Rat angesehen werden. Eine Hilfestellung für die Wahl einer psychotherapeutischen Fachkraft finden Sie im vorletzten Kapitel.

Einführung: Die Einzigartigkeit des Kindes verstehen

*Bevor ich heiratete, hatte ich sechs Theorien
über Kindererziehung.
Jetzt habe ich sechs Kinder und keine Theorie.*

John Wilmot (1647–1680), Verfasser

Schließen Sie die Augen und denken Sie an Ihr Kind.
Nein, nicht an den kleinen Menschen, der seine Hausaufgaben nicht machen will. Oder an den, der beim Essen einen Tobsuchtsanfall bekommt, weil die Schmetterlingsnudeln keine Hörnchennudeln sind.
Ich meine das Kind, das Sie sich immer vorgestellt haben.
Bevor Sie Kinder hatten.
Sicher war dieses Kind ein süßes, fröhliches Baby, das sich zufrieden in Ihre Arme kuschelte. Ein niedliches Kleinkind, das lachend den Kopf in den Nacken legte, wenn Sie es auf der Schaukel anschubsten. Vielleicht würde es mal eine Spitzensportlerin werden oder Jahrgangsbester. Vielleicht sahen Sie schon den Uniabschluss oder die Hochzeit vor Ihrem inneren Auge, die freudestrahlende Braut oder den schmucken Bräutigam. Worauf ich hinauswill: Wir alle hatten unsere Vorstellungen davon, wer unsere Kinder einmal werden sollten.

Aber in der alltäglichen Erziehungsarbeit geht es weniger um Träume und mehr um tägliche Kämpfe. Um Schuhe, die Ihr Kind nicht anziehen will und so verhindert, dass Sie es aus der Wohnung in den Park schaffen. Um schlechte Laune am Abendbrottisch. Um den lang ersehnten Familienausflug, bei dem Ihr Kind vier Stunden lang gegen Ihre Rückenlehne tritt und mault, dass es keine Lust darauf hat.

Warum ist es so schwer, unsere Kinder zu den vollendeten kleinen Menschen zu formen, als die wir sie uns vorgestellt haben? An Tipps und Ratschlägen für Eltern herrscht wahrlich kein Mangel. Es gibt Kurse, Blogs, Podcasts, Zeitschriften, Bücher und Workshops zum Thema Erziehung. Die Vorstellungen der Schwiegermutter zum Thema Disziplin und die Tipps der besten Freundin zum Schlaftraining noch gratis dazu. Die schiere Menge an Informationen ist überwältigend genug, aber was noch schlimmer ist: Viele davon widersprechen sich! Menschen ziehen seit Jahrtausenden Kinder groß – müssten wir nicht langsam wissen, wie das geht? Das größere Problem für Sie als Elternteil ist, die oft widersprüchlichen Ratschläge für sich zu sortieren und dann zu entscheiden, was das Beste ist.

Warum ist Elternsein so verflixt schwer?

Tatsächlich gibt es eine einfache Antwort auf diese Frage. Es ist so schwierig, Kinder großzuziehen, weil all die gut gemeinten Ratschläge Ihrer Eltern und Freunde und Kinderärztinnen und -ärzte einen der größten Faktoren übersehen, der die Entwicklung eines Kindes beeinflusst: seine Gene.

Im Biologieunterricht haben wir nämlich nicht die ganze Wahrheit gelernt. Die DNA ist nicht nur für braune oder blaue Augen, lockige oder glatte Haare verantwortlich, sondern auch für den Aufbau unseres Gehirns und unsere grundsätzliche Lebenseinstellung. Angesichts des tiefgreifenden Einflusses der Gene auf Verhalten und Entwicklung des Individuums gibt es ganz einfach keine »richtige« Erziehungsmethode. Es gibt nur die »richtige« Methode, ein bestimmtes Kind zu begleiten; nur wenn Sie die genetisch bedingten Neigungen Ihres Kindes verstehen, können Sie es darin unterstützen, sein Potenzial voll auszuschöpfen, und gleichzeitig die täglichen Kämpfe reduzieren.

In diesem Buch geht es darum, diesen »richtigen Weg« für *Ihr* Kind zu finden, auf der Grundlage seines einzigartigen Erbguts. Und darum, Ihnen den Stress zu nehmen und einen Durchblick im Informationsdschungel zu verschaffen, damit Sie erkennen, was für Sie wirklich wichtig ist (und was nicht). Ich bin Wissenschaftlerin und beschäftige mich mit Genetik und kindlichem Verhalten, aber vor allem bin ich auch Mutter. Ich habe das alles selbst durchgemacht, und es war mein Wissen über die Faktoren, die einen echten Einfluss auf das menschliche Verhalten haben, das mich damals vor dem Durchdrehen bewahrte. Ich habe dieses Buch geschrieben, um dieses Wissen mit Ihnen zu teilen und Ihnen das Leben etwas leichter zu machen.

Die Illusion der Supermütter und Superväter

Noch nie in der Geschichte der Menschheit haben wir so viel Zeit in dem Bemühen aufgewendet, unsere Kinder aktiv zu formen. Für diese hohe Investition in unser Elternsein zahlen wir einen gewaltigen Preis: Die Paarzufriedenheit geht stark zurück, Angststörungen nehmen zu unter Kindern, die sich bestenfalls unter Druck gesetzt und schlimmstenfalls ständig bedrängt fühlen. Die Tage, in denen unsere Kinder im Wald spielten oder tagsüber frei durch die Gegend streiften mit der einzigen Auflage, vor dem Dunkelwerden zu Hause zu sein, sind längst vorbei. Wer heute sein Kind unbeaufsichtigt zum Spielen in den Park schickt, bekommt möglicherweise Besuch von der Polizei. In einigen Kreisen würde es als Vernachlässigung angesehen werden, Kinder alleine Hausaufgaben machen zu lassen oder vor der Klassenarbeit keine Nachhilfekraft zu engagieren, die sie darauf vorbereitet.

Wir haben zugelassen, dass die Welt mehr und mehr Anforderungen an Eltern stellt, und wir haben diese Anforderungen verinnerlicht: Deine Entscheidungen bestimmen die Zukunft deines Kindes! Jede deiner Handlungen entscheidet wesentlich mit, ob dein Kind später gut in der Gesellschaft klarkommt und resilient ist – oder aber ein unglücklicher Tyrann wird! Wenn du dein Kind liebst, formst du es zu einem erfolgreichen Erwachsenen, indem du Elternsprecherin wirst, dich im Sportverein deines Kindes engagierst, in den Elternbeirat eintrittst, regelmäßig mit ihm zum Joggen oder zum Yoga gehst (und wenn du dein Kind *wirklich* liebst, machst du das idealerweise alles).

Manchmal machen wir Eltern es uns sogar gegenseitig noch schwerer. Ich selbst kann mich da gar nicht ausnehmen. Ich wette, wir haben das alle irgendwann schon mal erlebt: den Wutanfall des Kleinkinds im Supermarkt beobachtet, den Wildfang im Museum, die Widerworte des unverschämten Teenagers. Wir haben von diesen Kindern zu ihren Eltern geblickt *und geurteilt*. Wir haben uns gesagt: Die muss ihr Kind doch mal unter Kontrolle bringen! Diese Eltern sollten aber wirklich [hier können Sie Ihren Lieblings-Erziehungstipp einfügen]!

In den ersten fünfzehn Monaten im Leben meines Sohnes war ich überzeugt, dass ich den Bogen mit dem Elternsein raushatte. Mein Kleiner schlief lange Strecken am Stück. Er weinte nur, wenn er etwas brauchte, und ließ sich schnell beruhigen. Ich weiß noch, wie ich mich wunderte, warum sich Leute darüber beschwerten, wie anstrengend es mit einem Neugeborenen war. Klar, als echter Schlafjunkie fand ich es schon nervig, *einmal* pro Nacht zum Füttern aufzustehen. Aber das schien mir kaum ein Grund für das ganze Gejammer zu sein, das man über Schlafentzug bei frischgebackenen Eltern so hört. Ich hatte Bücher gelesen und Elternkurse absolviert, und mein Sohn war der reinste Sonnenschein. Was sollte so schwer sein am Elterndasein?

Was mir damals nicht bewusst war: Mein glückliches, schlafendes Baby war nicht etwa das Ergebnis meiner herausragenden Fähigkeiten als Mutter. Ich hatte einfach Glück gehabt. Wer das unkomplizierte Verhalten meines Kindes als Säugling wirklich beeinflusste, war *mein Kind*. Selbst ich als Wissenschaftlerin, die Genetik und kindliches Verhalten studiert, war dem Mythos zum Opfer gefallen, dass es beim Elternsein – im Guten wie im Schlechten – nur um die Eltern geht. Eine mächtige Selbsttäuschung, vor allem, wenn alles glatt läuft. Es ist einfach, die Lorbeeren dafür einzuheimsen; allzu gern glauben wir, dass die Großartigkeit des eigenen Kindes unsere überdurchschnittlichen Bemühungen widerspiegelt. Aber was ist, wenn Ihr Säugling nachts zum ruhelosen Quälgeist wird? Oder das »Trotzalter« bei Ihrer Tochter schon mit sechs Monaten einsetzt (und andauert, bis sie sechzehn ist)? Sind Sie dafür auch verantwortlich? Müssen Sie dann mehr Bücher lesen oder mehr Ratschläge Ihrer Schwiegermutter befolgen? Wenn Kinder Schwierigkeiten haben, geben sich die verzweifelten Eltern oft erst einmal selbst die Schuld oder fragen sich, was sie falsch machen. Doch die Forschung zeigt, dass das Verhalten eines Kindes weniger von seinen Eltern gesteuert wird als aus sich selbst heraus.

Anfang der 1930er-Jahre beobachtete die Forscherin Mary Shirley 25 Säuglinge intensiv über ihre ersten zwei Lebensjahre. Zu Beginn ihrer Studie richtete sie ihr Interesse auf die motorische und kognitive Entwicklung von Säuglingen, doch am meisten fiel ihr bei der Begleitung der Babys das auf, was sie den »Persönlichkeitskern« nannte. Anhand ihrer Beobachtungen der Babys im Zeitverlauf erkannte sie, dass sich Persönlichkeitsunterschiede schon früh nach der Geburt zeigen und dass die Babys sich systematisch in Aspekten wie Reizbarkeit, Weinen, Aktivitätslevel und Reaktionen auf neue Menschen und Situationen unterscheiden.

Darüber hinaus schienen diese Unterschiede in verschiedenen Umgebungen und im Zeitverlauf stabil zu bleiben. Kinder, die viel weinten, weinten zu Hause genauso wie im Säuglingslabor. Sehr aktive Kinder waren das zu Hause ebenso wie in der unbekannten Laborumgebung. Vor allem aber schienen die beobachteten Unterschiede im Verhalten der Kinder nicht besonders von dem beeinflusst zu werden, was das Elternteil (damals überwiegend die Mutter) tat.

Von Beginn an einzigartig

Tatsächlich wird das Verhalten eines Kindes zu einem überraschend großen Teil bereits im Augenblick der Empfängnis angelegt, wenn die Gene der Mutter auf die des Vaters treffen und daraus ein absolut einzigartiger neuer Mensch wird. Und wie alle Eltern mit mehr als einem Kind wissen, ist jedes Baby anders, und zwar ab dem ersten Tag. Natürlich gibt es eine Menge Gemeinsamkeiten. Alle Babys schlafen (wahrscheinlich nicht so viel, wie es den Eltern lieb wäre) und machen die Windeln voll (wahrscheinlich öfter, als es den Eltern lieb ist) und weinen und trinken. Aber darüber hinaus wird jedes Kind mit seiner eigenen Art des Kindseins geboren, und die Unterschiede werden gleich zu Beginn deutlich.

In der Entwicklungspsychologie[1] werden diese Besonderheiten im Verhalten als *Temperament* bezeichnet. Das Temperament ist in den Genen kodiert, den kleinen Strängen von Informationen im Kern jeder Zelle, die von den Eltern an das Kind vererbt werden. Das bedeutet nicht, dass Sie das Verhalten Ihres Kindes nicht beeinflussen können, sondern nur, dass Sie erkennen müssen, dass Ihr Einfluss begrenzt ist – was Sie auch tun, Sie müssen mit den Karten spielen, die Sie auf der Hand haben. Noch wichtiger: Wenn Sie Ihr Kind erfolgreich zu einem Verhalten hin und von einem anderen weg beeinflussen wollen, müssen Sie unbedingt seine genetische Struktur berücksichtigen.

Genetische Unterschiede führen dazu, dass sich Kinder von Anfang an *in der Stärke ihrer Reaktion* auf die Welt (wie sehr sie sich über Dinge ärgern oder freuen, denen sie begegnen) und *in der Regulierung* ihrer Reaktionen unterscheiden. Wenn das Kind keine pürierten Erbsen mag, wirft es den Teller dann quer durchs Zimmer oder verzieht es nur das Gesicht, während es sie brav (wenn auch unglücklich) hinunterschluckt? Wenn es auf einem Spaziergang ein süßes Hündchen entdeckt, schreit es dann so aufgeregt, dass Sie keine Wahl haben, als stehen zu bleiben, damit es mit ihm spielen kann? Oder versteckt es sich ängstlich hinter Ihrem Bein?

Was das Temperament für Eltern besonders wichtig macht, ist seine große Stabilität. In Langzeitstudien mit Kindern war Ängstlichkeit bei Säuglingen, die schon mit drei Monaten festgestellt wurde, ein Prädiktor für Ängstlichkeit im Alter von sieben Jahren. Aus sehr kontaktfreudigen Babys werden sehr kontaktfreudige Kinder und Jugendliche. Eineiige Zwillinge können bei der Geburt getrennt werden und in verschiedenen Familien aufwachsen und sind sich später trotzdem sehr ähnlich. Unsere Gene bestimmen entscheidend mit, wie wir uns durch die Welt bewegen.

Wie man erwarten kann, sind angeborene Eigenschaften zwar im Laufe eines Lebens stabil vorhanden, zeigen sich aber auf unterschiedliche Weise, während ein Kind heranwächst. Ein kontaktfreudiges Baby gurrt, interagiert mit anderen Babys und lächelt Erwachsene an; ein kontaktfreudiger Teenager geht lieber auf eine Party, als zu Hause ein Buch zu lesen oder mit der besten Freundin einen Film zu sehen. Das ängstliche Kleinkind muss erst dazu überredet werden, ein neues Spielzeug auszuprobieren oder auf eine Schaukel zu klettern; der ängstliche Teenager muss überredet werden, an einer Schulaufführung teilzunehmen oder mit auf Abschlussfahrt zu gehen.

Mein höchst impulsiver kleiner Sohn sprang als kleines Kind aus den höchsten Bäumen und fragte später, ob er ein Motorrad haben kann (da war er erst elf, seufz). Diese Vorlieben liegen in seiner Natur – sein Vater ist Kampfjetpilot. Wie es aussieht, werden Abenteuerlust und Risikofreude stark genetisch beeinflusst!

Wenn Sie ein zufriedenes, kontaktfreudiges kleines Kind haben, sind Sie jetzt vielleicht beruhigt, und wer einen sehr ängstlichen oder jähzornigen Zwerg zu Hause hat, macht sich möglicherweise Sorgen.

Das müssen Sie aber nicht. Es ist wichtig, sich klarzumachen, dass angeborene Eigenschaften an sich weder gut noch schlecht sind. Die Vorstellung, ein kontaktfreudiges, lächelndes, fröhliches Baby zu haben, mag sehr verlockend klingen. Und aus fröhlichen, lachenden Babys, die gerne neue Spielsachen ausprobieren und offen auf neue Menschen und Situationen reagieren, werden mit größerer Wahrscheinlichkeit extravertiertere* Jugendliche und Erwachsene, mit allen positiven Konnotationen, die wir mit Kontaktfreudigkeit assoziieren. Aber kontaktfreudige, aktive Babys haben später auch mit höherer Wahrscheinlichkeit Probleme mit der Selbstkontrolle, sind impulsiver und frustrierter, wenn es nicht nach ihrem Kopf geht. Sie experimentieren als Teenager eher mit Alkohol und zeigen im Kreis ihrer Freunde andere riskante Verhaltensweisen.

Während andererseits ein ängstliches Baby den Eltern schon früh Sorgen macht (oder ihnen sogar manchmal ein wenig peinlich

---

* Der Begriff »extravertiert« geht auf das lateinische extra (»außen«) zurück, während die »Introversion« auf dem lateinischen intro (»innen«) basiert. Die beiden Begriffe wurden von Carl G. Jung eingeführt, dessen Auffassung nach Extravertierte ihre Aufmerksamkeit nach außen richten, während Introvertierte den Fokus auf das Innere legen. Dementsprechend wird in der Forschungsliteratur die Extraversion immer mit »a« geschrieben, obwohl sich im allgemeinen Sprachgebrauch eher die Variante extrovertiert durchgesetzt hat. Ich verwende in diesem Buch die wissenschaftlichen Schreibweisen »Extraversion« und »extravertiert«.

ist), ist Ängstlichkeit auch mit geringerer Impulsivität und Aggression assoziiert. Ängstliche Kinder geraten mit geringerer Wahrscheinlichkeit in Streitigkeiten oder tun die Myriaden leichtsinniger Dinge, zu denen Jugendliche neigen, wenn sie alt genug sind, allein unterwegs zu sein. Andererseits sind ängstliche Kinder auch anfälliger für Traurigkeit und Depression.

Was ich damit sagen will: Es gibt keine »guten« oder »schlechten« Veranlagungen. Es gibt nur deutlich unterschiedliche, genetisch beeinflusste Persönlichkeitsmerkmale, und jedes hat seine Vor- und Nachteile. Wie einfach oder frustrierend verschiedene angeborene Eigenschaften für die Eltern sind, kann sich in den unterschiedlichen Entwicklungsphasen des Kindes auch ändern. Ihr eigensinniges Kleinkind bringt Sie vielleicht manchmal an den Rand der Verzweiflung, aber wenn gerade diese Eigenschaft es dazu bringt, sich als junger Erwachsener gegen Ungerechtigkeit einzusetzen, schwillt Ihnen stolz die Elternbrust.

Da angeborene Eigenschaften nicht nur stabil, sondern auch mit verschiedenen Schwierigkeiten und Lebensentwicklungen verknüpft sind, ist es von entscheidender Bedeutung, die genetisch beeinflusste Veranlagung *Ihres eigenen Kindes* zu verstehen. Damit will ich eigentlich nur sagen, dass es kein allgemeingültiges Erziehungsmodell gibt. Sie müssen Ihr Verhalten als Elternteil dem einzigartigen genetischen Codes Ihres Kindes anpassen.

Ebenso sollten wir von vornherein anerkennen, dass es mit einigen Kindern schwieriger ist als mit anderen. Diese einfache Tatsache ist uns sofort klar, wenn es um ein Kind mit Autismus oder dem Downsyndrom geht. Aber auch Kinder mit bestimmten angeborenen Veranlagungen können für Eltern an manchen Stellen eine unerwartet große Herausforderung sein. Wenn wir diese grundlegende Realität begreifen, können wir diesen Eltern einen Teil ihrer Bürde nehmen und Freunde mit »schwierigen« Kindern besser unterstützen.

In der Medizin geht der Trend heute zu personalisierten Therapien auf der Grundlage des individuellen Erbguts. Das wird als *Präzisionsmedizin*[2] oder auch als *personalisierte Medizin* bezeichnet. Dieser Ansatz beruht auf der Vorstellung, dass das Gesundheitsprofil jedes Menschen anders ist; einige von uns sind anfälliger für Krebs, andere für Herzerkrankungen und wieder andere für Drogenmissbrauch oder psychische Probleme. Manche Arzneien wirken bei einigen Menschen gut, können anderen jedoch schaden. Durch die Analyse des einzigartigen genetischen Codes eines Menschen lässt sich bestimmen, wie dieser Mensch Problemen vorbeugen und sie behandeln kann, wenn sie doch auftreten.

Dasselbe gilt für die Erziehung. Unsere Kinder unterscheiden sich in ihren natürlichen Stärken und Schwächen. Wenn Sie sich bewusst machen, was Ihrem Kind mit größter Wahrscheinlichkeit Spaß macht, worin es wahrscheinlich gut ist, was es am ehesten vor Probleme stellen könnte und für welche Gefahren es am ehesten anfällig ist, kann Ihnen das dabei helfen zu entscheiden, welche Erziehungsstrategien wahrscheinlich am wirkungsvollsten sind und welche vielleicht schaden. Was bei Ihrem ersten Kind funktioniert hat, muss beim zweiten nicht automatisch klappen, und was gut für das Kind Ihrer Freundin war, bringt bei Ihrem vielleicht überhaupt nichts.

Deswegen hasse ich den Begriff *Erziehungsarbeit*. Aus dem Mund einer Entwicklungspsychologin mag das seltsam klingen, aber das Problem bei diesem Begriff ist, dass er impliziert, es ginge vor allem um den Einsatz der Eltern. Dabei ignoriert er völlig den anderen wesentlichen Faktor der Gleichung – das Kind! Genauso, wie die Medizin sich der individualisierten Versorgung zuwendet, ist es höchste Zeit, auch in der Erziehung zu einem personalisierten Ansatz zu wechseln.

Zugegeben brauchte ich eine Weile, um diese Haltung in meinen eigenen Erziehungsansatz zu integrieren. Besonders deutlich wurde das, als es mit der Sauberkeitserziehung meines Sohnes losging. In seinem Kindergarten durften nur die Kinder in die Vorschulgruppe der Dreijährigen, die keine Windel mehr brauchten. Sein dritter Geburtstag kam und ging, und er hatte immer noch kein Interesse daran, ein »großer Junge« zu sein; er schien vollkommen zufrieden damit, weiter Windeln zu tragen und bei den Zweijährigen zu bleiben. »M&Ms!«, rieten mir meine Freundinnen. »Du musst ihn mit M&Ms belohnen, wenn er aufs Töpfchen geht.« Also führte ich diesen Anreiz ein, und ja, er wollte die M&Ms ... aber er war absolut nicht gewillt, dafür das Töpfchen zu benutzen. Dafür hatten wir nun regelmäßig Streit darüber, warum er keine M&Ms haben durfte, obwohl er doch wusste, dass welche im Vorratsschrank waren!

Eine andere wohlmeinende Freundin gab mir einen weiteren Rat: Ich sollte seinen »Knackpunkt« finden – herausbekommen, was er über alles liebt, und das als Belohnung einsetzen. Bei ihrer Tochter war es das Aussuchen ihrer Kleidung gewesen. Immer, wenn sie aufs Töpfchen ging, durfte sie sich umziehen. Kein Töpfchen – kein schickes Kleidchen. Offenbar hatte das wunderbar funktioniert. Aber als ich versuchte, diese Technik anzuwenden, wurde mir schnell klar, dass mein Kind lieber nackt in den Kindergarten gehen würde, als das Töpfchen zu benutzen.

Nach Wochen voller Unruhe und Tränen (hauptsächlich meine) dämmerte es mir endlich, was meinem Sohn wichtiger war als alles andere: das *Gewinnen*, also es so zu machen, wie er es wollte. Das Töpfchentraining war zu einem totalen Willenskrieg in unserem Haus geworden. Weil er spürte, dass ich versuchte, ihm das aufzuzwingen, leistete er genauso entschlossen Widerstand. Sobald ich diese Dynamik erkannt hatte, entspannte ich mich. Ich hörte auf, dauernd vom Töpfchen zu reden, und unser Alltag ging weiter. Und wissen Sie, was dann passierte? Nach einigen Wochen (und sicher mit etwas Ermunterung der geradlinigen Erzieherin im Kindergarten, die keine Lust mehr hatte, seine Windeln zu wechseln), fing er einfach von selbst an, aufs Töpfchen zu gehen. Und schon war er in der Vorschulgruppe der Dreijährigen.

Wäre ich früher zur Vernunft gekommen und hätte dem mehr Beachtung geschenkt, was ich über die willensstarke Veranlagung meines Sohnes wusste – vor allem über seinen starken Wunsch zu gewinnen –, hätte ich uns beiden eine Menge Frust ersparen können. Die Forschung zeigt, dass Kinder, die stärker auf Bestrafung reagieren (das trifft definitiv auf meinen Sohn zu), auch empfänglicher für das Bedürfnis ihrer Eltern nach Folgsamkeit sind. Mit anderen Worten: Je mehr man sie drängt, desto stärker wehren sie sich. Was die Forschenden aber auch herausfanden: Wenn Eltern Strategien einsetzten, die nicht auf Macht basierten, kooperierte das Kind mit deutlich größerer Wahrscheinlichkeit. Im Rückblick erkenne ich, dass ich viel zu besorgt war, dass mein Sohn zwei Monate nach seinem dritten Geburtstag immer noch nicht sauber war (oh nein!). Das brachte mich dazu, völlig überzureagieren und ihn zu bedrängen, um das Problem zu »lösen«, ohne mal einen Schritt zurückzutreten und mir zu überlegen, wie er reagieren würde. Man sollte meinen, gerade ich als Dozentin hätte mich gut selbst damit beruhigen können, dass ich noch nie einen jungen Menschen auf dem Campus getroffen habe, der immer noch Windeln brauchte. Irgendwann sind sie alle so weit.

Die DNA Ihres Kindes

Bevor wir weiter über Ihre Rolle als Elternteil sprechen, sehen wir uns doch einmal an, woher die genetischen Anlagen Ihres Kindes überhaupt kommen. Denken Sie zurück an den Biologieunterricht. Nein, nicht an die missglückten Versuche, sondern an die Zeit, als es um Eizellen und Spermien ging und wie sie zu einer Zygote verschmelzen, die sich dann immer weiter teilt und wächst, bis ein winziger Mensch daraus entsteht.

Die DNA besteht aus Chemikalien, die aneinandergereiht wie die Einsen und Nullen eines Computercodes die Gene bilden. Diese wiederum liefern die Bauanleitung für Proteine, die für alle Prozesse in unserem Körper verantwortlich sind, vom Blutdruck bis zum Verhalten. Jeder von uns besteht zu 50 Prozent aus einem zufälligen Teilsatz des Genmaterials (DNA) unserer biologischen Mutter und zu 50 Prozent aus Genmaterial unseres biologischen Vaters, die sich vermischen und ein einzigartiges Kind hervorbringen. Die 50 Prozent, die jedes Kind von jedem Elternteil erbt, sind zufällig verteilt; deshalb ähnelt Ihr Kind vielleicht in einigen Merkmalen eher Ihnen und in anderen eher dem anderen Elternteil. Jede Kombination aus zufälligen Genhälften jedes Elternteils unterscheidet Ihr Kind von allen anderen Menschen, einschließlich seiner biologischen Geschwister, die ebenfalls eine einzigartige 50/50-Kombination von Teilsätzen aus der DNA ihrer Eltern in sich tragen.

Geschwister sind sich in der Regel ähnlicher als zwei zufällig ausgewählte Menschen, weil die Teilsätze ihrer ererbten genetischen Varianten aus demselben Genpool stammen. Geschwister teilen sich daher im Durchschnitt 50 Prozent ihres Genmaterials. Da aber das menschliche Genom aus drei Milliarden DNA-Einheiten besteht, lässt das immer noch viel Raum für unterschiedliche Kombinationen, selbst unter Vollgeschwistern! Und bei aktuell fast acht Milliarden Menschen auf der Erde gibt es eine schwindelerregende Anzahl möglicher Varianten. In Abhängigkeit seiner einzigartigen Mischung von Genvarianten kann Ihr Kind entweder wie ein Klon von Ihnen aussehen, oder aber Sie fragen sich manchmal, ob es nicht doch in der Klinik vertauscht wurde.

Doch abgesehen von einem eventuellen Gentest in der Schwangerschaft, um festzustellen, ob alles in Ordnung ist, denken die meisten von uns nicht viel über Genetik nach. Schließlich müssen Schwangerschaftsklamotten gekauft, das Kinderzimmer eingerichtet und tausend Entscheidungen über Kinderbettchen, Babyschalen und Kinderwagen getroffen werden.

Und dann gibt es da natürlich noch die Elternkurse. In den meisten gynäkologischen Praxen werden Ersttermine zur Bestätigung einer Schwangerschaft erst nach sechs bis acht Wochen vergeben, aber Elternwebsites empfehlen nicht selten »Vorbereitungskurse« schon ab der 10. Schwangerschaftswoche. Es gibt Geburtsvorbereitungskurse, Stillkurse, Säuglingspflegekurse und Geschwisterkurse. Dem folgen im zweiten Trimester Schwangerschaftsyoga, die Ausarbeitung Ihres Geburtsplans und vielleicht noch ein Tragekurs. Selbst ich als Collegedozentin finde, das sind eine Menge Kurse!

Zugegeben, auch ich habe einige Elternkurse absolviert, und wenn sie sonst nichts gebracht haben, habe ich mich danach wenigstens besser vorbereitet gefühlt. Ich war eine meisterhafte Puckerin; mein Kind war in seinem ersten Lebensjahr größtenteils fester eingewickelt als ein Burrito. Ich recherchierte auch gründlich zu jeder großen und kleinen Entscheidung rund um meinen künftigen Wonneproppen.

Doch all diese Kurse und Entscheidungen zur Vorbereitung auf Ihr kleines Wunder vermitteln die Illusion von Kontrolle, und genau dort beginnt der »Elternmythos«. Die Bücher zum Schlafen, Stillen und Beruhigen schreiender Babys suggerieren, wenn Sie sich nur umfassend informieren, werden Sie wissen, wie Sie Ihr Baby dazu bekommen, zu schlafen, zu trinken und einen vernünftigen Tagesrhythmus einzuhalten. Lernen Sie, wie es geht, setzen Sie es wirkungsvoll um, und schon haben Sie ein fröhliches, gesundes Baby! Dann wären da noch das Krabbeln, Laufen, Zahnen und die Sauberkeitserziehung – eine grenzenlose Menge an Informationen, wie Sie Ihr Kind richtig durch alle wichtigen Etappen der Entwicklung begleiten. Irgendwo zwischen der Empfängnis und der Geburt des Babys gerät die biologische Grundlage in Vergessenheit – die Tatsache, dass die Art, wie Ihr individuelles Kind durchs Leben gehen wird, zu einem großen Teil von dem abhängt, was in seinen Genen kodiert liegt.

Aber denken Sie einmal darüber nach, was passiert, während Sie noch an all diesen Elternkursen teilnehmen: Ihr Baby wächst und entwickelt sich *vollkommen ohne Ihre Anleitung*. Sein genetischer Code steuert seine Entwicklung – Arme, Beine, Finger und Zehen, innere Organe, Gehirn – ohne jegliche bewusste Einmischung eines Elternteils. Es ist ganz natürlich, sich auf das zu konzentrieren, was wir kontrollieren können, etwa die Entscheidung für ein Kinderbett und eine Babyschale. Aber es ist wichtig, dabei eins nicht zu vergessen: Während wir das Kinderzimmer einrichten und das Pucken lernen, geschehen die wirklich wichtigen Dinge in der Entwicklung des Kindes größtenteils ohne Beteiligung der Eltern. Sie sind in der DNA des Kindes kodiert.

Was nicht heißen soll, dass die Umgebung, die Sie für Ihr Kind schaffen, nicht wichtig ist. Aus isolierten DNA-Sequenzen im Labor entstehen nicht spontan Menschen. Dieser kleine DNA-Code braucht Sie, und Sie können eine Menge tun, um ihn zu unterstützen: gute Ernährung in der Schwangerschaft, ein gesunder Lebenswandel und wenig Stress sind zum Beispiel wichtig für einen heranwachsenden Fötus. Drogen und Umweltgifte dagegen können schwere negative Auswirkungen auf seine Entwicklung haben. Als Elternteil möchten Sie natürlich alles in Ihrer Macht Stehende tun, um die bestmögliche Umgebung für die Entwicklung Ihres Babys zu schaffen. Als Mutter ernähren Sie sich gesund, nehmen vielleicht Schwangerschaftsvitamine, bewegen sich ausreichend. Als nicht schwangerer Elternteil können Sie eine liebevolle, unterstützende, stressfreie Umgebung für Ihre schwangere Partnerin schaffen.

In der Schwangerschaft wird uns klar, dass wir nicht alles in der Hand haben, dass unserer Kontrolle Grenzen gesetzt sind. Unser Baby wächst, und wir staunen über dieses Wachstum. Aber sobald das Baby da ist (ich entschuldige mich an dieser Stelle schon mal bei allen befreundeten Müttern, die jetzt sicher einwenden, dass davor ja noch eine durchaus anstrengende Geburt kommt), vergessen wir irgendwie, dass die Entwicklung während der Kindheit ebenso von genetischen Faktoren gesteuert wird, und genau diese Faktoren müssen wir in unserer Erziehung berücksichtigen.

Das Kind in seinem Wesen unterstützen

Nach einer jahrhundertelangen Nature-Nurture-Debatte wissen wir heute, dass »Natur gegen Umwelt« eine falsche Dichotomie war. Es geht nicht um ein »entweder – oder«, sondern um ein »sowohl – als auch« – eine Vermischung von Einflüssen, wobei sowohl die Gene als auch die Umwelt bei praktisch allen Verhaltensweisen eine Rolle spielen. Das Schwierige für Eltern ist, dass die Aufmerksamkeit weiter auf den Umweltaspekten liegt und der Teil der Gleichung, den die Natur ausmacht, keine ausreichende Beachtung erfährt. Stattdessen machen wir uns mehr Stress als je zuvor, weil wir denken, wir müssten uns mehr engagieren; dabei geht es gar nicht um mehr, sondern um *besseres* Engagement.

Diese Schwierigkeit (und Gelegenheit) fasste der Evolutionsbiologe E. O. Wilson schön zusammen, als er sagte, die Gene legen die Umwelteinflüsse zwar an die Leine, aber die Leine ist elastisch. Mit anderen Worten, unsere Gene sind nicht unser Schicksal, sodass wir als Eltern überhaupt nichts machen können, aber ebenso wenig darf man einfach über sie hinwegsehen. Kinder sind kein leeres Blatt, das von gut meinenden Eltern gefüllt werden will. Indem Sie anerkennen, wer Ihr Kind wirklich ist – den einzigartigen Code, mit dem wir alle geboren werden –, können Sie Ihren Einfluss im Einklang mit seinen natürlichen Neigungen nutzen, um ihm dabei zu helfen, sein volles Potenzial zu entfalten.

Kleine Gebrauchsanleitung für dieses Buch

Im ersten Teil dieses Buches geht es um die Wissenschaft hinter diesem neuen Erziehungsansatz. Das erste Kapitel ist eine Einführung in die Forschung, die unser Verständnis um die Ursachen des menschlichen Verhaltens verändert und den umfassenden Einfluss der Gene (und die Grenzen der Erziehung) auf das kindliche Verhalten gezeigt hat. (Wenn die Forschung Sie nicht weiter interessiert und Sie mir das einfach glauben, können Sie dieses Kapitel auch überspringen.) Im zweiten Kapitel geht es darum, wie der genetische Code Ihres Kindes seine Entwicklung, seine Persönlichkeit, sein Verhalten und seine Interaktionen mit der Welt formt. Sie werden besser verstehen lernen, warum es so wichtig ist, seine genetische Veranlagung zu verstehen, wenn Sie es wirkungsvoller begleiten – und dabei deutlich weniger gestresst sein – möchten. Der zweite Teil des Buches legt den Schwerpunkt auf Ihr Kind. Fragebogen zum Verhalten und den Neigungen Ihres Kindes helfen Ihnen dabei, seine genetischen Anlagen einzuschätzen. Anschließend zeige ich Ihnen Schritt für Schritt, wie Sie diese Informationen nutzen, um Ihren Erziehungsstil an Ihr spezielles Kind anzupassen, um es dabei zu unterstützen, das Beste aus sich herauszuholen, und Fallstricke zu vermeiden. Und vor allem verrate ich Ihnen, wie Sie sich dank dieser Informationen entspannen und daraus Zuversicht schöpfen können, um mehr Freude ins Zusammenleben mit Ihrem Kind zu bringen. Legen wir also los!

Kernpunkte

- Die Gene Ihres Kindes spielen eine zentrale Rolle bei der Ausbildung seines Gehirns und seines Verhaltens.

- Erziehungstipps sind oft widersprüchlich, weil sie nicht berücksichtigen, in welchem Maß das Erbgut des individuellen Kindes sein Verhalten beeinflusst. Deshalb kann etwas, das bei einem Kind gut funktioniert, bei einem anderen völlig wirkungslos bleiben.

- Wenn Sie das Erbgut Ihres Kindes verstehen, kann Ihnen das dabei helfen, Ihr einzigartiges Kind zu begleiten und es darin zu unterstützen, sein Potenzial auszuschöpfen und Probleme zu überwinden. Zudem sorgt dieses Verständnis für eine harmonischere Beziehung zu Ihrem Kind und verringert den Erziehungsstress.

Teil 1

· · · ▬ · · ·

Alles, was Sie über die wissenschaftlichen Grundlagen des
menschlichen Verhaltens wissen
müssen (und mehr nicht)

Natur oder Umwelt:
Die Frage ist geklärt

Fangen wir ganz vorne an: Woher stammt die tief verwurzelte Überzeugung, dass Eltern eine so wichtige Rolle in der Prägung des kindlichen Verhaltens spielen? Der verbreitete Fokus auf die (und das falsche Verständnis der) Rolle der Eltern lässt sich auf die Ursprünge der Kinderpsychologie zurückführen. Als Elternteil verbringt man eine Menge Zeit mit dem Versuch, das Verhalten des eigenen Kindes zu verstehen, aber die Forschung beschäftigt das schon seit *Jahrhunderten*. 1787 veröffentlichte der deutsche Philosoph Dietrich Tiedemann die erste Beschreibung der kindlichen Entwicklung in Form von Aufzeichnungen über das Verhalten seines Sohnes in seinen ersten dreißig Lebensmonaten. Tiedemann war stark von dem Philosophen John Locke beeinflusst, der im 17. Jahrhundert lebte und der Überzeugung war, dass wir alle als unbeschriebene Blätter ins Leben starten und dass unsere Entwicklung vollständig durch unsere Erfahrungen bestimmt wird. Knapp hundert Jahre später wurde *Die Seele des Kindes* (1882) von William Thierry Preyer veröffentlicht, Professor für Physiologie in Jena. Es beschrieb die Entwicklung seiner eigenen Tochter in ihren ersten Lebensjahren und wird häufig als Beginn der heutigen Kinderpsychologie angeführt.

Von diesen frühen »Babybiografien«, die Beobachtungen über ein einzelnes heranwachsendes Kind wiedergaben, dehnte sich das Fachgebiet auf Studien kleiner Gruppen von Kindern aus, die eingehend in ihrer Entwicklung beobachtet wurden. Im Laufe der Zeit wurden immer häufiger auch die Eltern der Kinder in die Studien mit einbezogen, als die Entwicklungspsychologie sich für die Rolle der Eltern zu interessieren begann. Über diese Entwicklung hinweg blieb ein zentrales Merkmal der kindlichen Entwicklung unverändert bestehen, dass sich nämlich das Fachgebiet auf *Beobachtungsstudien* stützte. Dieser Studienaufbau jedoch weist eine wichtige Einschränkung auf und spielt eine Schlüsselrolle bei der Frage, warum so viel Druck auf den Eltern lastet, wenn es um das Verhalten ihrer Kinder geht.

Die traditionelle Familienstudie und ihre Grenzen

Es scheint ganz logisch: Will man den Einfluss der Eltern auf ihre Kinder verstehen, muss man (Trommelwirbel!) Eltern und ihre Kinder untersuchen. Inzwischen wurden Tausende von Eltern-Kind-Studien durchgeführt, welche die Grundlage für die meisten Erziehungsratschläge auf dem Markt bilden. In diesen Studien bitten die Forschenden Eltern, von ihren Erziehungspraktiken zu berichten, und messen dann ein bestimmtes Ergebnis bei den Kindern, in der Wissenschaft auch »Outcome« genannt. Manchmal bitten sie auch die Kinder, über ihre Eltern und sich selbst zu erzählen, manchmal sollen die Eltern über sich selbst und ihre Kinder berichten. Und in einigen Fällen stammt die Information auch aus anderen Quellen, etwa aus der Schule und von anderen Betreuungspersonen.

Diese Studien finden durchgehend Korrelationen (ein statistisches Maß für Ähnlichkeit) zwischen Aspekten der Erziehung und bestimmten Folgen bei den Kindern. Diese Ergebnisse werden meist als Belege für die Rolle der Eltern in der Prägung des kindlichen Verhaltens interpretiert.

Ein gleichbleibendes Ergebnis ist beispielsweise, dass positive Erziehungspraktiken wie elterliche Wärme und elterliches Engagement mit weniger emotionalen und Verhaltensproblemen bei Kindern verknüpft sind. Strenge oder inkonsequente Erziehung dagegen ist mit mehr Verhaltensproblemen bei Kindern verknüpft. Voilà! Ein Beweis für die Bedeutung der Erziehung, oder?

Nicht so schnell.

Es gibt eine Menge guter Gründe, dem eigenen Kind mit Wärme zu begegnen und es konsequent und positiv zu erziehen. Aber das Problem bei diesen Studien ist, dass sie oft so (fehl-)gedeutet werden, dass das elterliche Verhalten das kindliche Verhalten *verursacht.*

In dieser Logik steckt ein Fehler. Es läuft auf das Grundprinzip hinaus, das wir alle irgendwann im naturwissenschaftlichen Unterricht in der Schule gelernt haben: Korrelation ist nicht dasselbe wie Kausalität. Mit anderen Worten: Nur weil zwei Dinge miteinander verknüpft sind, muss noch längst nicht das eine das andere verursachen.

Die beste Methode, eine Ursachenzuschreibung vorzunehmen, ist ein kontrolliertes Experiment. Die Kinderpsychologie hat hier einen Nachteil, weil sie Kinder nicht zu experimentellen Zwecken anderen Eltern zuweisen kann. Wenn wir Kinder im Zufallsverfahren (zum Beispiel) Eltern mit weniger Regeln und Eltern mit strengeren Regeln zulosen könnten, wäre es möglich zu testen, ob Unterschiede bei Erziehungsregeln mit unterschiedlichen Auswirkungen beim Kind in Zusammenhang stehen. Eine zufällige Verteilung auf die Eltern würde bedeuten, dass viele verschiedene Typen von Kindern der Gruppe mit den wenigen Regeln und der mit den strengen Regeln zugeteilt würden, sodass wir mit größerer Bestimmtheit schließen könnten, dass etwaige Unterschiede zwischen den Gruppen sich auf die unterschiedlichen Erziehungsstile zurückführen lassen. Ein solcher sogenannter randomisierter Versuchsaufbau kommt etwa zur Anwendung, wenn wir untersuchen, ob bestimmte Eingriffe oder neue Medikamente wirksam sind.

Aber Korrelationen, wie wir sie zwischen Kindern und Eltern beobachten, sagen uns nichts über die Kausalität, weil wir daraus nicht die Wirkrichtung ableiten können. Wenn Eltern ihre Kinder liebevoll behandeln, verhalten sie sich *vielleicht* besser. Wenn Eltern streng mit ihren Kindern sind, werden diese Kinder *vielleicht* aggressiver. Aber es ist ebenso plausibel, dass Kinder, die sich besser benehmen, bei ihren Eltern eher liebevolles Verhalten hervorrufen. Wenn mein Kind folgsam seine Jacke anzieht und an der Tür wartet, bis wir zur Schule aufbrechen können, bin ich viel liebevoller, als wenn es im Bett vor sich hin schmollt und sich weigert aufzustehen. Es ist viel einfacher, einem Kind liebevoll zu begegnen, das sich mustergültig verhält, als wenn es gerade einen Wutanfall hat! Dieselbe Logik gilt auch für Fehlverhalten: Es ist ebenso möglich, dass ein aggressiveres Kind die Eltern erst dazu bringt, strenger zu reagieren, um das Verhalten des Kindes zu verbessern. Vielleicht wären diese Eltern auch herzlich und liebevoll, wenn ihr Kind sich nicht so aufführen würde. Unter dem Strich heißt das, wenn wir eine Korrelation zwischen einer Erziehungspraktik und einer Auswirkung beim Kind finden, können wir nicht wissen, welche dieser Möglichkeiten zutrifft. Verursacht die Erziehung das Verhalten des Kindes oder steuert das kindliche Verhalten die Erziehung?

Wie sich herausstellt, ist das eine äußerst wichtige Unterscheidung. Die Fehldeutung von Eltern-Kind-Korrelationen als Beweis für die ursächliche Rolle der Erziehung hatte tiefgreifende Folgen. Ein besonders auffälliges Beispiel ist unser Verständnis von Autismus zu verschiedenen Zeiten. Ursprünglich dachte man, Autismus würde von gefühlskalten Müttern verursacht, die ihre Kinder nicht richtig sozialisierten. Zu diesem Schluss kam die Medizin, nachdem Studien gezeigt hatten, dass Mütter von Kindern, die autistische Züge entwickelten, ihre Babys seltener anlächelten, weniger oft zärtlich mit ihnen sprachen und auch sonst kaum auf muttertypische Weise mit ihnen interagierten. Die Forschenden schlossen daraus fälschlicherweise, dass mütterliche Gefühlskälte die Entstehung von Autismus bei Kindern *verursacht*. Als man diese Familien über eine längere Zeit beobachtete, fand man schließlich heraus, dass die Mütter von Kindern, die später eine autistische Störung entwickelten, sich anfangs genauso verhielten wie die Mütter von Kindern, die keine Störung entwickelten. Die später autistischen Kinder reagierten jedoch auf die mütterlichen Signale nicht so, wie die meisten Babys mit typischer Entwicklung reagieren – sie gurrten nicht, hielten keinen Augenkontakt mit der Mutter und schienen die Interaktion nicht zu genießen. Also schränkten diese Mütter im Laufe der Zeit dieses Verhalten immer mehr ein. Nicht das Verhalten der Mütter beeinflusste das Ergebnis beim Kind in irgendeiner Weise – das Verhalten des Kindes beeinflusste vielmehr die Mutter.

Langzeitstudien an Kindern und Eltern ist eine Möglichkeit, mehr Klarheit über die Wirkrichtung zu erfahren, weil sich so untersuchen lässt, ob elterliches Verhalten das zukünftige kindliche Verhalten beeinflusst, und zwar unter Berücksichtigung der Ausgangssituation des Kindes, und umgekehrt. Solche Langzeitstudien an Eltern und Kindern liefern ein überraschendes Ergebnis: Das kindliche Verhalten hat allgemein einen stärkeren Einfluss auf die zukünftige Erziehung als das elterliche Verhalten auf das zukünftige Verhalten des Kindes. Mit anderen Worten, unsere Kinder beeinflussen unsere Erziehung mehr, als unsere Erziehung unsere Kinder beeinflusst.

Im Rahmen einer großen Studie unter der Leitung einiger bekannter Fachleute auf dem Gebiet der kindlichen Entwicklung wurden beispielsweise fast 1.300 Kinder[3] und ihre Eltern in neun Ländern untersucht, die aus zwölf kulturellen Gruppen auf der ganzen Welt stammten (China, Kolumbien, Italien, Jordanien, Kenia, Philippinen, Schweden, Thailand und den USA). Sie untersuchten die Familien, als die Kinder acht, neun, zehn, zwölf und dreizehn Jahre alt waren, und suchten nach wechselseitigen Einflüssen zwischen erzieherischem Verhalten und emotionalen und Verhaltensproblemen der Kinder im Zeitverlauf. Es stellte sich heraus, dass die Kinder in allen kulturellen Gruppen einen großen Einfluss auf die nachfolgende Erziehung hatten: Mehr emotionale oder Verhaltensprobleme bei Kindern waren ein Prädiktor für weniger elterliche Wärme und mehr elterliche Kontrolle in der nächsten Altersstufe, sogar unter Berücksichtigung des vorangegangenen kindlichen und elterlichen Verhaltens. Andersherum gab es wenig Belege dafür, dass die Erziehung ein Prädiktor für das zukünftige Verhalten des Kindes ist. Wie liebevoll oder kontrollierend Eltern waren, wirkte sich nicht signifikant auf die Wahrscheinlichkeit aus, dass Kinder später emotionale oder Verhaltensprobleme entwickelten. Die Studie unterstrich, wie Kinder den zukünftigen Erziehungsstil der Eltern lenken, weil die Eltern auf das Verhalten ihrer Kinder reagieren, und das in größerem Maße, als Eltern das zukünftige Verhalten des Kindes beeinflussen können. Dieses Ergebnis zeigte sich übereinstimmend auf der ganzen Welt.

Es ist noch aus einem anderen Grund problematisch, Eltern-Kind-Korrelationen so zu interpretieren, dass das Elternverhalten das kindliche Verhalten *verursacht* oder andersherum: Es ist auch möglich, dass etwas ganz anderes sowohl das Verhalten des Kindes als auch das der Eltern beeinflusst und sie ähnlich wirken lässt, selbst wenn die Verhaltensweisen sich nicht direkt gegenseitig beeinflussen. Wir nennen das eine *Drittvariable*. Ein Beispiel: Es gibt eine Korrelation zwischen dem Kauf von Eiscreme und dem Tragen einer Sonnenbrille. Bedeutet das, Eisessen bringt die Menschen dazu, eine Sonnenbrille zu tragen? Oder das Tragen einer Sonnenbrille bringt sie dazu, Eis zu essen? Natürlich nicht. Der Grund, warum Eisessen und Sonnenbrillentragen korrelieren, besteht darin, dass etwas anderes beide Verhaltensweisen beeinflusst – es ist eine Drittvariable im Spiel: warmes, sonniges Wetter. Warmes, sonniges Wetter führt dazu, dass Menschen mit höherer Wahrscheinlichkeit Eis essen *und* mit höherer Wahrscheinlichkeit eine Sonnenbrille tragen. Bei den Korrelationen zwischen biologischen Eltern und ihren Kindern können diese Drittvariable – der Faktor, der das Verhalten sowohl beim Elternteil als auch beim Kind beeinflussen könnte – die gemeinsamen Gene sein.

Wenn wir zu unseren Beispielen von vorhin zurückkehren, dann wissen wir, dass Verhaltens- und emotionale Probleme genetisch beeinflusst sind. Wenn wir also sehen, dass liebevolles elterliches Verhalten mit positiven Auswirkungen bei den Kindern assoziiert ist, gibt es drei mögliche Deutungen: 1. Liebevolles elterliches Verhalten führt dazu, dass Kinder sich besser benehmen, 2. brave Kinder veranlassen ihre Eltern zu liebevollerem Verhalten, oder 3. die Korrelation ist ein Nebenprodukt der Tatsache, dass Gene Gefühle und Verhalten beeinflussen und biologische Eltern und Kinder gemeinsame Gene haben. So geben Eltern mit Genen, die gutes Verhalten beeinflussen (wodurch sie mit höherer Wahrscheinlichkeit positive, zugewandte Eltern sind), auch eher eine stärkere genetische Veranlagung zu gutem Verhalten an ihre Kinder weiter. Wir wissen auch, dass Aggression genetisch beeinflusst wird; der Umstand, dass elterliche Strenge mit erhöhter Aggression korreliert, könnte also darauf zurückzuführen sein, dass 1. elterliche Strenge beim Kind Aggressionen hervorruft, 2. kindliche Aggression dazu führt, dass die Eltern es strenger behandeln, oder 3. strenge Eltern mit höherer Wahrscheinlichkeit Gene in sich tragen, die mit Aggression verknüpft sind, und ihr Kind dementsprechend mit höherer Wahrscheinlichkeit ebenfalls Gene besitzt, die es aggressiver machen. Diese Möglichkeiten schließen sich nicht gegenseitig aus; tatsächlich könnten auch alle diese Prozesse oder eine Kombination daraus ablaufen. (Wie gesagt, bekommen Ihre Kinder eine zufällige Mischung von nur 50 Prozent Ihrer DNA und 50 Prozent vom anderen Elternteil – deshalb gibt es keine Garantie, dass Ihre Kinder all Ihre fantastischen – oder zumindest wünschenswerten – Eigenschaften erben.)

Kurz gesagt, wenn wir Korrelationen zwischen Erziehungspraktiken und Ergebnissen beim Kind sehen, ist es verlockend zu schlussfolgern, dass Eltern ihre Kinder beeinflussen (und genau das tun viele Erziehungsratgeber!), doch es ist ebenso wahrscheinlich, dass die Kinder das Verhalten ihrer Eltern beeinflussen oder dass die Ähnlichkeiten zwischen Eltern und Kindern einfach auf ihr gemeinsames Erbgut zurückzuführen sind. Vielleicht wären diese Kinder genauso mustergültig oder pflichtvergessen geworden, auch ohne ihre mustergültigen oder pflichtvergessenen Eltern. Ohne einen echten Versuchsaufbau können wir das nicht nachweisen. Wir wissen, dass etwas Korrelationen zwischen Erziehung und Ergebnissen beim Kind hervorruft; wir wissen nur nicht, was dieses Etwas ist. Zum Glück gibt es einige natürliche Experimente, mit deren Hilfe wir die Bedeutung der genetischen und der umweltbedingten Einflüsse voneinander trennen und untersuchen können, in welchem Ausmaß die Gene eines Kindes sein Verhalten steuern und inwieweit der elterliche Einfluss sich überhaupt auswirkt.

Adoptionsstudien: Die Rolle der Gene wird deutlich

Das erste und am besten geeignete »natürliche Experiment«, das die Trennung genetischer und umweltbedingter Einflüsse möglich macht, sind Adoptionsstudien. Als ich von Korrelationen zwischen Eltern und Kindern sprach (und dass wir mit ihrer Hilfe nicht herausfinden, wie wichtig die Erziehung tatsächlich ist), bezog ich mich auf *biologisch verwandte* Eltern und Kinder. Wenn Eltern und

Kinder biologisch verwandt sind, haben sie sowohl gemeinsame Gene als auch eine gemeinsame häusliche Umgebung; bei Ähnlichkeiten lässt sich also nicht sagen, was sie verursacht hat – die gemeinsamen Gene oder der Einfluss der Familie? Aber in Adoptivfamilien sind Gene und Umgebung voneinander getrennt. Adoptierte Kinder (sofern sie nicht von Verwandten aufgezogen werden) haben Gene mit Eltern gemeinsam, die nicht ihre häusliche Umgebung stellen (ihren biologischen Eltern), und ihre Umgebung wird von Menschen geschaffen, die nicht ihr Erbgut an sie weitergegeben haben (ihren Adoptiveltern). Mit anderen Worten, es besteht eine saubere natürliche Trennung von genetischen und umweltbedingten Einflüssen. Für die Gene sind die biologischen Eltern zuständig, für die Umgebung die Adoptiveltern.

Das bedeutet, dass Forschende Daten von adoptierten Kindern, ihren biologischen Eltern und ihren Adoptiveltern (und teilweise ihren Geschwistern) sammeln können, um herauszufinden, wie groß die Rolle der genetischen Veranlagung und wie wichtig die familiäre Umgebung ist. Verhalten sich adoptierte Kinder eher wie ihre biologischen Eltern (was bedeuten würde, dass die genetische Veranlagung wichtig ist) oder ähneln sie eher ihren Adoptiveltern (was bedeuten würde, dass Umwelteinflüsse und Erziehung wichtiger sind)? Es handelt sich um einen natürlichen Versuchsaufbau, in dem genetische Einflüsse von umweltbedingten erzieherischen Einflüssen sauber getrennt werden.

Eins der eindrucksvollsten Beispiele dafür, wie Adoptionsstudien Aufschluss über die Ursachen menschlichen Verhaltens geben, findet sich in der Untersuchung der Schizophrenie. Schizophrenie ist eine schwere psychische Störung, die rund ein Prozent der Bevölkerung betrifft. Die Erkrankten leiden unter Halluzinationen und/oder Wahnvorstellungen. Wie beim Autismus ging die Medizin ursprünglich davon aus, dass Schizophrenie von schlechten Müttern verursacht wird (Mütter sind einfach immer an allem schuld, seufz). In diesem Fall wurden sie *schizophrenogene Mütter* genannt und für gefühlskalte, distanzierte Frauen gehalten, die ihren Kindern keine ausreichende emotionale Bindung boten. Dies, so die Theorie, führte dazu, dass diese Kinder schizophren wurden. Stellen Sie sich das nur einmal vor: Ihr Kind entwickelt eine schwere Störung, durch die es die Verbindung zur Realität verliert, und wenn Sie die Mutter sind, *erzählt man Ihnen auch noch, dass Sie daran schuld sind.* Wie schrecklich das gewesen sein muss – erst das eigene Kind leiden zu sehen und, um dem Ganzen die Krone aufzusetzen, dann zu hören, dass man selbst dafür verantwortlich sei! Leider galt das nicht nur für Schizophrenie (und Autismus). Bis in die 1950er-Jahre herrschte in der Medizin die Überzeugung vor, dass die große Mehrheit der psychischen Erkrankungen und Verhaltensstörungen auf Fehler der Eltern zurückzuführen seien. Doch dann kamen die Adoptionsstudien.

Ende der 1960er-Jahre veröffentlichte ein Wissenschaftler eine Studie[4], in der er die Entwicklung von fünfzig Kindern verfolgte, die Mütter mit Schizophrenie in staatlichen Krankenhäusern in Oregon zwischen 1915 und 1945 zur Welt gebracht hatten. Alle Babys waren in den ersten Lebenstagen von der Mutter getrennt und von Eltern adoptiert worden, die nicht an Schizophrenie erkrankt waren. Die Forschergruppe beobachtete die Kinder, bis sie Mitte dreißig waren, und verglich sie mit adoptierten Kindern, deren biologische Mütter nicht an Schizophrenie litten. Sie fanden heraus, dass 17 Prozent der Kinder biologischer Mütter mit Schizophrenie die verheerende Erkrankung trotzdem entwickelten, obwohl sie keinen Kontakt mit ihrer »schizophrenogenen Mutter« hatten. Mit anderen Worten, knapp eins von fünf Kindern, die Gene (aber nicht die Umgebung) mit einem biologischen Elternteil mit Schizophrenie gemeinsam hatten, entwickelte die Störung, im Vergleich zur allgemeinen Bevölkerungsrate von eins zu hundert. Bei keinem der Vergleichskinder, deren biologische Mütter nicht an Schizophrenie erkrankt waren, kam es zu dieser Störung. Das war der erste überzeugende Beweis, dass Gene in der Entwicklung von Schizophrenie wichtig sind; es sind also keineswegs schlechte elterliche Fähigkeiten, die die Krankheit verursachen. Heute wissen wir, dass Schizophrenie[5] eine stark genetisch beeinflusste Störung mit einer Erblichkeit von rund 80 Prozent ist.

Im Fall der Schizophrenie zeigten Adoptionsstudien recht deutlich, dass die Gene dafür verantwortlich sind und nicht die Erziehung. Aber nicht nur bei schweren Erkrankungen wie Schizophrenie zeigt sich die Rolle der Biologie. Praktisch alle Ergebnisse, die anhand des Adoptionsszenarios untersucht wurden – von Alkoholproblemen[6] bis zum Fremdeln[7] –, ergaben eindeutige Belege für eine Auswirkung der Gene. Kinder ähneln ihren biologischen Eltern bei allen Arten von untersuchtem Verhalten, *selbst wenn sie nicht von ihnen großgezogen werden!* Unsere genetische Programmierung ist etwas Mächtiges.

Doch nicht verzweifeln, liebe Eltern – das Schicksal Ihres Kindes liegt nicht *ausschließlich* in seinen Genen. Adoptionsstudien haben auch entscheidend dazu beigetragen, die Rolle der häuslichen Umgebung herauszuarbeiten[8]. So untersuchte beispielsweise eine schwedische Adoptionsstudie kriminelles Verhalten[9]. Was führt dazu, dass einige Kinder mit größerer Wahrscheinlichkeit mit dem Gesetz in Konflikt geraten?* In Schweden wurden einige der größten Adoptionsstudien weltweit durchgeführt, weil es dort ein Bevölkerungsregister gibt, das Daten zu Familienbeziehungen einschließlich Geburten und Adoptionen für alle Menschen liefert, die in Schweden geboren sind oder dort leben. Es ist möglich,

---

* In den USA gibt es Kräfte wie systemischen Rassismus, die Konflikte mit dem Strafrechtssystem entscheidend beeinflussen. Schweden ist ein homogenes Land, das diese Schwierigkeiten nicht hat; daher ist es dort möglich, eine weniger verzerrte Studie der Faktoren durchzuführen, die zu Konflikten mit dem Strafrechtssystem führen.

diese Familiendaten mit einer Vielzahl weiterer Register zu verknüpfen, von Patientendaten über Krankenhauseinweisungen und
verschreibungspflichtigen Medikamenten bis hin zum Strafregis-
ter. (In den USA ernte ich stets ungläubiges Staunen, wenn ich über
die Forschung rede, die wir wegen der nationalen Register in Skan-
dinavien durchführen können; es herrscht dort eine ganz andere
kulturelle Mentalität, in der die Gesellschaft ihrem Beitrag zur Forschung einen hohen Stellenwert zumisst.) Dank dieser nationalen
Datenbanken lässt sich untersuchen, wie ähnlich adoptierte Kinder
ihren biologischen Eltern sind und wie ähnlich ihren Adoptiveltern
oder auch jedes der anderen Ergebnisse, die in den nationalen Be-
völkerungsregistern festgehalten sind.

Um besser zu verstehen, welche Faktoren antisoziales Verhalten
beeinflussten, trugen Forschende aus dem schwedischen Strafre-
gister Informationen über strafrechtliche Verurteilungen von adoptierten Kindern, ihren biologischen Eltern und ihren Adoptiveltern
zusammen. Sie fanden heraus, dass adoptierte Kinder, deren biologische Eltern Vorstrafen hatten, häufiger kriminelles Verhalten
zeigten, obwohl sie nicht bei diesen Eltern aufgewachsen waren.
Nun gibt es zwar kein Gen für kriminelles Verhalten, aber aus der
Einleitung wissen Sie ja bereits, dass Wesenszüge wie Aggression
und Impulsivität sich schon früh im Leben als relativ stabile, genetisch beeinflusste Faktoren zeigen, und natürlich stehen diese Eigenschaften mit der Wahrscheinlichkeit in Verbindung, mit dem
Gesetz in Konflikt zu geraten.

Zudem erstellten die Verantwortlichen für diese Adoptionsstudie auch einen »umgebungsbezogenen Risikowert«, der darauf
basierte, ob es unter den *Adoptiv*eltern und -geschwistern strafrechtliche Verurteilungen gab und ob es in der Adoptivfamilie zu
Scheidung, Tod oder Krankheit gekommen war, weil diese Faktoren als umweltbedingte Stressoren betrachtet wurden. Es stellte
sich heraus, dass das Umgebungsrisiko ebenfalls mit erhöhten Kri-

minalitätsraten bei den adoptierten Kindern verknüpft war. Mit anderen Worten, man fand Belege dafür, dass *sowohl* die Gene *als auch* die häusliche Umgebung eine Rolle spielen, wenn es um kriminelles Verhalten bei Kindern und Jugendlichen geht. Adoptionsstudien liefern eine wichtige theoretische Trennung von Genen und Umgebung, aber sie haben ihre Beschränkungen. Adoptionen werden zunehmend »offen« durchgeführt, sodass die Adoptierten teilweise durchgehenden Kontakt mit ihren biologischen Eltern haben. Das stört die natürliche Trennung zwischen »Gene, aber keine häusliche Umgebung« der biologischen Eltern und »häusliche Umgebung, aber keine Gene« der Adoptiveltern. Ein weiterer erschwerender Faktor besteht darin, dass die pränatale Umgebung adoptierter Kinder von ihrer biologischen Mutter zur Verfügung gestellt wird, sodass sich pränatale Umgebungseffekte nicht von den genetischen Effekten trennen lassen; es lassen sich also nur Umgebungseffekte untersuchen, die nach der Geburt ab Ankunft der Kinder in ihren Adoptionsfamilien auftreten. Eine der vielleicht größten Schwierigkeiten bei der Durchführung von Adoptionsstudien heutzutage besteht darin, dass Adoptionen in vielen Teilen der Welt immer seltener vorkommen, teilweise wegen der abnehmenden Stigmatisierung von außerehelichen Schwangerschaften. Das macht es schwieriger, Adoptionsstudien außerhalb der Datenbasis durchzuführen, die sich aus großen nationalen Registerstudien wie denen in Schweden ableiten lassen. Diese wiederum beschränken sich auf die Untersuchung von Ergebnissen (Outcomes), die sich solchen Regierungsdatenbanken entnehmen lassen.

Zwillingsstudien: eine wirkungsvolle Möglichkeit, den Einfluss der Gene zu verstehen

Glücklicherweise gibt es noch einen weiteren natürlichen Versuchsaufbau, anhand dessen wir untersuchen können, wie wichtig genetische und umweltbedingte Einflüsse sind: Zwillingsstudien. Während Adoptionsstudien zunehmend schwieriger durchzuführen sind, kommen immer häufiger Zwillinge zur Welt. Zwillinge sind auf alle möglichen Arten von Interesse. Stellen Sie sich vor, es läuft eine exakte Kopie von Ihnen in der Welt herum! Das ist Ihre Normalität, wenn Sie ein eineiiger Zwilling sind. Zwillinge gibt es in zwei Ausführungen, die üblicherweise als *eineiig* und *zweieiig* bezeichnet werden. Eineiige Zwillinge entstehen, wenn eine einzelne Eizelle von einem einzelnen Spermium befruchtet wird und die Zygote sich irgendwann während der Zellteilung aus Gründen, die wir noch immer nicht ganz verstehen, zweiteilt. Voilà! Zwei genetisch identische Individuen!

In Wissenschaft und Medizin werden eineiige Zwillinge genau genommen als *monozygote* Zwillinge (MZ-Zwillinge) bezeichnet. *Mono* bedeutet »eins« und bezieht sich darauf, dass sie aus einer Zygote entstanden sind. Weil MZ-Zwillinge aus derselben Zygote entstehen, haben sie zu 100 Prozent identisches Genmaterial – ihre DNA-Sequenzen sind genetisch identisch. Und weil sie genetisch identisch sind, haben MZ-Zwillinge immer dasselbe Geschlecht (entweder zwei Jungs oder zwei Mädchen).

Die andere Art von Zwillingen sind zweieiige Zwillinge oder wissenschaftlich ausgedrückt: *dizygote* Zwillinge (DZ-Zwillinge). Sie heißen so, weil sie aus zwei (*di* ist Griechisch für »zwei«) Zygoten entstehen. Dizygote Zwillinge sind das Ergebnis zweier Eizellen, die von zwei Spermien befruchtet werden, genau wie gewöhnliche Geschwister, nur dass die Befruchtung gleichzeitig stattfindet. Daher teilen sie sich dieselbe intrauterine Umgebung und sind, anders als normale Geschwister, gleich alt. DZ-Zwillinge haben im Durchschnitt 50 Prozent ihres Genmaterials gemeinsam, genau wie gewöhnliche Geschwister, und können dementsprechend dasselbe Geschlecht oder unterschiedliche Geschlechter haben, genau wie jedes andere Geschwisterpaar.

Zwillinge liefern einen natürlichen Versuchsaufbau, weil sie im Grunde zwei »Typen« gleichaltriger Geschwister darstellen, die zusammen in derselben Familie und von denselben Eltern großgezogen werden, sich aber darin unterscheiden, wie viel Genmaterial sie gemeinsam haben. Für Zwillingsstudien werden häufig Daten von Tausenden Zwillingspaaren gesammelt – MZ- und DZ-Zwillingen – und dann verglichen, wie ähnlich MZ-Zwillinge einander sind im Vergleich zur Ähnlichkeit zwischen DZ-Zwillingen. Wenn etwas ganz und gar von der häuslichen Umgebung bestimmt wird, dürfte es keine Rolle spielen, dass ein Zwillingstyp (MZ) mehr Genmaterial gemeinsam hat als der andere (DZ); sie müssten sich also gleich ähnlich sein.

Wenn beispielsweise ein Elternteil mit Alkoholismus aufgrund der häuslichen Umgebung zu verstärkten Alkoholproblemen bei den Kindern führt, vielleicht weil es zu Hause mehr Stressoren gibt oder die Kinder häufiger mit Alkohol in Berührung kommen, dann müsste es bei Geschwistern mit alkoholkranken Eltern häufiger zu Alkoholproblemen kommen, und zwar unabhängig davon, wie viel Erbgut sie gemeinsam haben. Mit anderen Worten, wenn man zwei beliebige Kinder nähme und sie mit einem Elternteil mit Alkoholproblemen aufwachsen ließe, müssten beide verstärkt Alkoholprobleme entwickeln, wenn sich dies ausschließlich auf den Einfluss der Umgebung zurückführen ließe. Natürlich können wir das aus ethischen Gründen nicht tun, aber Zwillinge liefern uns eine Variation dieses Themas: Kinder, die zusammen mit denselben

Eltern aufwachsen und von denen einige mehr Genmaterial miteinander gemeinsam haben (MZ-Zwillinge) als andere (DZ-Zwillinge).

Wenn es aber nicht nur die Umgebung ist, sondern das Genmaterial eines Menschen entscheidend mitbeeinflusst, wie stark er in Gefahr ist, (zum Beispiel) eine Alkoholkrankheit zu entwickeln, dann müssten MZ-Zwillinge bei den Alkoholismus-Ergebnissen ähnlicher sein als DZ-Zwillinge, weil sie mehr gleiche Gene haben. Wenn etwas vollständig genetisch bestimmt ist, würden wir erwarten, dass MZ-Zwillinge genau gleich sind (also eine Korrelation von 1,0), da ihr genetischer Code identisch ist, und dass DZ-Zwillinge halb so ähnlich sind (eine Korrelation von 0,5), da sie nur die Hälfte ihrer Genvariationen gemeinsam haben. Je ähnlicher sich MZ-Zwillinge also in einem beliebigen untersuchten Verhalten sind als DZ-Zwillinge, desto stärker ist dieses Verhalten genetisch beeinflusst.

Wenn schließlich MZ-Zwillinge nicht genau gleich sind (was bei den meisten Ergebnissen im Hinblick auf Temperament und Verhalten gilt), sagt uns das, dass es andere zufällige Umgebungseinflüsse geben muss, die sich auf das untersuchte Merkmal auswirken. Ein Zwilling könnte beispielsweise einem Lebensstressor ausgesetzt sein, etwa einem Autounfall oder dem Ende einer Beziehung, und der andere nicht. Oder ein Zwilling hat einen anderen Freundeskreis als der andere. Kurz gesagt, wenn MZ-Zwillinge bei einem untersuchten Ergebnis nicht identisch sind, wissen wir nicht genau, warum das so ist; wir wissen nur, dass es irgendwelche Umgebungseinflüsse geben muss, die sie unterschiedlich machen, da ihre Gene ja identisch sind.

Es gab bis heute *Tausende* Zwillings- und Adoptionsstudien zu praktisch jedem Verhalten, das man sich vorstellen kann. Diese Studien wurden auf der ganzen Welt durchgeführt. Viele Länder haben nationale Zwillingsregister[10] auf der Grundlage von Geburtsregistern, die für groß angelegte Studien in Finnland, Norwegen, Dänemark und Schweden verwendet wurden. Ich arbeite an einer Studie[11] mit mehr als zehntausend Zwillingen, was allen Zwillingen entspricht, die innerhalb von zehn Jahren in Finnland geboren wurden, und wir beobachteten sie ab dem Alter von zwölf Jahren bis ins Erwachsenenalter, um die Entwicklung von Alkoholismus zu verstehen. In den Niederlanden gibt es ein großes Zwillingsregister[12], in dem rund 120.000 Zwillinge verzeichnet sind. Eine Untermenge wurde im frühen Kindesalter registriert und zusammen mit ihren Eltern im Alter von drei, fünf, sieben, zehn und zwölf Jahren untersucht, um Daten über die Verhaltensentwicklung im frühen Kindesalter zu sammeln. Andere große Zwillingsstudien wurden durch eine gezielte Rekrutierung von Zwillingen ermöglicht, wie etwa die Zwillingsregister, die in mehreren Bundesstaaten über Führerscheindaten oder Geburtsregister aufgestellt wurden. Meine aktuelle Universität führt ein solches Zwillingsregister für die Mittelatlantikregion der USA[13]. Auf der Grundlage dieser Register gab es Studien zu Drogenmissbrauch und psychiatrischen Erkrankungen[14], Persönlichkeits- und Intelligenzstudien[15], Studien zu Scheidung[16], Lebensglück[17], Wahlverhalten[18], Religiosität[19], gesellschaftlichen Einstellungen[20] und so gut wie allem, was man sich sonst noch vorstellen kann! Fast jedes Verhalten wurde mithilfe von Zwillings- und/oder Adoptionsstudien untersucht, um herauszufinden, in welchem Umfang genetische und umgebungsbedingte Einflüsse sich auf dieses Verhalten auswirken.

Die allumfassende Schlussfolgerung aus all diesen Studien lautet: *Praktisch alles ist genetisch beeinflusst.* Monozygote Zwillinge (mit identischem Erbgut) sind sich fast immer ähnlicher als dizygote Zwillinge (die nur die Hälfte ihres Erbguts gemeinsam haben), auch wenn beide Geschwister in derselben Familie mit denselben Eltern aufwachsen. Hier einige beispielhafte Zwillingskorrelationen aus einer Vielzahl von Studien zu kindlichem Verhalten, die repräsentativ für die in der Zwillingsforschung häufigen Ergebnisse sind (dabei gilt, dass die Ähnlichkeit zwischen Zwillingen durch eine Korrelation gemessen wird, die von 0 [die Ergebnisse der Zwillinge sind vollkommen unterschiedlich] bis 1,0 [das Verhalten der Zwillinge ist identisch] reichen kann; je höher der Wert, desto ähnlicher sind sich also die Zwillinge): Eine große Studie zur Selbstbeherrschung[21] ergab, dass die Korrelation bei MZ-Zwillingen bei 0,6 lag, bei DZ-Zwillingen dagegen bei 0,3. Angststörung/Depression bei Dreijährigen[22]: Bei Jungs lag die MZ-Korrelation bei 0,7 und die DZ-Korrelation bei 0,3; bei Mädchen waren es 0,7 (MZ) und 0,4 (DZ). Verhaltensauffälligkeiten bei Siebenjährigen[23]: Die MZ-Korrelation betrug 0,6 und die DZ-Korrelation 0,4 (Jungs) bzw. 0,6 (MZ) und 0,4 (DZ) bei Mädchen. Ich will Sie nicht mit noch mehr Zahlen langweilen – Sie verstehen, worauf ich hinauswill. Bei Jungs wie bei Mädchen gilt für praktisch alle Verhaltensweisen, die bei Kindern (und Erwachsenen) je untersucht wurden, dass MZ-Zwillinge eine höhere Korrelation aufweisen als DZ-Zwillinge – das bedeutet, dass Geschwister, die mehr Erbgut gemeinsam haben, sich ähnlicher sind. Gene sind wichtig. Wir werden nicht als leeres Blatt geboren. John Locke, der Philosoph, der die ersten Anfänge des Fachgebiets der Kinderpsychologie prägte, hatte unrecht. Kinder werden mit einem genetischen Code geboren, der beeinflusst, ob sie von Natur aus furchtsamer, impulsiver oder aggressiver sind oder jedes beliebige andere Merkmal mehr oder weniger stark ausgeprägt ist.

Wenn es so viele Belege für den Einfluss der Gene auf das Verhalten gibt, fragen Sie sich vielleicht jetzt: Ist denn alles genetisch? Sobald Sie verstehen, wie Gene so viele Aspekte unseres Verhaltens und unseres Lebens prägen (womit wir uns im nächsten Kapitel näher beschäftigen wollen), ist es tatsächlich schwer, sich etwas vorzustellen, das keinem genetischen Einfluss unterliegt. Ich meine es ernst. Versuchen Sie es mal.

Ein paar gibt es schon: Die erste Sprache, die man erlernt,

wird ausschließlich durch die Umgebung beeinflusst. Der Grund, warum ich als erste Sprache Englisch sprechen lernte und nicht Chinesisch, liegt nicht darin, dass ich die genetische Veranlagung hatte, Englisch zu sprechen. Ich begann, Englisch zu sprechen, weil die Menschen um mich herum Englisch sprachen. Das bedeutet nicht, dass die *Fähigkeit* zum Spracherwerb keinen genetischen Einflüssen unterliegt (das tut sie), aber mit welcher Sprache man anfängt, ist rein von der Umgebung abhängig. Das gilt auch für die erste religiöse Zugehörigkeit. Niemand wird wegen seiner genetischen Veranlagung katholisch getauft statt evangelisch. Man wird als Katholik oder Protestantin (oder Muslim oder Buddhist oder im jüdischen Glauben etc.) geboren, weil es der religiösen Zugehörigkeit der eigenen Familie entspricht. Der Grad wiederum, in dem sich Menschen im Älterwerden als religiös bezeichnen, ist in der Tat genetisch beeinflusst.

Geht man über traditionelle Familienstudien hinaus und wendet Forschungsmethoden an, die tatsächlich den Einfluss des Erbguts unserer Kinder vom Einfluss unserer Erziehung trennen, ist die Beweislage klar und überzeugend: Unsere Gene beeinflussen unser Temperament und unsere Neigungen und alle möglichen Aspekte unseres Verhaltens und unseres Lebens. Der bekannte Verhaltensgenetiker Dr. Eric Turkheimer von der University of Virginia (zufällig der Professor, bei dem ich meinen ersten Psychologiekurs hatte) prägte den berühmten Satz:»Alle menschlichen Verhaltensweisen sind erblich.«[24] So lautet das erste Gesetz der Verhaltensgenetik. Die Fakten liegen vor. Die Studien sind abgeschlossen. Natürlich gibt es einige Ausnahmen zu dieser Regel, aber in überwältigendem Maße zeigen die Ergebnisse, dass das menschliche Verhalten unwiderlegbar durch unsere Gene beeinflusst wird.

Nach der Geburt getrennt:
Eine Fallstudie zur Macht der Gene

Jim Lewis und Jim Springer lernten sich im Alter von 39 Jahren kennen. Sie fuhren das gleiche Auto und machten am selben Strand in Florida Urlaub. Beide rauchten Zigaretten der Marke Salem. Beide kauten Nägel. Die Ehefrauen beider Männer hießen Betty, und beide waren vorher mit einer Linda verheiratet gewesen. Einer hatte einen Sohn namens James Alan, der Sohn des anderen hieß James Allan. Beide hatten einen Hund namens Toy. Beide waren schlecht in Rechtschreibung und gut in Mathe. Beide arbeiteten gern mit Holz und hatten eine Ausbildung im Bereich Strafverfolgung absolviert. Beide waren 1,80 Meter groß und wogen 80 Kilo. Die Männer hatten sich nie getroffen, bevor sie 39 waren. Jim und Jim waren eineiige Zwillinge, die nach der Geburt getrennt worden und in verschiedenen Adoptivfamilien aufgewachsen waren. Sie wussten nichts voneinander, bis sie nach fast vier Jahrzehnten in einem Forschungslabor wiedervereint wurden.

Direkt nach der Geburt getrennte MZ-Zwillinge sind eine weitere Variation der Zwillingsstudie, die uns verstehen hilft, wie wichtig genetische und umweltbedingte Einflüsse sind. Die Menschen sind fasziniert von diesem Versuchsaufbau. Stellen Sie sich nur einmal vor: Zwei genetisch identische Babys, die auf verschiedene Familien verteilt und von verschiedenen Eltern aufgezogen werden!* Eine einzigartige Gelegenheit zu untersuchen, wie ähnlich oder unterschiedlich diese genetisch identischen Individuen als

---

* Anmerkung: Natürlich ist es für Forschende ethisch nicht vertretbar, Zwillinge ohne Zustimmung zu trennen und in verschiedenen Familien unterzubringen. Der Film Three Identical Strangers (2018) erzählt die tragische Geschichte einer Adoptionsagentur, die auf sittenwidrige Weise Drillinge trennte und zu Forschungszwecken in verschiedene Familien gab.

Erwachsene sind, wenn sie von zwei unterschiedlichen Elternpaaren aufgezogen werden.

Wie man erwarten würde, kommt es recht selten vor, dass eineiige Zwillinge gleich nach der Geburt getrennt und in unterschiedliche (nicht verwandte) Familien gegeben werden. Doch Ende der 1970er-Jahre starteten Forschende von der University of Minnesota eine bahnbrechende Studie[25], in der sie Zwillingspaare aufspürten, die als Säuglinge getrennt worden waren. Im Laufe von zwanzig Jahren fanden sie mehr als hundert getrennte Zwillingspaare und luden sie für eine Woche zu psychologischen und physiologischen Untersuchungen in ihr Labor ein. In vielen Fällen trafen sich die Zwillinge dort zum allerersten Mal. Die Jim-Zwillinge sind ein berühmtes Beispiel für diese wiedervereinten Zwillingspaare.

Das bemerkenswerte Ergebnis dieser Studie war, dass getrennt aufgewachsene MZ-Zwillinge sich praktisch genauso ähnlich waren wie zusammen aufgewachsene, und das in jeder Hinsicht: von Persönlichkeit und Temperament über gesellschaftliche Einstellungen bis hin zu beruflichen Neigungen und Freizeitinteressen. Die schockierende Schlussfolgerung dieser wegweisenden Studie lautete: *Bei denselben Eltern aufzuwachsen, macht Geschwister nicht ähnlicher, als wären sie in verschiedenen Familien aufgewachsen.*

In seiner berühmten Arbeit über die Gesetze der Verhaltensgenetik führt Dr. Turkheimer nach »Alle menschlichen Verhaltensweisen sind erblich« als zweites Gesetz an: »Die Auswirkung, in derselben Familie aufzuwachsen, ist geringer als die Auswirkung der Gene.« Die wissenschaftlichen Daten zeigen, dass genetisch identische Individuen sich als Erwachsene bemerkenswert ähnlich sind, selbst wenn sie in vollkommen unterschiedlichen Familien aufgewachsen sind.

Die große Frage:
Spielen Eltern überhaupt eine Rolle?

Aber Moment mal, bedeuten diese bemerkenswerten Ergebnisse etwa, dass die Erziehung gar keinen Unterschied macht? Leider werden Studienergebnisse auf dem Gebiet der Verhaltensgenetik häufig so interpretiert. Das ist keine Botschaft, die Eltern hören wollen, also wurde die Forschung im Prinzip bisher ignoriert. Aber den Kopf in den Sand zu stecken und so zu tun, als hätten die Gene keinen tiefgreifenden Einfluss auf das Verhalten und die späteren Eigenschaften unserer Kinder, hilft niemandem. Es führte vielmehr zu einem nie da gewesenen Stress bei Eltern, die ihre Erziehungsbemühungen verdoppelten und sich gleichzeitig fragten, wieso es ihnen nicht gelang, ihre Kinder dazu zu bringen, [hier können Sie Ihr Erziehungsziel einsetzen]. Es hat zu einer Verurteilungskultur geführt, in der wir allzu schnell Eltern kritisieren, deren Kinder Fehlverhalten zeigen, in dem Glauben, dass sie etwas falsch machen. Und was noch wichtiger ist: Es hat dazu geführt, dass wir weitaus weniger effektive Eltern sind, als wir sein könnten, wenn wir die natürlichen genetischen Veranlagungen unserer Kinder anerkennen und verstehen würden.

Die Tatsache, dass Gene einen weitreichenden Einfluss auf das kindliche Verhalten haben, bedeutet nicht, dass die Eltern keine Rolle spielen. Es bedeutet nur, dass Gene wichtig sind. Und dass Eltern auf andere Arten wichtig sind, als wir vielleicht dachten. Genau darum geht es im nächsten Kapitel.

Kernpunkte

- Das meiste, was wir über Erziehung zu wissen glauben, stammt aus Familienstudien, die Korrelationen zwischen Erziehungspraktiken und kindlichem Verhalten feststellten. Diese Studien wurden irrtümlicherweise so gedeutet, dass die Erziehung das Verhalten des Kindes beeinflusst, aber es ist ebenso möglich, dass das kindliche Verhalten die Erziehung steuert oder dass Eltern und Kinder einfach wegen ihres gemeinsamen Erbguts Korrelationen zeigen. Wegen dieser grundlegenden Schwächen verraten uns die meisten Familienstudien tatsächlich nur sehr wenig über die Auswirkungen von Erziehung.

* Mithilfe von Adoptionsstudien lassen sich die Auswirkungen genetischer Veranlagungen von den Auswirkungen der häuslichen Umgebung trennen. Adoptionsstudien untersuchen, wie ähnlich Kinder ihren biologischen Eltern (mit denen sie Erbgut, aber keine häusliche Umgebung gemeinsam haben) im Vergleich zu ihren Adoptiveltern (die für die Erziehung verantwortlich sind, aber keine Gene beisteuern) sind. Die überwältigende Mehrheit dieser Studien kommt zu dem Ergebnis, dass Kinder ihren biologischen Eltern stärker ähneln, und liefern damit fundierte Beweise für genetische Einflüsse auf das Verhalten.

* Auch anhand von Zwillingsstudien lässt sich die relative Bedeutung genetischer und umweltbedingter Einflüsse untersuchen, indem eineiige oder monozygote Zwillinge (MZ-Zwillinge), die genetisch identisch sind, mit zweieiigen oder dizygoten Zwillingen (DZ-Zwillingen) verglichen werden, deren Erbmaterial sich im Durchschnitt nur zu 50 Prozent gleicht. Diese Studien kommen übereinstimmend zu dem Ergebnis, dass MZ-Zwillinge sich in fast jedem untersuchten Verhalten ähnlicher sind als DZ-Zwillinge. Eineiige Zwillinge, die in unterschiedlichen Familien aufwachsen, sind sich ungefähr ebenso ähnlich wie eineiige Zwillinge, die bei denselben Eltern aufwachsen; auch das ist ein Beleg für die Bedeutung der Gene auf die spätere Lebenssituation.

* Zusammengefasst zeigen diese Studien überzeugend, dass genetische Veranlagungen eine große Rolle bei der Ausbildung des kindlichen Verhaltens spielen: Der Einfluss der Gene ist größer als der Einfluss bestimmter Erziehungspraktiken.

Es ist kompliziert: Wie Gene unser Leben beeinflussen

Ich hoffe, ich habe Sie inzwischen davon überzeugt, dass Ihr Kind ein faszinierendes wandelndes Genbündel ist. Diese Gene beeinflussen, wie oft Kinder freche Antworten geben, wie oft sie sich willig fügen, wie gern sie lesen, wie viel sie weinen und sogar, wie beunruhigend sie die Vorstellung eines nächtlichen Besuches vom Weihnachtsmann finden. Ja, Sie haben richtig gelesen. Meine sechsjährige Nichte bekommt Panik bei der Vorstellung eines Fremden im Haus, sodass dort jedes Jahr ein Zettel für ihn liegt mit der Anweisung, im Erdgeschoss zu bleiben (zu diesem Kompromiss konnte meine Schwester sie wegen des Geschwisterchens überreden).

Gene haben also eine tiefgreifende Wirkung auf das Verhalten unserer Kinder. Aber wie funktioniert das nun ganz praktisch?

Einer meiner Lieblingsartikel trägt den Titel »Ein Gen für nichts«[26] und wurde von Robert M. Sapolsky verfasst, einem Unikollegen und Bestsellerautor von Büchern wie *Warum Zebras keine Migräne kriegen*. Ich liebe diesen Artikel sehr, denn obwohl ich genau wie Sapolsky Gene erforsche, hasse ich die Formulierung »ein Gen für xy«. Die Medien jedoch lieben sie. Nehmen Sie eine beliebige Zeitung oder Zeitschrift zur Hand, und Sie werden von dem Gen für Alkoholismus lesen. Dem Gen für Depressionen! Dem Gen für Brustkrebs! Dem Gen für Aggression! Aber die Wahrheit ist viel komplexer. Menschen haben nur rund 20.000 Gene, und in den meisten davon sind Dinge wie Augen, Ohren, Arme und Arterien kodiert. Wenn es für alles in unserer Biologie und unserem Verhalten ein Gen gäbe, würden uns sehr bald die Gene ausgehen. Fruchtfliegen haben etwa 14.000 Gene, und unsere Kinder sind ein gutes Stück komplizierter als Fruchtfliegen. Es muss also ein anderer Mechanismus am Werk sein.

Zwar hören wir im Biologieunterricht vor allem von einzelnen Genen mit großen Auswirkungen (erinnern Sie sich noch an die Rekombinationsquadrate für die Augenfarbe?), doch wenn wir nicht gerade eine seltene monogenetische Erkrankung haben, beeinflussen unsere genetischen Anlagen unser Leben auf subtilere Weise. Es gibt kein Gen für Kontaktfreudigkeit, für Ängstlichkeit, für so gewaltige Wutanfälle, dass man im Supermarkt eine neue Kasse öffnet, damit Sie mit Ihrem Kind schneller wieder draußen sind.

Stattdessen werden komplexe Verhaltensweisen, von Intelligenz bis Persönlichkeit, von einer Vielzahl Gene beeinflusst, wahrscheinlich von Hunderten oder Tausenden. Daher hängt beispielsweise die genetische Neigung Ihres Kindes zu Ängstlichkeit (oder Impulsivität oder Aggression oder jedem anderen Verhalten) davon ab, in welchen Varianten all die Tausende Gene in ihm vorliegen, die Ängstlichkeit beeinflussen. Einige genetische Varianten erhöhen das Risiko, andere senken es, und wo Ihr Kind von Natur aus in jeder Verhaltensdimension steht, ergibt sich aus der Summe all der Gene, die dieses Verhalten – positiv oder negativ – beeinflussen.

Der Umstand, dass die meisten komplexen Ergebnisse von vielen, vielen Genen mitbestimmt werden, ist der Grund dafür, warum Kinder meistens ihren Eltern ähneln, aber eben nicht immer. Das Kind zweier Basketballprofis kann durchaus kurz geraten. Das lässt sich daraus erklären, dass zwei sehr große Menschen wahrscheinlich mehr »Groß-Gene« haben (also Gene, die die Körpergröße erhöhen) als »Klein-Gene« (Gene, die die Körpergröße verringern) und deshalb größer als der Durchschnitt sind. Aber nur weil sie groß sind, bedeutet das noch lange nicht, dass sie keine Klein-Gene in sich tragen – nur eben weniger. Da die 50 Prozent der ererbten genetischen Varianten unserer Eltern zufällig verteilt sind, kann das bedeuten, dass ein Kind durch Zufall die meisten Klein-Gene seiner großen Eltern bekommt. Es ist nicht *wahrscheinlich*, da ein großer Elternteil mehr Groß-Gene als Klein-Gene hat, aber es ist *möglich*. So können zwei große Eltern zu einem kleinen Kind kommen. Zwei kluge Eltern zu einem Kind von durchschnittlicher Intelligenz. Zwei Extravertierte zu einem introvertierten Kind. Im Durchschnitt ähneln Kinder ihren (biologischen) Eltern, aber weil jedes Kind ein genetisches Würfelspiel ist (es also offen ist, welche 50 Prozent Ihrer und welche 50 Prozent der genetischen Varianten des anderen Elternteils zusammentreffen), kann man nie wissen!

Die Forschung ist noch mittendrin, alle Gene zu identifizieren, die bei verschiedenen Erkrankungen und Ergebnissen eine Rolle spielen, und auch wenn wir einige schon bestimmen konnten, liegt noch immer ein langer Weg vor uns. Da es im Verhalten so viele Variationen gibt und die Menschen nicht von Natur aus zu klar getrennten Gruppen gehören (z. B. impulsiv oder nicht), wissen wir, dass viele, viele Gene an der glockenförmigen Verteilung beteiligt sein müssen, die wir bei den meisten Verhaltensweisen in der Bevölkerung beobachten. Diese Gene kodieren nicht »für« ein bestimmtes Verhalten, sie beeinflussen das Verhalten, indem sie sich darauf auswirken, wie unser Gehirn sich ausbildet.

Individuelle Unterschiede in Gehirnstruktur und -funktion sind hocherblich, also stark von unseren Genen beeinflusst. Wie unser Gehirn »verdrahtet« ist, verstärkt wiederum unsere natürlichen Tendenzen in Richtung Ängstlichkeit, Aggressivität, Frustration oder Belohnungssucht. Unser Gehirn beeinflusst unsere Aufmerksamkeit, unser Gedächtnis, unsere Kognition und wie wir lernen. Es wirkt sich auf komplexe Prozesse aus, etwa wie wir soziale Stimuli interpretieren, und auf biologische Grundprozesse wie die innere Uhr und den Schlaf. Durch ihren Einfluss auf unsere Gehirnentwicklung legen unsere Gene den Grundstein für die vielen Unterschiede, die uns alle einzigartig machen – und zwar im Hinblick auf unsere Biologie *und* unser Verhalten.

Ein Beispiel: In einem meiner aktuellen Projekte versuchen wir zu verstehen, warum bei manchen Menschen ein höheres Risiko besteht als bei anderen, Alkoholprobleme zu entwickeln[27]. Im Rahmen der Studie messen wir die Gehirnwellenaktivität bei den Teilnehmenden. Dabei finden wir Unterschiede in den Gehirnen von alkoholkranken Personen. Das mag wenig überraschend klingen, da man davon ausgehen könnte, dass der starke Konsum toxischer Substanzen das Gehirn verändert (was stimmt). Am interessantesten dabei ist jedoch, dass ähnliche Unterschiede in der Gehirnwellenaktivität auch bei vielen Kindern alkoholkranker Eltern auftreten – und zwar, *bevor diese Kinder zum ersten Mal mit Alkohol in Kontakt kommen.* Die Unterschiede zeigen sich in Gehirnmechanismen, die für Impulsivität, Verarbeitung von Belohnungsreizen und kognitive Steuerung verantwortlich sind. Darüber hinaus stehen diese Unterschiede im Gehirn nicht nur mit Alkoholismus in Zusammenhang; sie finden sich auch bei Kindern mit ADHS, Verhaltensstörungen und anderen Drogenproblemen, alles verknüpft mit Impulsivität und Selbstbeherrschung. Mit anderen Worten, manche Kinder werden mit einem Gehirn geboren, das sie durch seinen Aufbau impulsiver macht, und das erhöht ihr Risiko für eine Vielzahl unterschiedlicher Ergebnisse in ihrer Entwicklung, von ADHS und Verhaltensauffälligkeiten in jungen Jahren bis zu Drogenmissbrauch, wenn sie älter werden.

Unsere Gene beeinflussen also den einzigartigen Aufbau unseres Gehirns, der sich seinerseits auf unsere Verhaltenstendenzen auswirkt. Aber das ist nur der erste Schritt. Der andere große Grund, dass genetische Faktoren eine so wichtige Rolle in unserem

Leben spielen, besteht darin, dass sie zusätzlich zum direkten Einfluss auf unsere natürlichen Tendenzen zu bestimmten Verhaltensweisen auch in hohem Grad mit unserer Umgebung verbunden sind. Durch diese Gen-Umwelt-Verbindungen vergrößern unsere Gene ihren Einfluss auf unser Verhalten auf komplizierte und indirekte Weise. Nur wenn wir diese Gen-Umwelt-Signalwege verstehen, durch die sich genetische Einflüsse erst entfalten, können wir als Eltern wirklich Einfluss nehmen.

Wechselspiel zwischen Genen und Umgebung: So prägen Gene das Verhalten

Trotz der Intensität der anhaltenden Nature-Nurture-Debatte ist es eigentlich unsinnig, die Gene der Umgebung gegenüberzustellen. Unsere Gene und unsere Umgebung sind nicht etwa zwei getrennte Faktoren, die uns prägen. Die Gene, die wir erben, sind vielleicht Glückssache, aber unsere Umgebung besteht (größtenteils) nicht aus zufälligen Faktoren und Ereignissen, die uns passieren. Unsere genetischen Veranlagungen beeinflussen, wie wir bestimmten Umgebungen ausgesetzt sind, wie wir diese Umgebungen erleben und das Ausmaß, in dem diese Umgebungen uns beeinflussen. Die Forschung nennt diese Verflechtung unserer genetischen Veranlagungen und unserer Umwelterfahrungen *Genotyp-Umwelt-Korrelation*.[28] Vereinfacht ausgedrückt, stehen unsere Gene und unsere Umwelt miteinander in Beziehung. Und tatsächlich greifen unser Genotyp und unsere Umwelt auf alle möglichen Arten ineinander.

1. Wechselspiel: Evokative und reaktive Genotyp-Umwelt-Korrelation

Darf ich vorstellen: Anthony. Anthony war schon als Kleinkind ein kontaktfreudiges kleines Kerlchen. Mit drei ging er gern mit Batman-Maske und Umhang in den Supermarkt. Oft lief er zu fremden Menschen hin, erzählte ihnen von seinen Superkräften (egal, dass Batman gar keine hat) und fragte sie nach ihren. Das wirkte ziemlich niedlich, und die Leute lächelten ihm zu und plauderten mit ihm. Obwohl dahinter keine Absicht steckte, verliehen diese Interaktionen Anthony Selbstvertrauen im Gespräch mit Erwachsenen. Er lernte (unwillentlich), dass die meisten Erwachsenen freundlich sind und es Spaß macht, mit ihnen zu reden. Als er in die Vorschule kam, blieb er gern länger im Gruppenraum und redete mit der Lehrerin. Er fragte, ob er nach dem Unterricht helfen dürfte, die Tafel abzuwischen, um noch mehr Zeit mit ihr verbringen zu können. Die Vorschullehrerin fand Anthony entzückend. Wann immer sie Freiwillige brauchte, schoss seine Hand in die Höhe. Sie setzte ihn an einen Tisch ganz vorn. Das führte dazu, dass Anthony noch eifriger lernte, teilweise, um seiner Lehrerin zu gefallen, und teilweise, weil er an vorderster Front saß. Seine Leistungen wurden besser. Er etablierte ein Muster positiver Beziehungen zu seinen Lehrerinnen und Lehrern. Zwölf Jahre später war Anthony auf dem Weg nach Harvard und wurde schließlich Astrophysiker. Na gut, nicht wirklich, aber Sie verstehen, was ich meine.

Unser Temperament und unsere Veranlagungen beeinflussen winzige Aspekte unseres täglichen Lebens, und im Laufe der Zeit summieren sich diese kleinen Impulse. Anthonys genetische Veranlagung gab ihm den Impuls zu einer Reihe von »Umwelterfahrungen«, die sich ihrerseits darauf auswirkten, wie er mit seiner Umgebung interagierte. Diese Umwelteinflüsse summierten sich und brachten ihn in der Märchenversion seines Lebens ins All.

Aber alle diese »Umwelteffekte« begannen mit seinem genetisch beeinflussten Temperament und waren ein Nebenprodukt davon. Unser Temperament wirkt sich darauf aus, wie wir durch die Welt gehen. Da es genetisch beeinflusst ist, steuern unsere Gene also alle möglichen Aspekte unserer alltäglichen Erlebnisse. Wenn Sie ein leicht reizbarer Mensch sind, werden Sie der Kassiererin im Supermarkt mit größerer Wahrscheinlichkeit mürrisch gegenübertreten, die dann eventuell Ihre Einkäufe noch langsamer über den Scanner zieht. Das bestätigt dann Ihre Auffassung, dass Menschen im Allgemeinen nerven, und macht Sie noch gereizter.

Oder vielleicht neigen Sie zu Ängstlichkeit. Nebenan ziehen neue Nachbarn ein. Sie überlegen, ihnen ein Willkommensgeschenk vorbeizubringen, dann aber machen Sie sich Sorgen, das Falsche auszuwählen. Sie könnten Kekse backen, aber was ist, wenn sie Diabetiker sind? Oder vielleicht eine Flasche Wein – aber wären sie nicht beleidigt, wenn sie keinen Alkohol trinken? Vielleicht sollten Sie eine Lasagne vorbeibringen ... aber was ist, wenn sie Vegetarier sind? Schließlich bringen Sie gar nichts vorbei. Jahre vergehen, und Sie lernen die Menschen zwei Häuser weiter niemals kennen, abgesehen vom freundlichen Zuwinken beim Vorbeifahren auf der Straße. Dabei haben Sie sich immer vorgestellt, wie schön es wäre, die Leute aus der Straße besser kennenzulernen, um sich mal ein Ei borgen zu können oder jemanden zu haben, der zur Not mal auf die Kinder aufpasst. Die Nachbarin gegenüber dagegen ist extravertiert. Sie brachte den neuen Nachbarn sofort nach dem Einzug ein paar Muffins. Die Neuen hatten eine Glutenunverträglichkeit, und sie lachten alle zusammen über gute Absichten und wie schnell das schiefgehen kann und wurden beste Freunde. Nach der Schule waren ihre Kinder mal bei der einen, mal bei der anderen Familie, damit alle mal etwas Zeit für sich hatten. Als ein Familienmitglied plötzlich krank wurde, passte die Nachbarin auf die Kinder und das Haus auf. Zwei vollkommen unterschiedliche

Ergebnisse, begründet in einer Entscheidung (oder deren Fehlen), die letztlich daraus resultierte, wie viel Angst der Gedanke machte (oder eben nicht), auf fremde Menschen zuzugehen.

So beeinflusst unser Genotyp unsere Umgebung – indem er sich auf eine Million winziger Entscheidungen auswirkt, die alle zusammen steuern, wie unser Leben sich gestaltet. Es beginnt im Säuglingsalter und setzt sich unser Leben lang fort; unsere Gene lenken uns in die eine oder andere Richtung, oft ohne dass wir uns dessen bewusst sind. In der Forschung wird diese Art von Genotyp-Umwelt-Korrelation *evokativ* genannt. Auf der Grundlage unserer genetisch beeinflussten Eigenschaften bewirken (evozieren) wir in unserer Umwelt verschiedene Reaktionen. Unser Temperament, aber auch viele andere Teile von uns, die unter genetischem Einfluss stehen – unser Aussehen, unsere Intelligenz, unsere psychische Verfassung, unser Verhalten –, wirken sich auf unsere Erfahrungen mit der Welt aus. Wenn wir einen Schritt weitergehen, reagiert die Welt um uns herum dann auf unseren einzigartigen genetischen Code und erzeugt eine Art Feedbackschleife. Fröhliche Babys werden mit größerer Wahrscheinlichkeit angelächelt und auf den Arm genommen. Niemand möchte das schreiende Baby einer Fremden auf den Arm nehmen.

Aber das ist noch nicht alles – und das bringt uns zu einer anderen Art der Beziehung zwischen unserem Genotyp und unserer Umwelt. Wir rufen in der Welt nicht nur bestimmte Reaktionen hervor, unser Genotyp beeinflusst auch die Reaktionen, die die Welt in uns hervorruft. Wir deuten die Welt auf unterschiedliche Weise und reagieren verschieden auf sie, was zum Teil auf unsere genetischen Anlagen zurückzuführen ist. Denken Sie mal an eine Begegnung zurück, die Sie vielleicht auf einer Party hatten. Sie und eine Freundin werden am Büfett in ein Gespräch mit einer Fremden verwickelt, die ebenfalls gerade nach den Häppchen greift. Es stellt sich heraus, dass sie in derselben Branche tätig ist wie Sie und Ihre Freundin, und sie erzählt eine ganze Weile davon, wen sie dort alles kennt. Sie beenden schließlich das Gespräch und sagen im Weggehen zu Ihrer Freundin: »So eine Langweilerin und Namedropperin, halten wir uns lieber vom Büfett fern.« Ihre Freundin sieht Sie ungläubig an und sagt: »Ich fand sie echt nett! Sie hat doch nur versucht, Gemeinsamkeiten zu finden.« Dieselbe Interaktion, aber zwei Personen nehmen sie ganz unterschiedlich wahr.

Ein solcher Unterschied wird als *reaktive* Genotyp-Umwelt-Korrelation bezeichnet. Unser Temperament beeinflusst unsere Reaktionen auf die Dinge, die uns im Leben begegnen. Deshalb können zwei Kinder, die in derselben Familie mit denselben Eltern aufwachsen, sich ganz unterschiedlich an diese Eltern erinnern. Das eine Kind mit einem sensibleren, emotional reaktiven Temperament bringt es vielleicht ziemlich aus der Fassung, wenn ein Elternteil laut wird. Vielleicht findet es die Erfahrung beängstigend, oder sie bringt es dazu, sich von diesem Elternteil zurückzuziehen und sich ihm weniger nahe zu fühlen. Ein anderes Kind – selbst ein Geschwisterkind in derselben Familie –, das weniger emotional reaktiv ist, bleibt unbeeindruckt, wenn das Elternteil seine Stimme erhebt, es ist für dieses Kind kein bemerkenswertes Erlebnis. Objektiv gesehen, behandelt das Elternteil seine beiden Kinder gleich. Aber die Erfahrung des Zusammenseins mit diesem Elternteil ist für die beiden Kinder auf der Grundlage ihrer genetisch beeinflussten Temperamente eine vollkommen unterschiedliche. *Das unterstreicht auch noch einmal, warum das Verständnis des Temperaments Ihres Kindes Ihnen dabei helfen kann, ein besserer Vater oder eine bessere Mutter zu sein.* »Dieselbe« Umgebung ist in Wirklichkeit eben nicht dieselbe, je nach genetischer Disposition des Kindes.

2. Wechselwirkung:
Aktive Genotyp-Umwelt-Korrelation

Meine Schwester Jeanine und ich sind zwei Jahre auseinander und stehen uns als Erwachsene sehr nahe. Das war nicht immer so. Als Kind konnte ich meine Schwester nicht ausstehen (tut mir leid, Jeanine, hab dich lieb). Sie war so nervig perfekt, dass ich daneben immer schlecht aussah! In der Highschool spitzte sich das dann zu. Ich war im Prinzip ein ziemlich braves Mädchen (woran ich meine Eltern gerne immer mal wieder erinnerte). Aber ich testete auch gern meine Grenzen aus. Wenn ich um Mitternacht zu Hause sein musste, schlich ich mich um zehn nach zwölf ins Haus. Ich ging heimlich zu Partys, zu denen ich nicht durfte, und verschaffte mir durch Schmeicheleien Zutritt zu Bars, obwohl ich noch nicht volljährig war. (Aber wenigstens hatte ich überall Einsen, oder? Ja, für meine Eltern war das auch kein Argument.) Meine Schwester dagegen verbrachte die Wochenenden gern mit Freundinnen, mit Kinobesuchen oder Übernachtungen unter Aufsicht der Eltern. Wir erlebten unsere Highschoolzeit sehr unterschiedlich. Wir besuchten dieselbe Schule, wir lebten in derselben Umgebung, aber wir suchten ganz unterschiedliche Erfahrungen, und diese Erfahrungen prägten uns auf unterschiedliche Weise. Meine Schwester und ich haben grundverschiedene Temperamente. Ich war immer eher extravertiert und risikofreudig. Meine Schwester war eher introvertiert und ängstlicher. »Du kriegst Ärger!«, sagte sie bei den seltenen Gelegenheiten, wenn sie wusste, was ich vorhatte, als ich mich auf den Weg zu einer unerlaubten Party machte. Natürlich wusste ich, dass diese Möglichkeit bestand. Aber der Gedanke daran, wie viel Spaß ich dort haben könnte, ließ mich trotzdem auf die Party gehen, während meine Schwester, der die Vorstellung einer möglichen Konfrontation mit unseren Eltern deutlich mehr Angst machte, sich vernünftigerweise dafür entschied, lieber zu einer Freundin zu gehen und einen Filmabend zu veranstalten.

Das bringt uns zur zweiten Weise, wie unsere Gene unsere Umgebung beeinflussen: *Wir suchen uns je nach genetischer Veranlagung aktiv verschiedene Umgebungen aus.* Erlebnishungrige Teenager sind gern auf Partys; für eher introvertierte oder zu Ängstlichkeit neigende Jugendliche klingt die Idee, auf eine große Party zu gehen, wahrscheinlich furchtbar. Manche Menschen verbringen gern einen ganzen Nachmittag im Museum, für andere klingt das todlangweilig. Manche gehen gern auswärts essen, andere bleiben lieber zu Hause. Unser Temperament prägt, welche Umgebungen wir uns suchen und in welche Situationen wir uns begeben. Man nennt das *Nischenwahl.* Wir wählen unsere ganz eigene Nische, die am besten zu uns passt. Und unsere Gene beeinflussen diese Wahl.

Wie man es erwarten könnte, wählen wir unsere Umgebungen umso aktiver, je älter wir werden. Kinder haben begrenzte Möglichkeiten, sich ihre Umgebung selbst auszusuchen. Kleinkinder halten sich überwiegend dort auf, wohin die Eltern sie mitnehmen. Die kindliche Fähigkeit, die eigene Umgebung zu prägen, liegt vorwiegend in den Verhaltensreaktionen auf bestimmte Umgebungen. Sie können versuchen, Ihr Kind im Theaterkurs anzumelden, aber wenn es nicht gern auf der Bühne steht und jedes Mal ausflippt, wenn Sie es hinbringen wollen, geben Sie diese Idee wahrscheinlich bald auf. Wenn Sie Ihr Kind mit ins Museum nehmen und es sich die Kunstwerke gern ansieht und Sie einen schönen Nachmittag zusammen verbringen, werden Sie es wahrscheinlich in weitere Museen mitnehmen. Rennt Ihr Kind andererseits wild im Museum herum, und Sie sind den Großteil des Nachmittags damit beschäftigt, es zu ermahnen und sich beim Museumspersonal zu entschuldigen, ist die Wahrscheinlichkeit geringer, dass Sie für die nächste gemeinsame Unternehmung wieder ein Museum aussuchen. Durch ihre Reaktionen auf bestimmte Umgebungen prägen

Kinder indirekt mit, welche Erfahrungen die Erwachsenen in ihrem Leben für sie aussuchen. Allgemein gesprochen ist man als Kind allerdings meist einfach irgendwo dabei. Das ändert sich aber mit zunehmendem Alter. Jugendliche sind viel mehr in der Lage, ihre Umgebung zu prägen, als kleine Kinder es sind. Sie können ihren Freundeskreis einfacher selbst bestimmen (Mütter und Väter müssen sie kaum noch zu Spielnachmittagen fahren), und Jugendliche haben mehr Kontrolle darüber, wie sie ihre Zeit verbringen. Wenn sie junge Erwachsene sind und ihr Zuhause verlassen, ist dann alles möglich. Jetzt bestimmen sie allein, wohin sie gehen und mit wem sie ihre Zeit verbringen. Und Sie ahnen es sicher: Diese Entscheidungen sind nicht zufällig. Sie werden von ihren genetisch beeinflussten Eigenschaften geprägt (und zum Teil, so hoffen wir jedenfalls, auch durch das, was einflussreiche Erwachsene auf ihrem Weg ihnen mitgegeben haben). Eher akademisch orientierte Heranwachsende treffen sich in der Bücherei und treten dem Schachklub bei. Risikofreudige Jugendliche suchen sich andere erlebnisorientierte, risikofreudige Jugendliche. Sie gehen zum Fallschirmspringen und treten in Skirennvereine ein. Sie gehen in Bars und auf Konzerte. Jugendliche, die mehr zu Ängsten oder Sorgen neigen, sind häufiger zu Hause in ihrem Zimmer. Sie verbringen weniger Zeit mit gesellschaftlichen Aktivitäten und auf Partys. Unsere unterschiedlichen, genetisch beeinflussten angeborenen Eigenschaften bringen uns dazu, uns unterschiedliche Umgebungen und Erfahrungen zu suchen. Und diese Erfahrungen prägen uns dann noch zusätzlich.

3. Wechselwirkung:
Passive Genotyp-Umwelt-Korrelation

Die letzte Art, wie unser Genotyp und unsere Umgebung sich wechselseitig beeinflussen, zeigt sich ganz spezifisch in der Eltern-Kind-Beziehung. Nicht nur unsere Kinder haben ein genetisch bedingtes Temperament, das ihre Umgebung und ihre Handlungen beeinflusst, dasselbe gilt auch für uns Erwachsene. Auch wir Eltern haben unseren eigenen anlagebedingten Stil und unsere eigene Art, mit der Welt zu interagieren. Dieser Stil wirkt sich auf unsere Erziehung aus und auf die Umgebung, die wir für unsere Kinder schaffen. Impulsivere und risikofreudigere Eltern fordern ihre Kinder mit höherer Wahrscheinlichkeit zu Dingen auf, die außerhalb ihrer Komfortzone liegen. Sie nehmen sie eher mit zum Skifahren oder Fallschirmspringen oder melden sie zum Kletterkurs an. Eltern vom akademisch/intellektuell geprägten Typ schaffen eher eine Umgebung voller Bücher und Zeitschriftenstapeln. Introvertierte Eltern planen vielleicht eher ruhigere Aktivitäten mit weniger Menschen für ihre Kinder. Wenn Sie bei der Vorstellung, auf einer Bühne zu stehen und von allen angestarrt zu werden, das kalte Grausen bekommen, kommen Sie vielleicht gar nicht erst auf die Idee, Ihr Kind beim Theaterkurs anzumelden. Unsere natürlichen Erziehungstendenzen sind in vielerlei Hinsicht ein Spiegelbild unseres eigenen genetisch beeinflussten Temperaments.

Und jetzt kommt's: Da (biologische) Eltern ihren Kindern sowohl die Gene als auch die Umgebung liefern (wir wissen ja, dass ein Kind eine Mischung aus 50 Prozent Mama und 50 Prozent Papa ist), steht die Umgebung des Kindes auch in Beziehung zu seinem eigenen Genotyp, denn sie ist eine Kreation der Genotypen seiner Eltern, mit denen es große Gemeinsamkeiten hat. Mit anderen Worten, der Genotyp der Eltern beeinflusst die Umgebung, die sie für ihre Kinder schaffen, *und* Eltern geben ihr Genmaterial an ihre

Kinder weiter. Das bedeutet, dass selbst bei kleinen Kindern die Umgebung (sofern sie von einem biologischen Elternteil geschaffen wurde) mit ihrem Genotyp korreliert.

Stellen wir uns beispielsweise Eltern mit einem hohen IQ vor. Wir wissen, dass Intelligenz erblich ist, dass also unsere Gene sich auf unsere kognitiven Fähigkeiten auswirken[29]. Ein Elternteil mit einem hohen IQ gibt die entsprechenden Gene mit höherer Wahrscheinlichkeit an seine Kinder weiter und schafft ebenfalls mit höherer Wahrscheinlichkeit ein Heim voller Bücher. Das bedeutet, dass seine Kinder mit höherer Wahrscheinlichkeit aufgrund ihrer genetischen Veranlagung einen Startvorteil haben *und* viele Bücher zur Verfügung, die ihre intellektuellen Fähigkeiten zusätzlich stimulieren. Ihre Eltern schicken sie eher in ein Ferienlager mit naturwissenschaftlichem Schwerpunkt, weil sie so etwas als Kind ebenfalls mochten. Ihre ohnehin begünstigten Kinder bekommen also durch Computercamps oder Umwelt-Workshops einen zusätzlichen »umweltbedingten« Schub. Ihre intelligenten Eltern können ihnen besser bei den Hausaufgaben helfen und freuen sich eher, wenn ihre Kinder ebenfalls Freude am Lernen zeigen. Solche Kinder bekommen im Prinzip die doppelte Packung aus guten Genen *und* einer vorteilhafteren Umgebung, beides zurückzuführen auf die überdurchschnittliche Intelligenz ihrer Eltern, mit der alles begann.

Leider gilt das auch im umgekehrten Fall: Kinder können genauso eine doppelte Portion nachteiliger Effekte erwischen. So wissen wir beispielsweise, dass Aggression in hohem Maße genetischen Einflüssen unterliegt[30]. Kinder, die ein aggressives Temperament erben, haben also mit höherer Wahrscheinlichkeit auch aggressive Eltern. Das kann dazu führen, dass ihre häusliche Umgebung von strenger Erziehung oder Strafen geprägt ist. Diese Umwelterfahrungen wiederum können die Neigung des Kindes zu Aggressivität noch verstärken. Solche Kinder hatten also doppelt

Pech in der Genlotterie: Erstens haben sie ein hitziges Gemüt, und dann wachsen sie auch noch in einer Umgebung auf, die ihnen dieses Verhalten vorlebt und es weiter schürt.

Ihnen ist wahrscheinlich beim Lesen schon klar geworden, dass eine passive Genotyp-Umwelt-Korrelation nur dann vorliegen kann, wenn Kinder bei ihren biologischen Eltern aufwachsen. Kinder, die adoptiert und von nicht mit ihnen verwandten Eltern aufgezogen werden, leben nicht unbedingt in einer Umgebung, die mit ihrem Genotyp in Beziehung steht. Die evokative/reaktive und die aktive Genotyp-Umwelt-Korrelation spielen jedoch weiterhin eine Rolle, unabhängig davon, bei wem die Kinder aufwachsen. Selbst ohne eine häusliche Umgebung, die mit ihrem Genotyp verknüpft ist, beeinflusst der Genotyp jedes Kindes die Reaktionen, die es bei den Menschen in seinem Leben hervorruft, wie sie auf ihre Umgebung reagieren und welche Umgebungen sie sich überhaupt aussuchen.

Die Rolle von Kaskadeneffekten in der Entwicklung

Kehren wir zu den Studien an getrennt aufgewachsenen eineiigen Zwillingen zurück, mit denen wir uns im ersten Kapitel beschäftigt haben. Vielleicht haben Sie sich beim Lesen gefragt: Wie kann es sein, dass eineiige Zwillinge, die in unterschiedlichen Umgebungen aufwachsen, sich genauso ähnlich sind wie eineiige Zwillinge, die zusammen groß werden? Sehen wir uns diese Ergebnisse noch einmal mit Ihrem neuen Wissen über die Genotyp-Umwelt-Korrelation an. Die Zwillinge wurden von unterschiedlichen Adoptiveltern großgezogen, also korrelierten ihre häuslichen Umgebungen nicht automatisch mit ihren Genotypen (keine passive Genotyp-Umwelt-Korrelation). Aber sie hatten dasselbe Erbgut, also starteten sie mit ähnlichen Temperamenten ins Leben. Diese Temperamente riefen wahrscheinlich ähnliche Reaktionen hervor – bei ihren (unterschiedlichen) Eltern, in der Schule und allgemeiner bei den Menschen, denen sie in der Welt begegneten. Sie wuchsen getrennt auf, hatten also jeweils ein eigenes Leben; weil sich ihre genetisch beeinflussten Eigenschaften jedoch auf ihre Umwelterfahrungen und ihre Reaktionen darauf auswirkten, machten sie ähnlichere Erfahrungen als zwei beliebige Menschen im Laufe ihres Lebens. Und im Zeitverlauf formten ähnliche Rückmeldungen der Umwelt und ähnliche Deutungen von Lebensereignissen sie immer mehr zu ähnlichen Menschen. Mit anderen Worten, ein großer Teil unserer »Umwelterfahrungen« beginnt tatsächlich mit unseren Genen. Deswegen zeigten die berühmten Jim-Zwillinge wahrscheinlich so viele Ähnlichkeiten, obwohl sie bei unterschiedlichen Eltern aufwuchsen.

Einige Umweltereignisse sind natürlich rein zufällig. Eine Naturkatastrophe wie ein Erdbeben oder einen Hurrikan zu erleben, hat eher nichts mit unseren Genen zu tun. Andere stressreiche Ereignisse, Autounfälle zum Beispiel, können etwas mit unseren genetischen Veranlagungen zu tun haben, müssen aber nicht. Manche Autounfälle sind Zufälle: Man ist zur falschen Zeit am falschen Ort, als ein abgelenkter Fahrer eine rote Ampel übersieht und einem in die Seite fährt. Aber vielleicht passierte der Unfall auch teilweise, weil Sie zu schnell fuhren (weil Sie risikofreudig sind!) oder weil Sie nicht ganz bei der Sache waren, da Sie seit einer Weile mit Depressionen kämpfen und sich nicht konzentrieren konnten. Manchmal werden selbst scheinbar »zufällige« Umweltereignisse teilweise von unseren Eigenschaften beeinflusst. In Japan wird das in der Schuldzuweisung bei Autounfällen auf die Spitze getrieben: Beide Parteien haben grundsätzlich eine Teilschuld, schon weil sie vor Ort waren, als der Unfall passierte!

Abgesehen von den »Pfeilen und Schleudern des wütenden Geschicks« beeinflussen unsere Gene eine Reihe von Aspekten in unserer Umgebung. Und selbst bei zufälligen Ereignissen, ob guten oder schlechten, wirken sich unsere Gene darauf aus, wie wir auf sie reagieren. Das ist die Feedbackschleife des Lebens, die vom einzigartigen Erbgut jedes Kindes angestoßen wird.

Die Rolle eines guten Elternteils: Feineinstellung der kindlichen Veranlagungen

Wo kommen dabei nun die Eltern ins Spiel? Die Gene unserer Kinder legen den Grundstein für ihre Veranlagungen und beeinflussen, wie sie sich durch die Welt bewegen, aber ihre Gene schreiben *nicht* ihr Schicksal fest. Indem Sie mit der genetischen Veranlagung Ihres Kindes arbeiten, können Sie es sanft in eine Richtung lenken, in der es das Beste aus sich herausholen kann, und ihm dabei helfen, die natürlichen Tendenzen zu kontrollieren, die es in Schwierigkeiten bringen könnten. Mit anderen Worten, die Umgebung kann sich darauf auswirken, wie genetische Veranlagungen zum Ausdruck kommen. Wir nennen das die *Genotyp-Umwelt-Interaktion*.[31]

Für Sie als Eltern bedeutet das zum Beispiel: Wenn Ihr Kind von Natur aus zu Impulsivität neigt, können Sie ihm Grenzen setzen, um es dabei zu unterstützen, sein impulsives Wesen zu steuern. So tragen Sie gleichzeitig dazu bei, diese impulsiven Tendenzen zu drosseln und damit auch die Wahrscheinlichkeit, dass diese Tendenzen das Kind in Schwierigkeiten bringen. Wenn Ihr Kind zu großer Emotionalität neigt (oder, wie wir Eltern sagen, »ohne Grund sofort ausflippt«), können Sie ihm dabei helfen, mit seinen Gefühlen besser umzugehen und damit seine genetische Veranlagung unter Kontrolle zu halten. Auf ähnliche Weise können

Sie auch die natürlichen Stärken Ihres Kindes fördern, damit es sie weiterentwickelt. So wird ein Kind, das von Natur aus gern mit anderen zusammen ist, in einer Umgebung aufblühen, in der es mit mehr Kindern interagieren kann, was wiederum dazu beiträgt, seine sozialen Fähigkeiten zu entwickeln.

Wenn Sie die genetische Veranlagung Ihres Kindes verstehen, bekommen Sie ein besseres Gefühl dafür, in welcher Umgebung es am ehesten Erfolg hat, zu welchen Umgebungen es sich hingezogen fühlt und wo es in Schwierigkeiten geraten könnte. Genotyp-Umwelt-Interaktion bedeutet, dass wir als Eltern dem Kind helfen können, bestimmte genetische Tendenzen zu verstärken oder zu drosseln, wie mit dem Lautstärkeknopf an einem Radio. Leider steht uns der Ein-Aus-Knopf normalerweise nicht zur Verfügung (obwohl ich mir das zugegebenermaßen schon gewünscht habe, wenn mein Kind einen Wutanfall hatte). Aber die wissenschaftlichen Daten deuten darauf hin, dass diese Feineinstellung zu den Methoden gehört, mit denen Eltern den größten Einfluss ausüben können.

In den 1960er-Jahren begründete mein erster Mentor Irving Gottesman, ein klinischer Psychologe und Gründervater auf dem Gebiet der Verhaltensgenetik, das Konzept des *Reaktionsspielraums* als Erklärungsansatz, wie Gene und Umwelt zusammen beeinflussen, was aus einem Kind wird. Der Begriff *Reaktionsspielraum* beschreibt die Vorstellung, dass wir unser Leben mit einer bestimmten genetischen Veranlagung beginnen, die Umwelt jedoch beeinflussen wird, wie sich diese Veranlagung entfaltet. Stellen Sie sich zum Beispiel ein Kind vor, das von Natur aus eher introvertiert ist und am liebsten für sich bleibt. Als Elternteil können Sie dieses Kind dabei unterstützen, sich in Gesellschaft anderer wohler zu fühlen, indem Sie es immer wieder ohne Druck mit anderen Kindern zusammenbringen, statt ihm zu erlauben, durchgehend allein in seinem Zimmer zu spielen. Das wird ihm später dabei helfen, sich in einem gesellschaftlichen Umfeld weniger unwohl zu fühlen, wenn es nötig ist, selbst wenn es nicht seine bevorzugte Umgebung ist.

Doch was Sie auch unternehmen, Sie werden dieses von Natur aus introvertierte Kind nicht dahingehend erziehen können, dass es auf der nächsten Party im Mittelpunkt stehen möchte, wie es bei einem extravertierteren Kind der Fall wäre.

Wenn Sie dagegen ein besonders extravertiertes Kind haben, könnten Sie sich darauf konzentrieren, Ihr Kind dabei zu unterstützen, seine natürliche Veranlagung durch gesellschaftliche »Ventile« wie eine Rolle im Schultheater oder öffentliche Reden zu kanalisieren, um die Wahrscheinlichkeit zu verringern, dass es später in Bars auf den Tischen tanzt. Mit anderen Worten, die genetische Veranlagung steckt die Grenzen ab, innerhalb derer sich unsere Kinder entwickeln, aber ihre Umgebung interagiert mit ihrer genetischen Veranlagung und beeinflusst damit, wo sie schließlich enden. Als Eltern ist es unsere Aufgabe, die besten Veranlagungen in unseren Kindern zum Vorschein zu bringen und sie dabei zu unterstützen, mit ihren weniger vorteilhaften Tendenzen umzugehen (die wir alle ebenfalls haben).

Ein letztes genetisches Konzept ist an dieser Stelle noch wichtig zu verstehen: die *Epigenetik*. Die Epigenetik ist verwandt mit der Genotyp-Umwelt-Interaktion. Der Begriff bezieht sich auf den Umstand, dass die Umgebung sich darauf auswirken kann, wie Gene auf molekularer Ebene zum Ausdruck kommen. Umwelterfahrungen können beeinflussen, ob Gene ein- oder ausgeschaltet werden oder in welchem Ausmaß sie zum Tragen kommen (»exprimiert« werden). Jüngere Forschungsarbeiten deuten darauf hin, dass stressreiche Umgebungen negative epigenetische Auswirkungen haben können, indem sie Gene aktivieren, die bei Stressantworten eine Rolle spielen, was zu einer Kaskade unerwünschter physischer, verhaltensbezogener und psychologischer Ergebnisse führt. Viertel mit einer hohen Armuts- oder Kriminalitätsrate,

Kindheitstraumata, Diskriminierung – all diese Faktoren verändern nachweislich die Genexpression und beeinflussen die kindliche Entwicklung negativ auf eine Weise, die über Generationen weitergegeben werden kann. Auch als Supereltern können wir unsere Kinder vielleicht nicht zu dem formen, was wir uns vorgestellt haben, aber stressreiche und traumatische Erfahrungen können ihnen durchaus schaden und ihre Fähigkeit beschneiden, ihr Potenzial auszuschöpfen.

Nun haben Sie ein grundsätzliches Verständnis davon, wie Gene und Umwelt zusammen das kindliche Verhalten beeinflussen. Teil 2 dieses Buches wird Ihnen dabei helfen, die einzigartigen genetischen Tendenzen *Ihres Kindes* zu identifizieren und zu lernen, diesen einzigartigen Genmix auf seinem Weg zu begleiten. Mit diesem Wissen können Sie beeinflussen, auf welche Weise sich Gene und Umgebungen im Laufe der Zeit verflechten, um seine Entwicklung zu prägen.

Kernpunkte

- Es gibt keine Gene »für« ein bestimmtes Verhalten. Unsere Gene prägen unser Leben auf komplizierte und indirektere Weise.

- Komplexe Verhaltensweisen werden von zahlreichen Genen beeinflusst – wahrscheinlich von Hunderten oder Tausenden –, die sich alle zusammen auf unsere natürliche Tendenz zu einem bestimmten Verhalten wie Impulsivität, Ängstlichkeit, Extraversion oder jede andere Verhaltenstendenz auswirken. Gene prägen unser Verhalten, indem sie sich darauf auswirken, wie unser Gehirn »verdrahtet« ist.

- Unsere genetisch beeinflussten Eigenschaften, vom Temperament bis zum Aussehen, wirken sich auf unsere Erfahrungen mit der Welt aus. Kinder mit unterschiedlichen genetischen Tendenzen rufen verschiedene Reaktionen bei den Menschen in ihrer Umgebung hervor, die ihre Entwicklung ihrerseits prägen.

- Auf der Grundlage unseres genetischen Temperaments interpretieren wir die Welt unterschiedlich und reagieren verschieden auf sie. Deshalb können zwei Kinder derselben Eltern, die in derselben Familie aufwachsen, ihre Eltern sehr unterschiedlich erleben, weil ihre einzigartigen genetischen Veranlagungen sich voneinander unterscheiden.

- Unser Genotyp wirkt sich darauf aus, welche Umgebungen wir bevorzugen. Stark extravertierte Kinder suchen sich zum Beispiel aktive Umgebungen mit vielen Menschen.

- Kinder reagieren je nach genetisch beeinflusstem Temperament unterschiedlich auf ihre Eltern und ihre häusliche Umgebung. Deshalb kann eine Maßnahme, die bei einem Kind gut funktioniert, für ein anderes ebenso gut ungeeignet sein.

- Indem Sie die genetische Veranlagung Ihres Kindes berücksichtigen, können Sie es dabei unterstützen, sich in der Welt zurechtzufinden. Eltern können die Veranlagungen ihrer Kinder verstärken oder drosseln; die Umgebung kann verändern, auf welche Weise der Genotyp eines Kindes zum Ausdruck kommt.

Teil 2

Bausteine

Lernen Sie Ihr Kind kennen: Die drei großen Dimensionen des Temperaments

Vor Jahren war ich mal mit meiner besten Freundin aus dem College auf dem Spielplatz. Unsere Kinder turnten auf dem Klettergerüst. Mein Sohn war ganz nach oben geklettert, stand mit ausgestreckten Armen da und schrie: »Guck mal, Mama!« Ihr Sohn sah vom Boden aus zweifelnd zu ihm hoch und wandte schüchtern ein: »Ich glaube, das ist keine gute Idee …«, woraufhin mein Kind ihm zurief: »Aber das macht voll Spaß!«

Wir erfahren etwas über die natürlichen Veranlagungen unserer Kinder, indem wir ihr Verhalten beobachten. Als Eltern haben wir zum Teil die Aufgabe, liebevolle Detektivarbeit zu verrichten. Das tun wir ganz von selbst, wenn unsere Kinder noch Säuglinge sind. Wenn das Baby schreit, müssen wir herausfinden, ob es die Flasche, eine Windel, ein Nickerchen oder eine Decke braucht, und dann handeln wir entsprechend. Es dauert nicht lange, bis wir das »Ich habe Hunger!«-Schreien vom »Ich bin müde!«-Schreien unterscheiden können.

Als Mutter oder Vater kennen Sie Ihr Kind besser als jeder andere, und Sie nutzen dieses Wissen, um seine Grundbedürfnisse zu erfüllen, wenn es ein Säugling ist. *Aber damit ist es nicht getan.* Die Tendenzen Ihres Kindes zu erkennen – und die sind bei jedem Kind anders –, kann Ihnen dabei helfen, Ihre Erziehung und Begleitung so anzupassen, dass Sie Ihrem Kind in jeder Entwicklungsphase geben können, was es braucht. Es kann Sie auch davor bewahren, frustriert mit ineffektiven Erziehungstechniken von der Stange zu scheitern, die bei Ihrem Kind niemals funktionieren können. Zum Teil besteht Ihre Detektivrolle darin herauszufinden, was für Ihr einzigartiges kleines Genbündel funktioniert – und was nicht. Der Sohn meiner Freundin war von Natur aus furchtsamer und schüchterner. Als Mutter musste sie sich daher darauf konzentrieren, ihn dazu zu bringen, Neues auszuprobieren, seine Komfortzone zu verlassen und etwas risikofreudiger zu sein. Das war das Letzte, was mein Sohn brauchte! Seine Neigung zu Furchtlosigkeit und Impulsivität bedeutete für mich, ihm vor allem Selbstbeherrschung beizubringen und ihn darin zu unterstützen, Situationen zu meiden, die ihn in Gefahr bringen könnten. Meine Freundin musste einen weichen, beständigen, geduldigen Erziehungsstil entwickeln. Mein Kind brauchte klarere Grenzen. Sanftes Umlenken funktionierte bei meinem Sohn nicht gut, gerade so, wie eine strengere Erziehung und festes Lenken für ihr sensibleres Kind schwer zu ertragen gewesen wären. Zugegeben, es war etwas Detektivarbeit nötig, um das herauszufinden. Meine natürliche Veranlagung ist es, alles auszudiskutieren (ich bin ja nicht ohne Grund Psychologin geworden!). Aber nachdem Gespräche zum wiederholten Mal nichts am impulsiven Verhalten meines Sohnes änderten, fand ich heraus, dass einfache, feste Regeln viel besser funktionierten.

Stellen Sie sich zwei Kinder vor, nennen wir sie Alexis und Caleb, die beide als Kleinkinder ängstlich sind. Ihr Erbgut kommt in einem Gehirn zum Ausdruck, das beide von Natur aus in Richtung Ängstlichkeit tendieren lässt. Alexis und Caleb umklammern das Bein ihrer Mütter, wenn Fremde sie ansprechen. Auf dem Spielplatz sondern sie sich ab und wollen nicht mit den anderen Kindern spielen. Im Schwimmbad sitzen sie am Beckenrand und fangen an zu weinen, wenn ihre Eltern versuchen, sie zu einem Schwimmkurs zu bewegen. Aber die Eltern von Alexis und Caleb haben ganz unterschiedliche Ansätze im Umgang mit dem angeborenen ängstlichen Temperament ihres jeweiligen Kindes.

Wenn Caleb sich hinter ihren Beinen versteckt, erklären seine Eltern ihren Freunden, dass er sehr schüchtern ist, und setzen dann ihr Gespräch fort, weil sie ihn nicht in Verlegenheit bringen wollen. Auf dem Spielplatz spielen sie allein mit ihm, statt zu versuchen, ihn zum Spielen mit anderen Kindern zu ermuntern. Wenn Caleb sich im Schwimmkurs weigert, ins Becken zu steigen, erklären seine Eltern der Schwimmlehrerin, dass er wohl noch nicht so weit ist, und fahren wieder nach Hause mit ihm, um nächstes Jahr einen neuen Versuch zu starten.

Versteckt sich dagegen Alexis in Gegenwart unbekannter Menschen hinter ihren Eltern, locken diese sie sanft hervor und warten geduldig, bis sie Hallo gesagt hat, bevor sie ihr Gespräch mit den Freunden fortsetzen. Wenn sie auf dem Spielplatz Angst hat, auf andere Kinder zuzugehen, bringen sie sie hin, stellen sie vor und bleiben in ihrer Nähe, bis sie sich dort wohlfühlt. Wenn Alexis sich im Schwimmkurs weigert, ins Wasser zu gehen, begleiten sie sie weiterhin zu jeder Schwimmstunde und lassen sie neben dem Becken sitzen, bis sie bereit ist, hineinzugehen.

Wichtig ist hier zu erkennen, dass weder Alexis' noch Calebs Eltern etwas »falsch« machen. Beide wollen das Beste für ihr Kind, reagieren auf sein Verhalten und passen ihre Erziehung an, so gut sie können. Aber die Strategie, die Alexis' Eltern wählen – ihr ängstliches Kind sanft und geduldig immer wieder Situationen auszusetzen, die es von Natur aus meiden würde –, ist eine weitaus effektivere Methode, Kindern (und Erwachsenen!) dabei zu helfen, ihre Furcht allmählich zu überwinden.

Calebs Eltern meinen es zwar ebenso gut, helfen ihrem Sohn langfristig aber nicht. Indem sie ihr Verhalten so anpassen, dass sie ihn vor seinen Ängsten schützen, helfen sie ihm nicht dabei zu lernen, mit seiner natürlichen Neigung zu Ängstlichkeit umzugehen.

Die drei Es

In der Forschung wird das Temperament auf unterschiedlichste Arten in Kategorien zerlegt. Es gibt Dutzende Maßeinheiten für Temperament, verschiedene Fachleute kategorisieren und benennen die Dimensionen von Temperament und Verhalten auf unterschiedliche Weise. In diesem Buch konzentriere ich mich auf drei große Wesenszüge, die in Hunderten Studien zu Verhaltenstendenzen bei Säuglingen und kleinen Kindern zuverlässig immer wieder auftauchten (wenn auch unter leicht unterschiedlichen Namen und Abstufungen). In diesen Studien wurden Berichte von Eltern und anderen Bezugspersonen im Leben der Kinder genutzt sowie Beobachtungen des kindlichen Verhaltens in Forschungslaboren und in natürlichen Umgebungen, etwa zu Hause. Die »drei Es« oder die »großen Drei« (wie ich sie gern nenne) zeigen sich bei Kindern aus unterschiedlichen Kulturen und geschlechtsunabhängig (mit einigen kleinen Geschlechtsunterschieden, auf die ich später eingehe). Sie berühren Verhaltensdimensionen, die sich erstmals im Säuglingsalter feststellen lassen und die bis in die frühe und mittlere Kindheit hinein beständig bleiben.

»Die drei Es« ist keine Formulierung, die Ihnen in der Fachliteratur begegnen wird. Das ist nur mein Versuch als Mutter, aus den vielen Informationen in dem Wust komplizierter wissenschaftlicher Untersuchungen einen nützlichen Werkzeugkasten für Eltern zu erschaffen. Denjenigen von Ihnen, die ebenfalls in der Forschung tätig sind, möchte ich deutlich sagen, dass dieses Buch keinen Überblick über die wissenschaftliche Literatur geben soll. Es ist vielmehr eine elterntaugliche Übersetzung von Ergebnissen aus der klinischen Psychologie, der Entwicklungspsychologie und der Verhaltensgenetik (den Fachbereichen, die ich studiert habe), präsentiert auf eine Weise, die anderen Eltern den maximalen Nutzen bringen soll.

Die großen Drei öffnen Ihnen ein Fenster zum Genmaterial Ihres Kindes. Sie sagen das Verhalten in der Pubertät und bis ins Erwachsenenleben hinein voraus. Genau zu beobachten und zu verstehen, wo Ihr Kind in diesen Dimensionen verortet ist, ist ein großer Teil Ihrer Aufgabe als Elternteil. Um einen Erziehungsansatz zu finden, der für Sie funktioniert, müssen Sie zunächst einmal wissen, wer Ihr Kind im Hinblick auf seine genetische Zusammensetzung überhaupt ist.

Ich werde Ihnen sechs Kinder vorstellen, die das jeweilige Ende des Spektrums jeder der drei großen Dimensionen widerspiegeln. Wenn Sie über diese Kinder mit ihren verschiedenen Wesenszügen lesen, halten Sie sich immer vor Augen, dass es keine von Natur aus »guten« oder »schlechten« Eigenschaften gibt. Ja, Kinder mit bestimmten Veranlagungen können eine größere Herausforderung für ihre Eltern darstellen. Aber ob wir Eigenschaften als »gut« oder »schlecht« einordnen, kann sich im Laufe der Zeit und über die Kulturen hinweg ändern. Wie bereits erwähnt, sorgen manche Eigenschaften, die wir bei kleinen Kindern als positiv betrachten (zum Beispiel Kontaktfreudigkeit), bei Teenagern für Probleme (geselligere Teenager lassen sich eher von Gleichaltrigen beeinflussen und experimentieren eher mit Alkohol und anderen Drogen). Einige der Eigenschaften, die wir bei Kindern schwierig finden (wie die Weigerung zu kooperieren), werden bei Erwachsenen geschätzt (Einstehen für die eigenen Prinzipien). Manche Kulturen legen bei Kindern mehr Wert auf Gehorsam, während anderen Individualität wichtiger ist. Der springende Punkt ist, jede Veranlagung hat ihre Vor- und Nachteile (auch wenn einige es zugegebenermaßen den Eltern auf verschiedenen Entwicklungsstufen schwerer machen als andere).

Extraversion: Lila und Mila

Lilas Eltern witzelten gern, dass sie mit dem Plan zur Welt kam, sie im Sturm zu erobern. Als Baby liebte sie das Guck-guck-Spiel und lachte wieder und wieder aus vollem Hals, wenn ihre Eltern so mit ihr scherzten. Neues Spielzeug entzückte sie. Ausflüge mit ihren Eltern machten ihr offensichtlich großen Spaß. Als Baby gurrte sie Fremde an, die dann stehen blieben und sich über den Kinderwagen beugten, wenn sie und ihre Eltern in der Nachbarschaft spazieren gingen. Als Lila anfing zu krabbeln, war sie ständig in Bewegung. Sie liebte Kinderturnen und Eltern-Kind-Musikkurse. Sie erkundete eifrig neue Spielplätze und knüpfte schnell Kontakte mit anderen Kindern, denen sie im Park begegnete. Sie liebte Einkaufen und rannte immer aufgeregt durch den Supermarkt, um zu »helfen« und Dinge in den Einkaufswagen zu legen. Ihre Eltern wussten, wenn sie nicht mit Lila hinausgingen, damit sie sich austoben konnte, würde unweigerlich etwas im Haus kaputtgehen, wenn Lila fröhlich umhertobte und ihre Flugzeuge »fliegen« ließ oder auf der Kissenburg hüpfte, die sie im Wohnzimmer gebaut hatte.

Mila dagegen war ein ruhiges, zufriedenes Baby. Sie lag gern in den Armen ihrer Eltern und sah friedlich zu ihnen hoch. Nur selten wandt sie sich, um auf Abstand zu gehen. Spiele mit intensivem Blickkontakt wie das Guck-guck-Spiel schienen ihr zu viel zu sein; sie kuschelte lieber. Sie saß still, wenn man ihr vorlas. Als sie älter wurde, blieb sie am liebsten zu Hause und spielte ruhige Spiele wie Memory, statt auf den lauten Spielplatz oder zu den Spielgeräten im Einkaufszentrum zu gehen. Wenn Unbekannte ins Haus kamen, war sie erst einmal schüchtern, und es dauerte eine Weile, bis sie mit Fremden warm wurde. Doch nach einer kurzen Weile führte sie ihnen fröhlich ihre Stofftiere vor und lud sie zu einer kleinen Teeparty in ihrem Zimmer ein. Wenn es im Haus still wurde, wussten Milas Eltern, dass sie sie in ihrem Zimmer finden würden, wo sie mit Bauklötzen spielte oder puzzelte.

Lila und Mila stehen an den entgegengesetzten Enden der ersten Verhaltensdimension: *Extraversion.* Die Ursprünge der Extraversion zeigen sich schon früh in der Entwicklung in der natürlichen Neigung eines Kindes zu positiven Affekten (wie sehr es sich über die Welt und andere Menschen freut), Aktivitätslevel (wie sehr es in Bewegung ist) und Explorationsverhalten (wie gern es neue Dinge ausprobiert). Kinder mit ausgeprägter Extraversion sind meist fröhlich und aktiv. Als Babys lachen sie leicht und viel. Sie gurren, wenn ihre Eltern sich mit ihnen beschäftigen. Sie sind öfter in Bewegung, winden sich auf Mamas oder Papas Arm, rutschen auf ihrer Spieldecke herum. Stark extravertierte Kinder gehen gern an unbekannte Orte. Sie finden neue Aktivitäten spannend. Wenn sie älter werden, sind sie voller Energie – sie toben am liebsten auf dem Spielplatz und klettern auf die höchste Rutsche. Sie rennen eher von A nach B, als zu gehen. Sie lernen gern neue Menschen kennen.

Die Kinder am anderen Ende dieser Dimension sind von Natur aus ruhiger und weniger aktiv. Als Babys liegen sie still und zufrieden in den Armen ihrer Eltern. Kinder mit geringerer Extraversion sind Fremden gegenüber schüchterner, manchmal sogar Menschen gegenüber, die sie schon kennen, aber nicht regelmäßig sehen. Sie sind damit zufrieden, allein oder in einer kleinen Gruppe zu spielen. Sie brauchen keine geschäftigen Aktivitäten oder viele Menschen um sich herum und meiden solche Situationen eher.

Emotionalität: Chloe und Zoe

Von Geburt an mochte Chloe es nicht, abgelegt oder von Fremden auf den Arm genommen zu werden. Sie regte sich furchtbar auf, wenn ihre Eltern versuchten, sie in die Babywippe zu legen, und weinte heftig, bis sie sie wieder hochnahmen. Ihre Eltern versuchten es mit einer Menge Babyutensilien, auf die ihre Freunde schworen, aber Chloe mochte keins davon. War sie einmal aus der Fassung geraten, ließ sie sich kaum ablegen. Wenn sie müde war, schien alles noch schwieriger zu werden. Sie reagierte heftig auf alles, was sie nicht mochte. Manchmal fanden ihre Eltern nicht einmal heraus, worüber sie sich gerade so aufregte. Sie wehrte sich dagegen, schlafen zu gehen oder sich für ein Nickerchen hinlegen zu lassen, obwohl ihre Eltern sahen, dass sie müde war. Als sie älter wurde, verlor sie immer noch schnell die Fassung, wenn etwas nicht so lief, wie sie wollte. Wenn sie bei einem Spiel verlor oder ihre Basteleien nicht so gelangen, wie sie gehofft hatte, bekam sie einen furchtbaren Wutanfall, und ihre Eltern hatten Mühe, sie zu trösten oder ihr Verhalten umzulenken. Teilweise hatte sie Angst vor Fremden. Als ihre Mutter sie bei einer Spielgruppe anmeldete, weigerte sie sich hineinzugehen und warf sich schreiend und um sich tretend auf den Boden, als die Mutter versuchte, sie zum Mitmachen zu bewegen.

Zoe dagegen »nahm schon immer alles so, wie es kam«, wie ihre Eltern es beschrieben. Als Baby ließ sie sich schnell beruhigen. Sie ließ zu, dass verschiedene Erwachsene sie auf den Arm nahmen, und lag zufrieden in ihrer Babywippe oder auf ihrer Spieldecke. Als Kleinkind ließ sie sich von ihren Eltern ablenken, wenn sie sich über etwas aufregte. Sie weinte zwar, wenn ihr Lieblingsmüsli alle war, aber sie fing sich schnell wieder und war zufrieden, wenn ihre Eltern ihr vorschlugen, nach dem Frühstück zusammen etwas zu spielen. In der Regel macht sie willig bei allen Aktivitäten mit, die ihre Eltern für sie geplant haben, ob das ein Ausflug ins Kindermuseum ist oder ein Basteltag. Auf einem Spielplatz voller unbekannter Kinder ist sie erst zögerlich, aber nicht übermäßig unglücklich, und schließt sich nach und nach den anderen Kindern an.

Chloe und Zoe stehen an entgegengesetzten Enden der Verhaltensdimension *Emotionalität*. Kinder mit hoher Emotionalität neigen von Natur aus mehr zu Verzweiflung, Furcht und Frustration. Als Babys und kleine Kinder verlieren sie schneller die Fassung, vor allem, wenn sie müde sind. Sie weinen, wenn man ihnen ein Spielzeug wegnimmt, und weigern sich, ins Bett zu gehen oder Mittagsschlaf zu halten, obwohl sie müde sind. Als kleine Kinder leiden sie stark darunter, wenn sie etwas nicht tun können, das sie sich vorgenommen hatten, etwa bei ihrem Lieblingsspiel zu gewinnen oder eine Sportart zu betreiben. Ihr Unmut wird oft als »Überreagieren« wahrgenommen. Sie sind nicht nur leicht frustriert und werden schnell wütend, sondern bleiben gefühlt auch eine lange Zeit in diesem Zustand. Kinder mit hoher Emotionalität lassen sich nicht leicht ablenken. Sie sind mit höherer Wahrscheinlichkeit ängstlich und fürchten sich nachts vor Monstern oder Einbrechern. In der Unterdimension »Furcht« der Emotionalität unterschieden sich auch Caleb und Alexis aus dem letzten Abschnitt stark von anderen Kindern.

Selbstregulation: Hayden und Jayden

Hayden kann still sitzen bleiben, wenn seine Eltern ihm vorlesen. Wenn er mit Bauklötzen eine Burg baut, konzentriert er sich über Stunden. Auch beim Puzzeln bleibt er aufmerksam bei der Sache, bis er fertig ist. Es fällt ihm leicht, Anweisungen seiner Eltern zu befolgen. Wenn er eine Aufgabe erledigen soll, bevor er Süßigkeiten bekommt, oder bis nach dem Abendessen warten muss, bevor er ein Eis essen darf, tut er das, ohne sich besonders aufzuregen.

Wenn er auf dem Spielplatz ist und seine Eltern ihn rufen, kommt er sofort. Wenn sie ihn bitten, mit etwas aufzuhören, hört er auf. Jayden dagegen wechselt ständig von einer Aktivität zur nächsten. Er beginnt zu puzzeln, langweilt sich aber schnell und fängt etwas anderes an. Seine Eltern finden in seinem Zimmer oft mehrere angefangene Projekte in verschiedenen Stadien der Fertigstellung. Es fällt ihm schwer, etwas zu Ende zu bringen, wenn es länger als zehn Minuten dauert. Er sitzt nicht gern länger still als für ein Bilderbuch. Wenn er mit seinem jüngeren Bruder einen spielerischen Schwertkampf ausführt, schlägt er über die Stränge. Wenn seine Eltern ihn bitten, mit etwas aufzuhören, braucht es oft mehrere Aufforderungen, bevor er sich fügt. Wenn er auf etwas Süßes warten soll, fällt ihm das sehr schwer. Wenn Jayden weiß, wo die Kekse sind, erwischt man ihn oft in flagranti beim Naschen!

Hayden und Jayden unterscheiden sich in der letzten Dimension der großen Drei: *Selbstregulation.* Bei Kindern wird sie oft auch mit dem englischen Fachbegriff »Effortful Control« bezeichnet (daher das dritte E). Nach dem ersten Lebensjahr beginnen Kinder, die Fähigkeit zu entwickeln, ihre Emotionen und ihr Verhalten zu regulieren. Selbstregulation zeigt sich früh darin, wie gut Kinder ihre Emotionen regulieren und ihre Aufmerksamkeit auf etwas richten können. Wenn sie älter werden, bestimmt das Maß der Selbstregulation, ob ein kleines Kind sich auf das Spielen mit einem einzigen Spielzeug konzentrieren und wie gut es Anweisungen befolgen oder sich zurückhalten kann, etwas zu tun, was es nicht tun soll.

Ihr Kind verstehen

Während Sie die Beschreibungen der Kinder in diesem Kapitel lasen, haben Sie sie sicher mit Ihrem Kind verglichen. Ist es eher eine Lila oder eine Mila? Eine Chloe oder eine Zoe? Ein Hayden oder ein Jayden? Bei manchen Verhaltensdimensionen ist es vielleicht ganz offensichtlich. Aber bei anderen brauchen Sie eventuell mehr Zeit und Beobachtungen, um Ihr Kind in liebevoller Detektivarbeit verstehen zu lernen. Wenn Sie versuchen herauszufinden, wo sich Ihr Kind auf dem Kontinuum der großen Drei befindet, sollten Sie einige Dinge im Hinterkopf behalten:

Suchen Sie nach Konstanz in verschiedenen Situationen. Alle Kinder sind manchmal ängstlich, manchmal fröhlich, manchmal mürrisch und manchmal aggressiv. Wenn wir also über genetisch beeinflusste Temperamente reden, meinen wir Tendenzen, die *in verschiedenen Situationen konstant* sichtbar werden. Deshalb habe ich in den Beschreibungen der unterschiedlichen Kinder viele verschiedene Beispiele angeführt, wie sich eine Tendenz zeigen kann. Um zu entscheiden, wohin Ihr Kind gehört, sollten Sie daran denken, wie häufig Sie die *Palette der Verhaltensweisen* beobachten, und nicht nur ob es eine der relevanten Verhaltensweisen jemals zeigt. Die meisten Kinder haben Angst, wenn ein Hund plötzlich die Zähne fletscht, knurrt und auf sie zustürzt (wie auch die meisten Erwachsenen!). Aber ein ängstliches Kind hat auch dann Angst vor Hunden, wenn diese ganz brav einfach ihr Hundeleben leben. Und es geht auch nicht nur um die Angst vor Hunden. Ängstliche Kinder haben ständig Angst – vor der Trennung von den Eltern, neuen Menschen, neuen Orten, was auch immer.

Denken Sie an Konstanz im Laufe der Zeit. Genetisch beeinflusste Persönlichkeitsmerkmale treten auch *im Zeitverlauf konstant* auf. Das bedeutet, dass Sie die angeborenen genetischen Tendenzen Ihres Kindes immer besser kennenlernen, je älter es wird. Viele Temperamentmerkmale zeigen sich schon im Alter von zwei bis drei Monaten, aber je mehr Zeit Sie mit Ihrem Kind verbringen, desto besser können Sie wirklich stabile Eigenschaften von Entwicklungsphasen unterscheiden. So ist es beispielsweise ganz normal, dass Kleinkinder durch eine Phase gehen, in der sie ihre Unabhängigkeit erproben und das bezaubernde Verhalten zeigen, jede Bitte mit einem felsenfesten »Nein!« zu beantworten. Das bedeutet nicht, dass aus Ihrem Kind ein aufsässiger Teenager werden wird – es bedeutet nur, dass Sie ein Kleinkind haben. Das Temperament beginnt erst im Alter von drei Jahren, sich richtig zu verfestigen; je älter Ihr Kind ist, desto genauer können Sie also seine genetischen Veranlagungen einschätzen. Da die Gene beeinflussen, wie stabil ein Verhalten im Zeitverlauf ist, sind Verhaltensweisen, die ein älteres Kind immer wieder zeigt, ein genaueres Abbild seiner genetischen Veranlagung. Wenn Ihr ängstliches Kleinkind, das im Streichelzoo den Tieren ausweicht und nicht zum Kinderturnen will, auch dann Angst hat, wenn es in den Kindergarten gehen soll, und sich gegen Spielverabredungen sträubt, können Sie sich im Laufe der Zeit immer sicherer sein, dass es sich hier nicht nur um eine Phase, sondern um eine Neigung zu Ängstlichkeit bei Ihrem Kind handelt.

Berücksichtigen Sie das Alter Ihres Kindes. Vergessen Sie bei Ihren Überlegungen Folgendes nicht: Da die zugrunde liegenden Unterschiede widerspiegeln, wie unser Gehirn strukturiert ist, und Kindergehirne schnell wachsen, zeigen sich unterschiedliche Wesenszüge an verschiedenen Punkten in der kindlichen Entwicklung. Verhaltensweisen, die mit Extraversion und Emotionalität im Zusammenhang stehen, sind schon früh zu erkennen. Säuglinge unterscheiden sich darin, wie viel sie lächeln und lachen (Extraversion: positiver Affekt) und wie stark sie Stress und Frustration ausdrücken (Emotionalität). Sie unterscheiden sich in ihrer Bewegungsfreude (Extraversion: Aktivität) und darin, ob sie gern neue Orte oder Spielzeuge erkunden (Extraversion: Exploration). Die Furcht vor Neuem beginnt sich gegen Ende des ersten Lebensjahres zu zeigen (Emotionalität). Und die Selbstregulation tritt (zum Leidwesen der Eltern) nach dem ersten Geburtstag als Letztes zutage und entwickelt sich dann im Alter zwischen zwei und sieben Jahren schnell weiter. Denken Sie also daran: Je nach Alter Ihres Kindes hatten Sie vielleicht noch gar nicht die Möglichkeit, all seine natürlichen Tendenzen in all diesen Bereichen zu beobachten.

Berücksichtigen Sie die Verzerrung durch Sie selbst. Genauso wie unsere Kinder die Welt auf der Grundlage ihrer natürlichen Tendenzen erfahren, beeinflussen unsere eigenen Veranlagungen auch, wie *wir* als Eltern die Welt sehen, was sich wiederum darauf auswirkt, wie wir das Verhalten unserer Kinder interpretieren. Ein Elternteil mit der angeborenen Tendenz zur Vorsicht beurteilt das wilde Verhalten seines Kindes vielleicht als weitaus impulsiver, als es ein Elternteil würde, der von Natur aus selbst eher ein Adrenalinjunkie ist. Wenn Sie versuchen, die angeborenen Tendenzen Ihres Kindes einzuschätzen, kann es hilfreich sein, auch andere zuverlässige Erwachsene im Leben des Kindes – zum Beispiel den anderen Elternteil oder eine Betreuungsperson oder ein Großelternteil, das viel Zeit mit dem Kind verbringt – zu befragen, wo sie das Kind in den einzelnen Verhaltensdimensionen einordnen würden.

Und schließlich: Seien Sie ehrlich. Wenn Sie die natürlichen Tendenzen Ihres Kindes ausarbeiten, ist das nicht der richtige Zeitpunkt, sich Sorgen darüber zu machen, was Ihre Mutter wohl davon hält oder was Sie glauben, wie Ihr Kind sein *sollte*. Sie versuchen, seine genetisch beeinflussten Anlagen zu verstehen, um herauszufinden, wie Sie es am besten begleiten und für mehr Harmonie zu Hause sorgen können. Einige Veranlagungen erscheinen Ihnen zunächst vielleicht wünschenswerter als andere, aber wie schon gesagt, Veranlagungen sind nicht von sich aus entweder gut oder schlecht. Sie bestimmen auch nicht das Schicksal Ihres Kindes. Sie müssen zu Ihrem Kind stehen, wie es ist, denn nur so können Sie erkennen, wie Sie ihm die bestmögliche Mutter oder der bestmögliche Vater sein können.

Ihr Kind und die drei Es

Am Ende dieses Kapitels finden Sie den Fragebogen »Die ganze Wahrheit über Ihr Kind« mit einer Reihe von Fragen zu den drei großen Verhaltensdimensionen, die Ihnen dabei helfen sollen, die natürlichen Veranlagungen Ihres Kindes zu bestimmen. Denken Sie daran: Je älter Ihr Kind ist, desto präziser können Sie einschätzen, wo es bei den drei Es steht. In den nächsten Kapiteln erfahren Sie mehr über die einzelnen Verhaltensdimensionen und ihre Kombinationsmöglichkeiten, und wir beschäftigen uns eingehend damit, was, hohe/mittlere/niedrige Werte bei Extraversion, Emotionalität und Effortful Control (Selbstregulation) für Ihr Kind bedeuten. Sie werden feststellen, dass ich in diesem Buch Kinder immer wieder ausdrücklich in ihrer Position *auf dem Spektrum* der drei Es betrachte; ich verwende hohe/mittlere/niedrige Werte als Kurzform, vermeide allgemein aber vereinfachende Zuschreibungen (mit Ausnahme von extravertiert/introvertiert im nächsten Kapitel, da dieses Begriffspaar für hohe und niedrige Werte bei Extraversion schon so in den Allgemeinwortschatz übergegangen ist).

Viele Persönlichkeitstests arbeiten mit vereinfachenden Zuschreibungen. Diese Praxis reicht zurück bis zu den alten Griechen, die die Menschen in vier Persönlichkeitstypen einteilten: Sanguiniker, Choleriker, Melancholiker und Phlegmatiker. Der Myers-Briggs-Typenindikator stellt vier Kategorien auf (Introversion oder Extraversion, Sensorik oder Intuition, Denken oder Fühlen und Wahrnehmung oder Beurteilung) und leitet daraus »Typen« mit der entsprechenden Kombination aus vier Buchstaben ab (Grüße an meine Mit-ESTJler!). Selbst Harry Potter und die anderen Hogwarts-Neulinge wurden auf Häuser verteilt.

Es kann positive Gefühle auslösen, sich mit einer Gruppe zu identifizieren, und es gibt sogar evolutionäre Gründe, warum Menschen sich zu Gruppen hingezogen fühlen; Teil einer Gruppe zu sein, bedeutet schließlich Sicherheit und Zugehörigkeit. Aber in Persönlichkeit und Temperament variieren die Menschen *in einem Kontinuum* und lassen sich nicht in getrennte Klassen einsortieren. Mit anderen Worten, unsere Gene wirken sich darauf aus, *wie viel* von einer Eigenschaft wir von Natur aus mitbringen. Wie diese Veranlagungen zum Ausdruck kommen, variiert in Abhängigkeit von unserer Umgebung. Sie können beispielsweise einem Kind, das von Natur aus eine schwache Selbstregulierung mitbringt, dabei helfen, Selbstkontrolle aufzubauen (dazu kommen wir später). Das macht es noch lange nicht zu einem Kind mit starker Selbstregulation, das von selbst stundenlang still sitzt, aber es kann zumindest dafür sorgen, dass Sie es nicht mehr so oft beim Unfugmachen erwischen. Das Bewusstsein, dass Verhalten sich in einem Kontinuum bewegt, kann uns daran erinnern, dass Veränderung möglich ist.

In den folgenden Kapiteln werden wir uns mit den Stärken beschäftigen, die mit den verschiedenen Veranlagungen verknüpft sind, und mit den Herausforderungen, die sie mitbringen (sowohl für Kinder als auch für ihre Eltern!). Wir werden uns ansehen, welche Arten von Erziehungsstrategien für unterschiedliche Kinder am wirkungsvollsten sind. Kurz gesagt, die nächsten Kapitel werden Ihnen dabei helfen, das Gelernte umzusetzen, und Ihnen einen Leitfaden an die Hand geben, der *Ihnen hilft,* Ihren einzigartigen Nachwuchs zu begleiten, und *Ihrem Kind hilft,* sich in der Welt zurechtzufinden. In der Kindesentwicklung nennen wir das »Goodness of Fit«[32] (Güte der Passung).

»Goodness of Fit«

Der Begriff »Goodness of Fit« beschreibt die Übereinstimmung zwischen Kindern und ihren Eltern sowie allgemeiner der Umwelt des Kindes. Eine gute Passung ist von entscheidender Bedeutung für ein glückliches, stressfreies (oder wenigstens stressärmeres) Familienleben. Einige Eltern und ihre Kinder haben das Glück, von Natur aus gut zueinander zu passen. Zum Beispiel ist Mama eine Leseratte und ihre Tochter lässt sich für ihr Leben gern vorlesen. Die Mutter nimmt ihre Tochter zur Vorlesestunde für die Kleinsten mit in die Bücherei, und hinterher verbringen sie zusammen dort noch etwas Zeit, suchen Bücher aus und kuscheln sich gemeinsam in die Leseecke. Außerdem puzzeln und malen sie gern zusammen. Oder Mama ist Sportlerin – sie liebt Sport und geht gern zu Sportveranstaltungen. Sie meldet ihre Tochter möglichst früh in einem Sportverein an, und die ganze Familie fährt am Wochenende zum Spiel der örtlichen Basketball- oder Fußballmannschaft, was ihre Tochter toll findet. Mutter und Tochter haben großen Spaß daran, ihre Mannschaft gemeinsam mit den anderen Fans anzufeuern.

Wenn eine natürliche Passung mit der Umgebung besteht, blühen Kinder auf, und die Eltern erkennen in der Regel den Grund dafür gar nicht. Ihr Kind erscheint ihnen einfach »pflegeleicht«. In diesem Szenario schreiben die Eltern die Liebe ihres Kindes zu Büchern oder Sport oft der Tatsache zu, dass sie selbst es an dieses Thema herangeführt haben. Und natürlich stimmt das auch zum Teil. Aber wie wir aus dem ersten Kapitel wissen, bedeutet eine Ähnlichkeit zwischen Eltern und Kind nicht automatisch, dass die Eltern das Verhalten des Kindes beeinflussen. Was den Eltern oft aber nicht klar ist: In vielen Fällen passt es einfach nur zufällig besonders gut. In obigen Beispielen liegen Mutter wie Tochter bei Extraversion im unteren und bei Selbstregulation im oberen Bereich. Ruhige Aktivitäten wie Lesen in einer Bücherei oder gemeinsames Puzzeln mögen beide. Im zweiten Beispiel liegen Mutter und Tochter bei Extraversion im oberen Bereich. Sie sind beide gern unter Leuten und in Bewegung. Aktive, lebhafte Veranstaltungen wie beim Sport gefallen beiden. Da auch die athletische Veranlagung genetisch beeinflusst ist, könnten sie auch in diesem Bereich gut zusammenpassen.

Doch stellen Sie sich nur einmal vor, was passiert, wenn die Leseratten-Mama, die gern in der stillen Bücherei ist, ein Kind hat, das bei Extraversion im oberen und bei Selbstregulation im unteren Bereich liegt. Wiederholte Versuche der Mutter, ihrer Tochter etwas vorzulesen, haben keinen Erfolg, da das Kind kein Interesse daran zeigt, still zu sitzen und sich das Buch anzusehen, sondern stattdessen von Mamas Schoß springt und auf ihrem Steckenpferd durch den Raum galoppiert. Bei der Vorlesestunde in der Bücherei steht die Tochter zur Verlegenheit ihrer Mutter immer wieder auf und will herumrennen, zieht hier und da ein Buch aus dem Regal und sprintet nach einem kurzen Blick auf den Einband zum nächsten. Da das jede Woche aufs Neue geschieht, ist die Mutter zunehmend frustriert von ihrer Tochter und hat das Gefühl, sie sei mehr damit beschäftigt, ihre Tochter zu ermahnen, als die gemeinsame Zeit mit ihr zu genießen.

Und stellen Sie sich im zweiten Beispiel vor, die sportbegeisterte Mutter hätte ein Kind im unteren Bereich der Extraversion. Mama will ihre Tochter zum Kinderturnen mitnehmen und vielleicht zusammen mit ihr die ältere Schwester beim Fußballspiel anfeuern. Aber ihre Tochter fühlt sich überfordert von den vielen Menschen und dem ganzen Betrieb. Ständig bittet sie ihre Mutter, nicht dorthin zu gehen. Wenn die Mutter darauf besteht, schmollt sie in der Ecke und weigert sich mitzumachen.

In beiden Fällen meinten die Mütter es gut und wollten ihren Töchtern Aktivitäten ermöglichen, die ihnen ihrer Meinung nach gefallen müssten, und gleichzeitig die Bindung zu ihrem Kind stärken. Aber wenn wir ehrlich sind, wird deutlich, dass wir unseren Kindern überwiegend anbieten, was *wir* wollen würden, weil wir ganz selbstverständlich davon ausgehen, dass sie dieselben Dinge mögen wie wir. Wir neigen von Natur aus zu der Annahme, dass die Gehirne anderer Menschen genauso funktionieren wie unsere, vor allem die Gehirne unserer Kinder. Schließlich kennen wir ja nur die Brille, durch die wir die Welt betrachten.

Wenn eine natürliche Passung zwischen elterlichem und kindlichem Temperament besteht, läuft alles glatt. Aber wenn Eltern und Kinder unterschiedliche natürliche Veranlagungen haben, vor allem dann, wenn den Eltern nicht bewusst ist, was da abläuft, kann das zu verstärkten Reibungen zwischen Eltern und Kind führen und zu einer Menge Frustration bei allen Beteiligten. Es kann sich außerdem sehr negativ auf die Beziehungen innerhalb der Familie auswirken. In unseren beiden »nicht zusammenpassenden« Beispielfamilien konnten die Mütter nicht verstehen, warum ihre Töchter sich unangemessen verhielten, und sie gerieten in negative, konfliktbeladene Teufelskreise. Niemand will die Vorlesestunde in der Bücherei damit verbringen, sein Kind ständig zu ermahnen, still zu sitzen und sich zu benehmen, während die anderen Eltern immer wieder gereizt herüberschauen. Niemand möchte beim Kinderturnen in der Ecke kauern und versuchen, sein Kind zum Mitmachen zu überreden, während besagtes Kind weint und sich an der Tür festklammert.

Beide Mütter begriffen nicht, dass die Aktivitäten, die sie für ihre Kinder geplant hatten, einfach nicht deren Temperament entsprachen. Wenn Kinder zu unpassenden Aktivitäten gedrängt und noch dazu auf der Emotionalitätsskala im oberen Bereich liegen, kann das Ganze auch in Tobsuchtsanfällen und strikter Verweigerung enden.

Die Bedeutung der Passung zu verstehen, heißt nicht, dass Sie sich den Anlagen Ihres Kindes sklavisch unterwerfen, sondern wird Ihnen helfen, bessere Entscheidungen zu treffen und vorherzusehen, welche Aktivitäten ihm vermutlich von Natur aus entsprechen und welche eher eine durchdachte Strategie erfordern.

Ihr eigenes Profil verstehen

Es gibt noch einen letzten Aspekt zu beachten, wenn Sie für eine möglichst gute Passung sorgen wollen. Wie Sie an den Beispielen zuvor gesehen haben, geht es dabei nicht nur um die natürlichen Veranlagungen Ihres Kindes, sondern auch um *Ihre*. Wie schon erwähnt, verfügen wir alle über genetisch beeinflusste Anlagen, die sich darauf auswirken, wie wir unsere Kinder erziehen und auf sie reagieren. Ein Elternteil findet es beispielsweise unglaublich angsteinflößend, ein Kind mit hohen Werten bei Extraversion und niedrigen bei Selbstregulation zu haben, und sorgt sich permanent, es in die Notaufnahme bringen zu müssen. Bei einem Elternteil mit einem anderen Temperament kann dasselbe Verhalten des Kindes zu stolzem Schulterklopfen führen, begleitet von einem »Wow! Toll gemacht!«. Wenn Sie eine gute Passung für Ihr Kind herstellen wollen, müssen Sie daher achtsam nicht nur Ihr Kind einordnen, sondern auch sich selbst.

Im Anschluss an den Fragebogen »Die ganze Wahrheit über Ihr Kind« finden Sie einen weiteren Fragebogen mit dem Titel »Die ganze Wahrheit über Sie«. Dieser Fragebogen verschafft Ihnen einen Blick auf Ihre eigenen natürlichen Tendenzen, die Ihre genetischen Anlagen in Kombination mit Ihren jahrelangen Erfahrungen widerspiegeln.

Die Fragebogen helfen Ihnen dabei einzuschätzen, wo Sie und Ihr Kind in jeder der drei großen Verhaltensdimensionen stehen, und liefern eine Zusammenfassung zum Vergleich Ihrer Veranlagungen. Diese Informationen dienen als Grundlage für die folgenden Kapitel, die stärker ins Detail gehen, damit Sie besser verstehen, wer Ihr Kind ist, wie es bestimmte Reaktionen in Ihnen hervorruft und wie Sie eine gute Passung mit Ihrem Kind schaffen. Letzten Endes wird das Verständnis der Dynamik zwischen Ihnen und Ihrem Kind Ihnen ein glücklicheres, angenehmeres Zusammenleben ermöglichen und Ihnen dabei helfen, das Potenzial Ihres Kindes freizusetzen.

Das richtige Selbstbild

Eine letzte Überlegung noch, bevor Sie sich auf die Fragebogen stürzen: Die natürlichen Anlagen Ihres Kindes zu verstehen, kann Ihnen als Elternteil helfen, aber Sie sollten sich davor hüten, der Überzeugung zu verfallen, dass die Veranlagungen Ihres Kindes in Stein gemeißelt sind (»Mein Kind liegt bei Emotionalität im oberen Bereich, das wird sich nie ändern, also bin ich zu einem Leben voller Wutanfälle verdammt.«). *Es gibt keinerlei Hinweise darauf, dass Gene so funktionieren.* Ja, Veranlagungen beeinflussen das Verhalten Ihres Kindes auf tiefgreifende Weise, und das ermöglicht es uns, Schwierigkeiten vorherzusehen und unseren Kindern dabei zu helfen, sie zu überwinden. Es kann uns auch dabei helfen, ihre natürlichen Stärken zu erkennen und darauf aufzubauen. Unsere Kinder zu verstehen, kann *uns* dabei helfen, *sie* beim Wachsen zu unterstützen.

Die Psychologin Carol S. Dweck schrieb ausführlich über die Macht des *dynamischen Selbstbilds* im Vergleich zum *statischen Selbstbild*.[33] Wer ein dynamisches Selbstbild hat, der glaubt, dass er seine naturgegebenen Fähigkeiten durch Bemühen, das Anwenden von Strategien und mit der Hilfe anderer kultivieren kann. Genau dabei sollen die nächsten Kapitel Ihnen helfen – die natürlichen Tendenzen Ihres Kindes zu erkennen und herauszufinden, mit welchen Strategien Sie ihm dabei helfen können, das Beste aus sich herauszuholen. Dwecks Forschungen haben gezeigt, dass das Selbstbild sich tiefgreifend darauf auswirken kann, wie das eigene Leben verläuft. Wenn wir diesen Gedanken weiterführen, bedeutet das, wie wir unsere Kinder sehen, kann sich tiefgreifend darauf auswirken, wie *ihr* Leben verläuft.

Dweck weist darauf hin, dass unsere Hoffnungen und Träume für unsere Kinder sich schnell in einem statischen Selbstbild niederschlagen können. Wir klammern uns dann an die Form, die wir uns für unser Kind wünschen, ob das die brillante Schülerin, der talentierte Künstler, der Star des Schultheaterstücks oder die Eliteuni-Absolventin ist – oder, möchte ich hinzufügen, einfach nur ein artiges Kind, das den Nachmittag in der Bücherei oder bei einer Sportveranstaltung verbringen möchte. Wenn die natürlichen Neigungen unserer Kinder nicht zu unseren Vorstellungen passen, übermitteln wir ihnen möglicherweise unabsichtlich die Botschaft, dass wir sie für das verurteilen, was sie sind (oder nicht sind). Wenn unsere Kinder Rückschläge erleiden – was unweigerlich passieren wird – und wir als Eltern uns spontan darum sorgen, was das für ihre Zukunft bedeutet, weist das ebenfalls auf ein statisches Bild hin, das wir von ihnen haben. Wenn das Kind heute nicht die Selbstkontrolle hat, still zu sitzen und sich zu konzentrieren, wie wird es dann jemals den Uniabschluss schaffen oder eine Anstellung finden?! So vermitteln wir unseren Kindern, dass wir nicht in ihre Fähigkeit vertrauen, zu wachsen, sich zu ändern und ihr volles Potenzial auszuschöpfen.

Die folgenden Fragebogen werden Ihnen zwar dabei helfen, die natürlichen Tendenzen Ihres Kindes zu verstehen, doch denken Sie daran, dass die Entwicklung des Menschen ein *Prozess* ist. Eine der besten Rollen, die Sie als Elternteil spielen können, besteht darin, Ihr Kind dabei zu unterstützen, seine eigenen, einzigartigen Talente und Neigungen zu erkennen und wertzuschätzen, persönliche Probleme zu überwinden und das Beste aus sich herauszuholen.

Der Fragebogen
»Die ganze Wahrheit über Ihr Kind«

Im Folgenden werden verschiedene Möglichkeiten beschrieben, wie Kinder auf eine Vielzahl von Situationen reagieren können. Denken Sie bei jeder Frage darüber nach, wie Ihr Kind *typischerweise* reagiert. Je nach Alter Ihres Kindes passen einige Fragen besser als andere. Markieren Sie bei jeder Aussage eine Position auf der Linie darunter, die anzeigt, in welchem Maße die Aussage zwischen *trifft überhaupt nicht zu* (ganz links) bis *trifft absolut zu* (ganz rechts) wahr ist. Wenn Ihnen die Aussage weder ganz wahr noch ganz falsch zu sein scheint, setzen Sie eine Markierung in die Mitte. Versuchen Sie, die ganze Breite des Spektrums zu nutzen, indem Sie angeben, ob die Aussage überhaupt nicht zutrifft, nicht ganz zutrifft, weder ganz zutrifft noch ganz falsch ist, ein bisschen zutrifft oder absolut zutrifft.

Extraversion (Faktor »Ex«)

Ihr Kind mag risikoreiche Spiele oder abenteuerliche Aktivitäten.

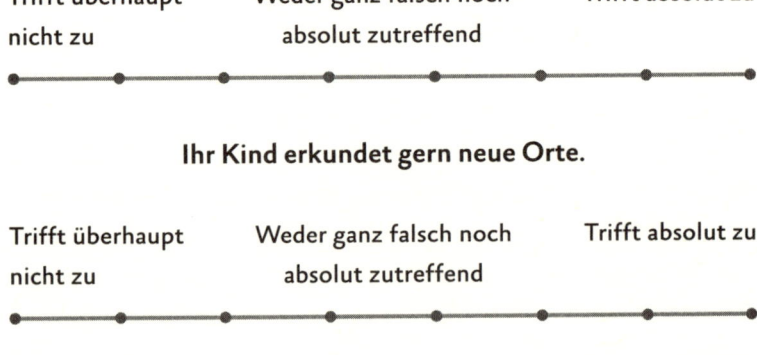

Trifft überhaupt nicht zu · Weder ganz falsch noch absolut zutreffend · Trifft absolut zu

Ihr Kind erkundet gern neue Orte.

Trifft überhaupt nicht zu · Weder ganz falsch noch absolut zutreffend · Trifft absolut zu

2. Bausteine

Ihr Kind lernt gern neue Menschen kennen.

Trifft überhaupt   Weder ganz falsch noch   Trifft absolut zu
nicht zu   absolut zutreffend

Ihr Kind ist voller Energie.

Trifft überhaupt   Weder ganz falsch noch   Trifft absolut zu
nicht zu   absolut zutreffend

Sehen Sie sich an, wo Ihre Markierungen bei obigen Fragen liegen. Wenn sich ein großer Teil auf der rechten Seite befindet, hat Ihr Kind von Natur aus eine Veranlagung zu starker Extraversion. Sind die meisten Markierungen auf der linken Seite, liegt es bei der Extraversion im unteren Bereich. Manche Kinder liegen bei dieser Verhaltensdimension in der Mitte und sind weder stark extravertiert noch stark introvertiert. Folgende Aussagen sind zusätzliche Indikatoren für eine geringe Extraversion:

Ihr Kind bevorzugt ruhige Aktivitäten wie Lesen gegenüber energiereichen Aktivitäten wie Herumrennen.

Trifft überhaupt   Weder ganz falsch noch   Trifft absolut zu
nicht zu   absolut zutreffend

Ihr Kind braucht lange, um mit einer neuen Person warm zu werden oder nähert sich einer neuen Situation nur zögerlich.

Trifft überhaupt   Weder ganz falsch noch   Trifft absolut zu
nicht zu   absolut zutreffend

●———●———●———●———●———●———●———●

Sehen Sie sich nun noch einmal Ihre Antworten zur ausgeprägten Extraversion und die zusätzlichen Indikatoren für geringe Extraversion an. Wo liegen die meisten Markierungen? Wo steht Ihr Kind insgesamt im Extraversionsspektrum?

geringe Extraversion   mittlere Extraversion   starke Extraversion

●———●———●———●———●———●———●———●

Emotionalität (Faktor »Em«)

Ihr Kind ist sehr frustriert, wenn etwas nicht nach seinen Vorstellungen läuft.

Trifft überhaupt nicht zu	Weder ganz falsch noch absolut zutreffend	Trifft absolut zu

●———●———●———●———●———●———●———●

Ihr Kind hat nachts Angst vor Monstern oder Geräuschen.

Trifft überhaupt nicht zu	Weder ganz falsch noch absolut zutreffend	Trifft absolut zu

●———●———●———●———●———●———●———●

Wenn Ihr Kind sich aufregt, bleibt es für eine gefühlt lange Zeit in diesem Zustand (zehn Minuten oder länger).

Trifft überhaupt nicht zu	Weder ganz falsch noch absolut zutreffend	Trifft absolut zu

●———●———●———●———●———●———●———●

Ihr Kind lässt sich schwer beruhigen oder ablenken, wenn es erregt oder wütend ist.

Trifft überhaupt nicht zu	Weder ganz falsch noch absolut zutreffend	Trifft absolut zu

●———●———●———●———●———●———●———●

Sehen Sie sich an, wo Ihre Markierungen bei diesen Fragen liegen. Wenn sich ein großer Teil auf der rechten Seite befindet, hat Ihr Kind von Natur aus eine Veranlagung zu starker Emotionalität. Sind die meisten Markierungen auf der linken Seite, liegt es bei der Emotionalität im unteren Bereich. Folgende Aussagen sind zusätzliche Indikatoren für eine geringe Emotionalität:

Mein Kind regt sich nicht übermäßig auf, wenn etwas nicht läuft wie geplant. Es nimmt alles mehr oder weniger so, wie es kommt.

Trifft überhaupt nicht zu	Weder ganz falsch noch absolut zutreffend	Trifft absolut zu

Wenn mein Kind sich aufregt, kann es sich recht schnell wieder beruhigen und zu einer anderen Aktivität übergehen.

Trifft überhaupt nicht zu	Weder ganz falsch noch absolut zutreffend	Trifft absolut zu

Sehen Sie sich nun noch einmal Ihre Antworten zur ausgeprägten Emotionalität und die zusätzlichen Indikatoren für geringe Emotionalität an. Wo liegen die meisten Markierungen? Wo steht Ihr Kind insgesamt im Emotionalitätsspektrum?

geringe Emotionalität	mittlere Emotionalität	starke Emotionalität

Selbstregulation (Faktor »Reg«)

**Mein Kind kann mit einem Verhalten aufhören,
wenn es ein »Nein« hört.**

Trifft überhaupt   Weder ganz falsch noch   Trifft absolut zu
nicht zu   absolut zutreffend

●——————●————●————●————●————●————●————●

**Mein Kind ist hochkonzentriert, wenn es sich mit einer
einzelnen Aktivität wie Malen oder Spielen mit Bauklötzen
beschäftigt.**

Trifft überhaupt   Weder ganz falsch noch   Trifft absolut zu
nicht zu   absolut zutreffend

●——————●————●————●————●————●————●————●

Mein Kind kann gut Anweisungen befolgen.

Trifft überhaupt   Weder ganz falsch noch   Trifft absolut zu
nicht zu   absolut zutreffend

●——————●————●————●————●————●————●————●

**Mein Kind ist vorsichtig in Situationen, die man ihm vorher
als gefährlich aufgezeigt hat.**

Trifft überhaupt   Weder ganz falsch noch   Trifft absolut zu
nicht zu   absolut zutreffend

●——————●————●————●————●————●————●————●

Mein Kind kann auf eine Belohnung warten, wenn es dazu aufgefordert wird.

Trifft überhaupt nicht zu	Weder ganz falsch noch absolut zutreffend	Trifft absolut zu

●━━●━━●━━●━━●━━●━━●━━●

Sehen Sie sich an, wo Ihre Markierungen bei diesen Fragen liegen. Wenn sich ein großer Teil auf der rechten Seite befindet, hat Ihr Kind von Natur aus eine Veranlagung zu starker Selbstregulation. Sind die meisten Markierungen auf der linken Seite, liegt es bei der Selbstregulation im unteren Bereich. Folgende Aussagen sind zusätzliche Indikatoren für eine geringe Selbstregulation:

Mein Kind kann nur schwer warten, bis es an der Reihe ist, oder still sitzen.

Trifft überhaupt nicht zu	Weder ganz falsch noch absolut zutreffend	Trifft absolut zu

●━━●━━●━━●━━●━━●━━●━━●

Mein Kind stürzt sich in Aktivitäten oder Situationen, ohne vorher darüber nachzudenken.

Trifft überhaupt nicht zu	Weder ganz falsch noch absolut zutreffend	Trifft absolut zu

●━━●━━●━━●━━●━━●━━●━━●

Sehen Sie sich nun noch einmal Ihre Antworten zur ausgeprägten Selbstregulation und die zusätzlichen Indikatoren für geringe

Selbstregulation an. Wo liegen die meisten Markierungen? Wo steht Ihr Kind insgesamt im Selbstregulationsspektrum?

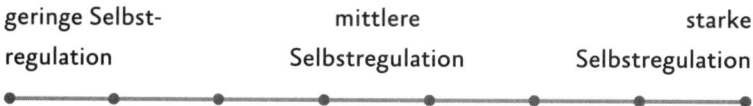

| geringe Selbst-
regulation | mittlere
Selbstregulation | starke
Selbstregulation |

Das Profil meines Kindes

Geben Sie in der folgenden Auflistung an, ob Ihr Kind in den drei großen Verhaltensdimensionen niedrige, mittlere oder hohe Werte hat:

Extraversion (Ex)	niedrig/mittel/hoch
Emotionalität (Em)	niedrig/mittel/hoch
Selbstregulation (Reg)	niedrig/mittel/hoch

Als Gedächtnisstütze für die Veranlagungen Ihres Kindes gibt es für jede Dimension ein Kürzel: Ex, Em, Reg. So können Sie sich das Profil Ihres Kindes zum Beispiel als »Ex hoch, Em hoch, Reg niedrig« merken (durch die entsprechenden echten Profilwerte ersetzen). Mit diesen Kürzeln (Ex, Em, Reg) können Sie also eine Art Profilformel für Ihr Kind aufstellen.

Der Fragebogen
»Die ganze Wahrheit über Sie«

Denken Sie anhand der folgenden Fragen über Ihre eigenen natürlichen Anlagen nach. Die Fragen unterscheiden sich von denen für Ihr Kind, da Erwachsene ausgeprägtere Persönlichkeiten haben, in denen sich die Lebenserfahrung mit den genetischen Anlagen mischt. Im folgenden Fragebogen habe ich verschiedene Persönlichkeitsstile bei Erwachsenen grob den verwandten Verhaltensdimensionen bei Kindern zugeordnet. Der Zweck dieser Übung besteht im Reflektieren Ihrer eigenen angeborenen Tendenzen, damit Sie besser verstehen können, wie sie mit dem Temperament Ihres Kindes interagieren.

Extraversion

Ziehen Sie Energie aus dem Zusammensein mit anderen?

Trifft überhaupt nicht zu   Weder ganz falsch noch absolut zutreffend   Trifft absolut zu

Mögen Sie große Partys und lernen gern neue Menschen kennen?

Trifft überhaupt nicht zu   Weder ganz falsch noch absolut zutreffend   Trifft absolut zu

Sind Sie gesprächig und voller Energie?

Trifft überhaupt   Weder ganz falsch noch   Trifft absolut zu
nicht zu   absolut zutreffend

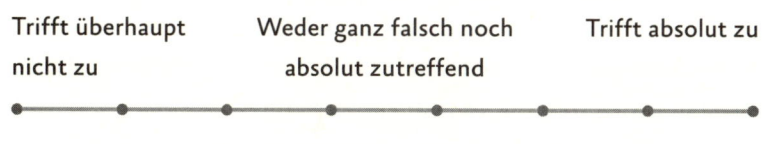

Sind Sie ein kontaktfreudiger und geselliger Mensch?

Trifft überhaupt   Weder ganz falsch noch   Trifft absolut zu
nicht zu   absolut zutreffend

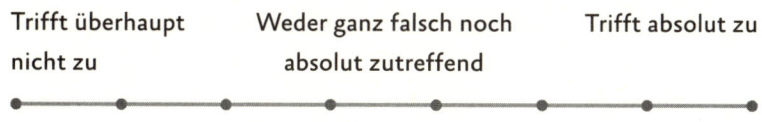

Diese Fragen beziehen sich auf den Grad der Extraversion. Markierungen auf der rechten Seite sind ein Indikator für eine stärkere Extraversion, Markierungen auf der linken für eine geringere. Nachfolgend finden Sie noch einige zusätzliche Indikatoren für eine geringere Extraversion (d. h. sie sind entgegengesetzt kodiert: Werte auf der rechten Seite stehen für geringe, Werte auf der linken Seite für starke Extraversion.).

Sind Sie im Allgemeinen eher reserviert?

Trifft überhaupt   Weder ganz falsch noch   Trifft absolut zu
nicht zu   absolut zutreffend

Bevorzugen Sie ruhige Aktivitäten, etwa ein gutes Buch lesen, gegenüber lauten, ausgelassenen Partys?

Trifft überhaupt
nicht zu

Weder ganz falsch noch
absolut zutreffend

Trifft absolut zu

●————●————●————●————●————●————●————●

Sind Sie lieber allein oder mit wenigen engen Freunden zusammen als in einer großen Gruppe?

Trifft überhaupt
nicht zu

Weder ganz falsch noch
absolut zutreffend

Trifft absolut zu

●————●————●————●————●————●————●————●

Antworten auf der rechten Seite bei diesen Fragen in Kombination mit Antworten auf der linken Seite bei den ersten Fragen deuten auf eine geringe Extraversion hin.

Sehen Sie sich nun noch einmal Ihre Antworten zur ausgeprägten Extraversion und die zusätzlichen Indikatoren für geringe Extraversion an. Wo liegen die meisten Markierungen? Wo stehen Sie insgesamt im Extraversionsspektrum?

geringe Extraversion   mittlere Extraversion   starke Extraversion

●————●————●————●————●————●————●————●

Emotionalität

Werden Sie schnell nervös?

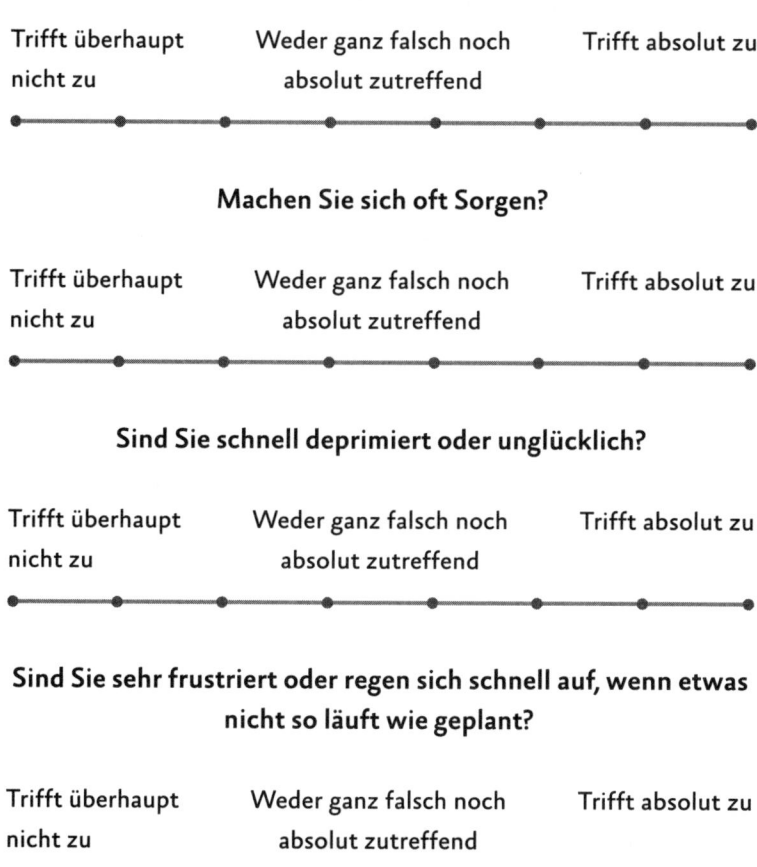

Trifft überhaupt
nicht zu

Weder ganz falsch noch
absolut zutreffend

Trifft absolut zu

Machen Sie sich oft Sorgen?

Trifft überhaupt
nicht zu

Weder ganz falsch noch
absolut zutreffend

Trifft absolut zu

Sind Sie schnell deprimiert oder unglücklich?

Trifft überhaupt
nicht zu

Weder ganz falsch noch
absolut zutreffend

Trifft absolut zu

Sind Sie sehr frustriert oder regen sich schnell auf, wenn etwas nicht so läuft wie geplant?

Trifft überhaupt
nicht zu

Weder ganz falsch noch
absolut zutreffend

Trifft absolut zu

Markierungen auf der rechten Seite sind ein Indikator für eine stärkere Emotionalität, Markierungen auf der linken für eine geringere. Nachfolgend finden Sie noch einige zusätzliche Indikatoren für eine geringere Emotionalität.

Können Sie gut mit Stress umgehen?

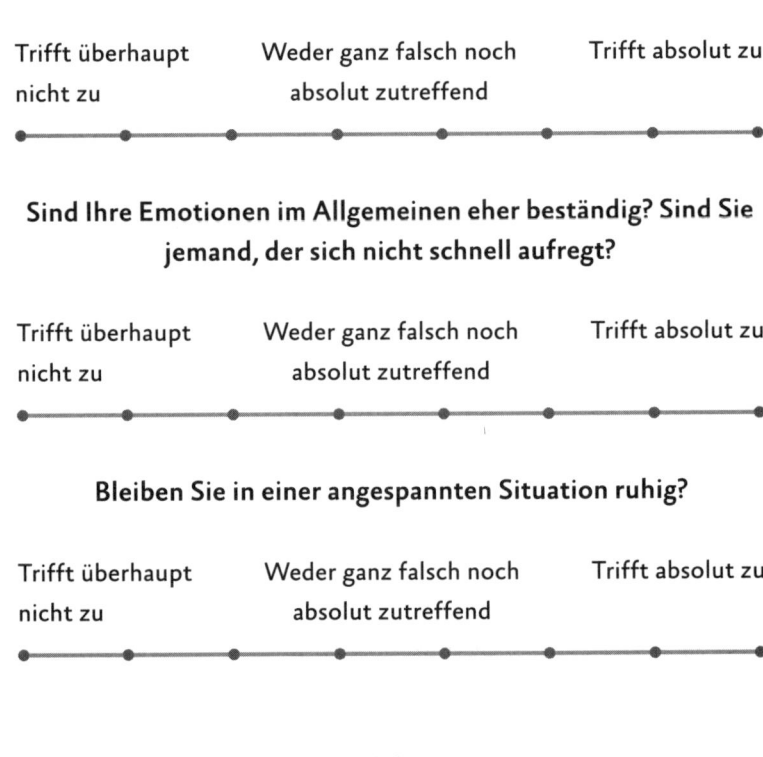

Trifft überhaupt   Weder ganz falsch noch   Trifft absolut zu
nicht zu   absolut zutreffend

Sind Ihre Emotionen im Allgemeinen eher beständig? Sind Sie jemand, der sich nicht schnell aufregt?

Trifft überhaupt   Weder ganz falsch noch   Trifft absolut zu
nicht zu   absolut zutreffend

Bleiben Sie in einer angespannten Situation ruhig?

Trifft überhaupt   Weder ganz falsch noch   Trifft absolut zu
nicht zu   absolut zutreffend

Sehen Sie sich nun noch einmal Ihre Antworten zur ausgeprägten und geringen Emotionalität an. Wo liegen die meisten Markierungen? Wo stehen Sie insgesamt im Emotionalitätsspektrum?

geringe Emotionalität   mittlere Emotionalität   starke Emotionalität

Selbstregulation

Sind Sie gut darin, Pläne aufzustellen und sie dann auch durchzuführen?

Trifft überhaupt nicht zu	Weder ganz falsch noch absolut zutreffend	Trifft absolut zu

Sind Sie gut darin, eine Aufgabe bis zum Ende auszuführen, auch wenn sie langweilig ist?

Trifft überhaupt nicht zu	Weder ganz falsch noch absolut zutreffend	Trifft absolut zu

Denken Sie gründlich über Dinge nach, bevor Sie sie angehen?

Trifft überhaupt nicht zu	Weder ganz falsch noch absolut zutreffend	Trifft absolut zu

Markierungen auf der rechten Seite sind ein Indikator für eine stärkere Selbstregulation, Markierungen auf der linken für eine geringere. Nachfolgend finden Sie noch einige zusätzliche Indikatoren für eine geringere Selbstregulation; Markierungen auf der rechten Seite zeigen hier eine geringere Selbstregulation an.

Sind Sie nachlässig oder unordentlich?

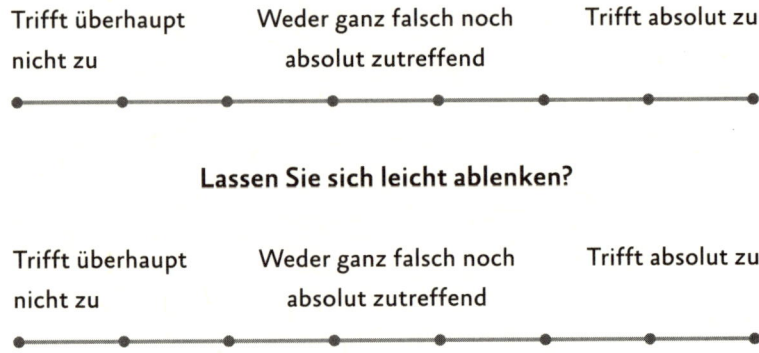

Trifft überhaupt
nicht zu

Weder ganz falsch noch
absolut zutreffend

Trifft absolut zu

Lassen Sie sich leicht ablenken?

Trifft überhaupt
nicht zu

Weder ganz falsch noch
absolut zutreffend

Trifft absolut zu

Sehen Sie sich nun noch einmal Ihre Antworten zur ausgeprägten und geringen Selbstregulation an. Wo liegen die meisten Markierungen? Wo stehen Sie insgesamt im Selbstregulationsspektrum?

geringe Selbst-
regulation

mittlere
Selbstregulation

starke Selbstregulation

Risikobereitschaft

Es gibt noch eine weitere Verhaltensdimension, die wir berücksichtigen müssen: die Risikobereitschaft. Bei Kindern ist die Risikobereitschaft mit Extraversion und Selbstregulation verknüpft. Bei Erwachsenen lässt sich wegen ihrer komplexeren und stärker differenzierten Gehirne die Risikobereitschaft von Extraversion und Selbstregulation trennen. Nehmen Sie sich kurz Zeit, um darüber nachzudenken, wie sehr die folgenden Aussagen auf Sie zutreffen.

Es macht mir wirklich Spaß, Risiken einzugehen.

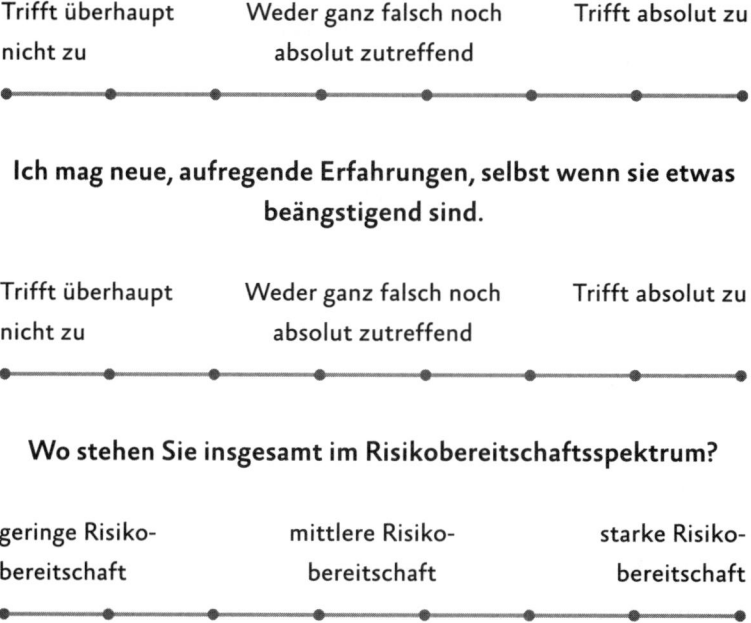

Trifft überhaupt
nicht zu

Weder ganz falsch noch
absolut zutreffend

Trifft absolut zu

Ich mag neue, aufregende Erfahrungen, selbst wenn sie etwas beängstigend sind.

Trifft überhaupt
nicht zu

Weder ganz falsch noch
absolut zutreffend

Trifft absolut zu

Wo stehen Sie insgesamt im Risikobereitschaftsspektrum?

geringe Risiko-
bereitschaft

mittlere Risiko-
bereitschaft

starke Risiko-
bereitschaft

Mein Profil

Geben Sie auf der Grundlage Ihrer Antworten in der folgenden Auflistung an, ob Sie in den drei großen Verhaltensdimensionen und bei der Risikobereitschaft niedrige, mittlere oder hohe Werte haben:

VERHALTENS-DIMENSION	MEIN PROFIL	PROFIL MEINES KINDES
Extraversion (Ex)	niedrig/mittel/hoch	niedrig/mittel/hoch
Emotionalität (Em)	niedrig/mittel/hoch	niedrig/mittel/hoch
Selbstregulation (Reg)	niedrig/mittel/hoch	niedrig/mittel/hoch
Risikobereitschaft	niedrig/mittel/hoch	niedrig/mittel/hoch

Sehen Sie sich nun erneut das Profil Ihres Kindes an und vergleichen Sie es mit Ihrem. Wie ähnlich sind Sie und Ihr Kind sich im Hinblick auf das Temperament? Viele Stressoren, die wir als Eltern erleben, lassen sich auf Unterschiede zwischen dem angeborenen Temperament des Kindes und den Umgebungen zurückführen, die wir für unsere Kinder schaffen und die oft unbewusste Spiegelbilder unseres eigenen Temperaments sind. Das Gute: Indem wir diese Spannungspunkte verstehen und erkennen, lassen sich viele von ihnen leicht beseitigen. Und indem Sie Ihrem Kind dabei helfen, sein genetisch beeinflusstes Temperament zu verstehen, helfen Sie ihm zudem, sich selbst besser kennenzulernen, und bringen ihm bei, mit seinen natürlichen Veranlagungen umzugehen. So kann es seine Stärken ausbauen und Strategien für Situationen entwickeln, in denen es wahrscheinlich Probleme bekommt. In den nächsten Kapiteln betrachten wir die einzelnen Verhaltensdimensionen detaillierter, und Sie erfahren, wie Sie eine »Goodness of Fit« für sich und Ihr Kind herstellen.

Kernpunkte

• Es gibt drei übergeordnete, genetisch beeinflusste Verhaltensdimensionen, in denen sich Kinder unterscheiden: Extraversion (Ex), Emotionalität (Em) und »Effortful Control«/Selbstregulation (Reg).

• *Extraversion* steht bei Kindern im Zusammenhang mit ihren natürlichen Tendenzen zu positivem Affekt, Aktivitätslevel und exploratorischem Verhalten.

• *Emotionalität* bezieht sich auf die natürlichen Veranlagungen eines Kindes zu Stress, Furcht und Frustration.

• *»Effortful Control«/Selbstregulation* beschreibt, wie gut ein Kind seine Emotionen und sein Verhalten regulieren kann.

• Kinder mit unterschiedlichen Veranlagungen stellen Eltern vor unterschiedliche Herausforderungen und haben unterschiedliche Bedürfnisse.

• *Goodness of Fit* (Güte der Passung) ist die Übereinstimmung zwischen Kindern und ihren Eltern sowie im weiteren Sinn mit ihrer Umgebung.

• Kindern geht es gut, wenn eine Übereinstimmung zwischen ihrem Temperament und ihrer Umgebung besteht.

• Die natürlichen Veranlagungen Ihres Kindes – und Ihre eigenen – zu verstehen, kann Ihnen dabei helfen, eine gute Passung für Ihr Kind herzustellen und das Leben für alle Beteiligten stressärmer zu gestalten.

Extraversion:
Der Faktor »Ex«

Sind Sie extravertiert oder introvertiert?

Praktisch jeder von uns hat darauf sofort eine Antwort. Ich bin extravertiert. Ein gelungener Freitagabend ist für mich, mit einer Menge Freundinnen in einem trendigen neuen Restaurant ausgiebig zu essen und zu trinken (und damals in meinen Zwanzigern, auch zu tanzen!). Ich bin liebend gern unter Leuten; ich erkunde gerne neue Orte und probiere neue Dinge aus. Wenn ich zu lange ohne menschliche Interaktion zu Hause hocke, fällt mir die Decke auf den Kopf. Wenn mein armer Mann nach Hause kommt, nachdem ich den ganzen Tag geschrieben habe (also allein vor dem Computer saß), schafft er es kaum durch die Tür, bevor ich anfange, ihn mit Fragen zu bombardieren.

Wir reden viel über Extraversion und Introversion bei Erwachsenen. Sagen Sie einer Introvertierten, sie müsse den Freitagabend auf einer Büroparty verbringen und mit Fremden Small Talk machen, dann zuckt sie zusammen. Setzen Sie einen Extravertierten den ganzen Tag hinter einen Schreibtisch ohne die Möglichkeit, mit jemandem zu reden, und er wird leiden. Bei Erwachsenen erkennen wir die vielen Arten, auf die unser Grad an Extraversion unseren Alltag beeinflusst, wie wir auf andere reagieren und welche Aktivitäten wir wählen (oder meiden!). Doch bei unseren Kindern denken wir nicht halb so gründlich über den Einfluss von Extraversion/Introversion nach, und das ist ein Fehler.

Kinder zeigen schon früh, ob sie die Gesellschaft anderer Menschen genießen und ob sie lieber toben oder sich ruhig beschäftigen. Genau wie Erwachsene können Kinder mit großem Unbehagen reagieren, wenn man versucht, ihnen Umgebungen aufzuzwingen, die nicht gut zu ihnen passen. Doch was noch schlimmer ist: Kinder besitzen nicht die kognitive Reife, mit diesem Unbehagen umzugehen, was zu Wutanfällen oder unangemessenem Verhalten führen kann.

In diesem Kapitel geht es darum, was wir von Kindern erwarten können, die bei Extraversion im oberen beziehungsweise unteren Bereich liegen. Es wird Ihnen helfen, besser zu verstehen, wie das Extraversionsniveau Ihres Kindes sein Verhalten und Ihre Interaktionen mit ihm beeinflusst. Wir sehen uns die guten und weniger guten Dinge an, die mit den verschiedenen Extraversionsniveaus verknüpft sind. Zum Schluss beschäftigen wir uns mit den Erziehungsstrategien, die für Kinder mit unterschiedlich ausgeprägter Extraversion am wichtigsten sind.

Auch wenn es oft so klingt, als seien Extraversion und Introversion zwei verschiedene Dinge, vergessen Sie nicht, dass es in Wirklichkeit ein Kontinuum ist. In der Forschung sagen wir, dass Menschen im oberen bis unteren Bereich der Extraversion liegen. Ich verwende »extravertiert« und »introvertiert« als Kürzel für Kinder am oberen und unteren Ende des Kontinuums, aber es ist wichtig, im Hinterkopf zu behalten, dass Kinder nicht unbedingt »entweder – oder« sind; sie verteilen sich über das gesamte Spektrum, und viele liegen irgendwo in der Mitte. Diese Kinder mit mäßig ausgeprägter Extraversion können einige Eigenschaften zeigen, die typisch für Extravertierte sind, und auch einige, die man eher Introvertierten zuschreibt, genau wie Erwachsene auch.

Kinder mit ausgeprägter Extraversion

Mein Dreijähriger saß gerade am Rand des Babybeckens, als ein etwa gleichaltriges Mädchen zu ihm herüberkam und sich neben ihn setzte. »Hi, ich bin Savannah, wie heißt du? Wir werden bestimmt Freunde. Magst du das Schwimmbad auch so? Ich habe zu Hause auch einen Swimmingpool. Vielleicht kannst du mich ja mal besuchen kommen. Das wäre toll! Komm, wir fragen unsere Eltern. Dann könnten wir Vater-Mutter-Kind spielen. Du könntest der Vater sein und ich die Mutter. Ich habe ganz viele Spielsachen. Was spielst du am liebsten?« Mein Sohn saß stumm da und starrte sie an wie eine Außerirdische von einem fernen Planeten. Savannah ist das perfekte Beispiel für ein ausgeprägt extravertiertes Kind, und mein introvertierter Kleiner konnte überhaupt nichts mit ihr anfangen!

Kinder, die bei Extraversion im oberen Bereich liegen, lieben es von Natur aus, neue Menschen kennenzulernen, an neue Orte zu gehen und neue Dinge auszuprobieren. Das Zusammensein mit anderen Menschen verleiht ihnen Energie. Sie beginnen von sich aus Unterhaltungen mit Fremden. Sie können gesprächig sein (mein Spitzname als Kind war Tilly the Talker, der meiner Mutter Last Word Lynn – klarer Fall von ausgeprägter Extraversion, die in der Familie liegt). Stark extravertierte Kinder denken häufig laut; sie erzählen gern, was sie am Tag erlebt haben und woran sie gerade denken. Sie mögen eine breite Palette an Aktivitäten und Menschen. Sie haben kein Problem damit, im Zentrum der Aufmerksamkeit zu stehen, und bemühen sich oft sogar darum.

Das Gute

Als Elternteil eines extravertierten Kindes haben Sie wahrscheinlich schon entdeckt, dass Extraversion eine Reihe von Vorteilen mit sich bringt. Extravertierte Kinder sind sozial aktiver und finden schneller neue Freunde. Geht man mit einem extravertierten Kind auf den Spielplatz, läuft es direkt zu den anderen Kindern hinüber und spielt mit ihnen. Wenn sich in der Nachbarschaft ein paar Kinder spontan zum Basketballspiel zusammenfinden, sind sie sofort dabei. Kinder mit starker Extraversion können charmant sein. Es ist niedlich, das eigene Kind mit anderen interagieren zu sehen. Einmal beobachtete ich meinen Neffen Greyson dabei, wie er mit dem ganzen Selbstvertrauen seiner drei Jahre zu einer Gruppe älterer Kinder hinüber wackelte, die am Strand Ball spielten, und ihnen zurief: »Hallo, kann ich mitspielen?« Er war so entzückend, dass die überwiegend aus älteren Mädchen bestehende Gruppe ihn direkt ins Herz schloss und sich den ganzen Tag um ihn kümmerte (und Greysons Mutter musste ihm vorübergehend nicht mehr hinterherlaufen!). Durch die Mühelosigkeit, mit der extravertierte Kinder mit anderen interagieren, gewinnen sie oft die Zuneigung sowohl von Erwachsenen als auch von Kindern.

Die Bereitschaft, neue Menschen kennenzulernen und neue Dinge auszuprobieren, bietet Ihrem Kind auch viele Gelegenheiten zum Wachsen und Lernen. Verstärkte Interaktionen mit anderen Kindern und Erwachsenen fördert die Sozialkompetenz. Die Bereitschaft, neue Orte zu erkunden, sorgt für mehr Gelegenheiten, die Welt zu erleben und daraus zu lernen. Interaktionen mit anderen und das Ausprobieren neuer Dinge rufen bei stark extravertierten Menschen positive Emotionen hervor; man vermutet, dass diese positive Feedbackschleife für eine größere Motivation sorgen könnte, Ziele zu erreichen. Ihre natürliche Neigung zu positiven Emotionen kann auch als Puffer gegen schwierige Erfahrungen dienen.

Extraversion kann Vorteile in der Schule und später am Arbeitsplatz bringen, da Extravertierte oft als geborene Führungspersönlichkeiten wahrgenommen werden. Als Gesellschaft tendieren wir dazu, Eigenschaften wertzuschätzen, die für Extravertierte typisch sind. In der wissenschaftlichen Literatur wird das auch als *Extravert Advantage* (»Extravertierten-Vorteil«) bezeichnet. Neue Forschungen[34] deuten darauf hin, dass ein Grund, warum Extravertierte anderen voraus sind, unerwarteterweise darin liegen könnte, dass sie unbewusst besser Körpersprache, Sprachmuster und Bewegungen der Menschen nachahmen können, mit denen sie interagieren. Dieses Verhalten wird *Mimikry* genannt und könnte aus einer größeren Aufmerksamkeit anderen gegenüber resultieren. Die Übereinstimmung von Sprache und Körpersprache verstärkt nachweislich positive Gefühle zwischen Menschen, und es könnte ein Grund sein, warum Menschen sich offenbar mehr zu Extravertierten hingezogen fühlen.

Das weniger Gute

Es gibt viele Vorteile, wenn man ein ausgeprägt extravertiertes Kind hat ... aber auch einige weniger gute Begleiterscheinungen. Extravertierte Kinder sind fast immer »auf dem Sprung«. Ihr Verlangen nach Aktivität und Nervenkitzel kann sich in reichlich ungezügelter Energie niederschlagen! Für uns Eltern bedeutet das, dass wir dafür sorgen müssen, dass sie beschäftigt sind. Die vielen Aktivitäten können anstrengend sein, vor allem, wenn Sie selbst niedrigere Werte bei Extraversion haben. Viele stark extravertierte Kinder liegen gleichzeitig bei der Selbstregulation im unteren Bereich. Eine geringe Selbstkontrolle in Kombination mit viel Energie ist unter Umständen ein todsicheres Rezept für jede Menge Scherben im Haus! Eine meiner Freundinnen witzelte oft, dass sie keine Ahnung hatte, wie viele Eltern schon bei Tagesanbruch auf den Beinen waren, bis sie ihr zweites (stark extravertiertes) Kind bekam. Nach ihrem ersten (wenig extravertierten) Kind trank sie morgens gemütlich einen Becher Kaffee, während ihre Tochter in der Nähe Lego spielte oder puzzelte. Mit Kind Nummer zwei gab es keinen ruhigen, entspannten Samstagmorgen mehr – sobald das Kind die Augen aufschlug und aus dem Bett sprang, wurde es chaotisch!

Eine weitere Schwierigkeit: Da ausgeprägt extravertierte Kinder sich nach ständiger Interaktion mit anderen sehnen, können sie – sind wir mal ehrlich – manchmal anstrengend sein. Extravertierte Kinder kennen nur ihre eigene Art, in der Welt zu sein (genau wie wir alle), daher fehlt ihnen manchmal ein Gefühl für die Bedürfnisse anderer. Oft erkennen sie nicht, dass nicht alle Menschen dauernd Gesellschaft wollen, ob andere Kinder oder die Erwachsenen in ihrem Leben. Extravertierte Kinder folgen den Eltern ins Bad, ins Schlafzimmer, überallhin. Wie mein Mann mir heute noch ins Gedächtnis rufen muss, findet nicht jeder Mensch ständige Konversationen belebend.

Bei einem Kind mit ausgeprägter Extraversion müssen Sie noch etwas anderes auf dem Schirm haben: Ihr geselliges Kleinkind mag entzückend sein, aber stark extravertierte Teenager sind oft die reinsten Nervensägen. Stark extravertierte Kinder stellen ihre Eltern mit höherer Wahrscheinlichkeit vor eine Reihe von Herausforderungen, wenn sie älter werden. Da sie so gern unter Gleichaltrigen sind, sind Heranwachsende und junge Erwachsene mit ausgeprägter Extraversion anfälliger für ihren Einfluss. Ihr geselliges Wesen sorgt dafür, dass es ihnen wichtiger ist, was andere von ihnen denken. Als Teenager neigen sie eher dazu, Alkohol oder andere Drogen auszuprobieren, und zeigen andere riskante Verhaltensweisen. Das Kleinkind, das heute Ihre Freunde so niedlich mit seiner Interpretation von Beyoncés neuesten Hits unterhält, wird in fünfzehn Jahren auch eher bei einer Uniparty auf den Tischen tanzen.

Kinder mit geringer Extraversion

Meine Stieftochter würde den ganzen Tag im Haus spielen, wenn wir sie ließen. Sie holt ihr Puppengeschirr, und wir spielen eine Weile Kochen. Dann spielt sie mit ihren Puppen. Sie nimmt sich ein Buch, setzt sich in ihren Lesesessel und sieht sich die Bilder an. Dann malt sie ein Bild oder puzzelt. Sie spielt mit ihren kleinen Ponys und baut eine ganze Fantasiewelt für sie auf. Mein Mann und ich halten etwa zehn Minuten Puppenküche oder Ponys aus, bevor wir durchdrehen.

Kinder mit geringer Extraversion leben mehr in ihrer eigenen, inneren Welt der Vorstellungen, Emotionen und Spiele. Solche Kinder spielen gern still für sich. Sie brauchen keinen ständigen Wirbel von Aktivitäten, Abenteuern oder anderen Menschen. Tatsächlich sind wenig extravertierte Kinder von zu viel Stimulation schnell überfordert. Wenn sie unter vielen Menschen oder in eine geschäftige Aktivität verwickelt sind, brauchen sie hinterher Ruhe, um sich zu erholen. Kinder mit geringer Extraversion verbringen ihre Zeit lieber mit wenigen Menschen als in großen Gruppen. Sie stehen nicht gern im Mittelpunkt und brauchen länger, um mit neuen Menschen warm zu werden. Während Kinder mit ausgeprägter Extraversion oft einen großen Freundeskreis und breit gefächerte Interessen haben, geben wenig extravertierte Kinder einer kleineren Anzahl enger Freunde den Vorzug und konzentrieren sich lieber auf eine einzige Aktivität. Wenn sie sich in Ihrer Gegenwart wohlfühlen oder wenn es um eins ihrer Lieblingsthemen geht, können sie sehr offen und gesprächig sein; vielleicht fragen Sie sich deshalb, was aus dem reizenden Kind geworden ist, das Sie kennen, wenn es in Gegenwart anderer Menschen plötzlich verstummt. Wenig extravertierte Kinder beobachten erst, bevor sie sich einer neuen Aktivität oder Gruppe anschließen. Sie müssen ermuntert werden, ihre Meinung zu sagen oder sich für etwas einzusetzen.

Das Gute

Trotz des Geredes um den »Extravertierten-Vorteil« gibt es eine Menge Vorteile einer geringen Extraversion. Wenig extravertierte Kinder sind oft weniger anstrengend (vor allem, wenn sie bei Emotionalität nicht im oberen Bereich liegen). Sie tendieren von Natur aus eher dazu, anderen ihren Raum zu lassen (sprich: Auch als Elternteil haben Sie die Chance auf etwas Zeit für sich!). Sie sind meist weniger anhänglich und eher nicht übermäßig wild in der Schule. Sie lassen sich weniger von Trends und Gleichaltrigen beeinflussen und entwickeln eher eigene Ansichten und Vorstellungen. Sie tendieren dazu, gründlicher nachzudenken, bevor sie eine Entscheidung treffen oder aktiv werden. Der Physiker Albert Einstein war berühmt für seine Introversion; einmal sagte er dazu: »Die Monotonie und Einsamkeit eines ruhigen Lebens stimuliert den kreativen Geist.« Introvertierte sind häufig kreativ, rücksichtsvoll und handeln bewusster. Sie haben die Tendenz, starke Bindungen zu Menschen zu pflegen; Qualität ist ihnen wichtiger als Quantität. Ihre Neigung zum Alleinsein hilft ihnen auch mit größerer Wahrscheinlichkeit, Unabhängigkeit aufzubauen.

Das weniger Gute

Kinder mit geringer Extraversion müssen eher überredet werden, Neues auszuprobieren. Sie lieben ihre Komfortzone, und neue Menschen und Orte können für sie anstrengend sein. Ohne etwas Ermunterung würde das wenig extravertierte Kind möglicherweise nichts Unbekanntes erkunden oder neue Menschen kennenlernen. Gesellschaftliche Anlässe können Stress für sie bedeuten. Kinder mit starker Emotionalität reagieren eventuell mit Wutanfällen oder Zornausbrüchen, wenn man sie in Situationen bringt, in denen sie sich nicht wohlfühlen. Weil die Gesellschaft anderer sie mehr erschöpft, brauchen Kinder mit geringer Extraversion eine längere Ruhezeit nach Aktivitäten oder häufigere Pausen währenddessen. Ohne ausreichende Ruhephasen werden sie schnell reizbar oder übellaunig.

Weil sie ruhiger sind, werden wenig extravertierte Kinder auch häufig übersehen. Sie fordern Aufmerksamkeit weniger ein als Gleichaltrige mit ausgeprägter Extraversion und stehen seltener für sich ein. Da sie sich weniger auf ihre Eltern oder Lehrkräfte einlassen, erwecken sie manchmal den Eindruck, dass sie sie nicht so sehr brauchen. Das kann dazu führen, dass Kinder mit geringer Extraversion von den wichtigen Erwachsenen in ihrem Leben nicht die Aufmerksamkeit bekommen, die sie brauchen und verdienen. Die Tatsache, dass sie unabhängiger sind und eher selbstständig denken, macht sie oft weniger zugänglich für Einflüsse von außen – das ist gut, wenn es um Gruppendruck geht, aber weniger schön, wenn sie Ihre Anweisungen nicht befolgen möchten. Da Introvertierte sich in ihrer eigenen Gedankenwelt so wohlfühlen und für eine Antwort manchmal länger brauchen, wirken sie mitunter starrköpfig. In Situationen, in denen solche Kinder gedrängt werden, ihre Meinung zu äußern oder eine schnelle Entscheidung zu treffen, können sie sich gestresst fühlen oder erstarren. Das kann den falschen Eindruck erwecken, dass Kinder mit geringer Extraversion dickköpfig sind oder nicht so aufgeweckt oder so schnell wie extravertiertere Gleichaltrige. Es kann auch dazu führen, dass sie sich selbst fragen, ob sie weniger liebenswert oder klug sind als andere Kinder oder ob etwas mit ihnen nicht stimmt.

Geringe Extraversion und Schüchternheit

Wenig extravertierte Kinder werden manchmal als schüchtern bezeichnet, aber Schüchternheit und Introversion sind in Wirklichkeit zwei unterschiedliche Dinge. Die beiden Eigenschaften werden deswegen häufig verwechselt, weil geringe Extraversion und Schüchternheit zu ähnlichen Verhaltensweisen führen können, etwa das Widerstreben, sich an Gruppenaktivitäten zu beteiligen oder mit anderen Kindern zu spielen. Der wichtigste Unterschied besteht darin, dass Kinder mit geringer Extraversion *gern* für sich sind und kleine Gruppen bevorzugen. Schüchterne Kinder wären gern Teil der Gruppe, werden aber nervös (oder im Extremfall sozialphobisch), wenn sie sich in Gesellschaft begeben sollen. Schüchterne Kinder können überall im Extraversionsspektrum liegen. Wenn sie bei Extraversion im mittleren bis oberen Bereich liegen, kann ihre Scheu beim Umgang mit anderen Kindern zu Einsamkeit führen, weil sie von Natur aus eigentlich mit anderen zusammen sein möchten. Kinder mit geringer Extraversion dagegen haben vielleicht kein Problem mit der Interaktion mit anderen Kindern, sie entscheiden sich aber dagegen. Als Elternteil sind Sie in der besten Position zu beurteilen, ob Ihr Kind wenig extravertiert oder schüchtern ist. Stellen Sie sich die folgenden Fragen: Wirkt es unglücklich, wenn es allein ist? Möchte es mit anderen Kindern zusammen sein, hat aber Angst, sich ihnen anzuschließen? Wenn die Antwort auf eine dieser Fragen Ja lautet, ist Ihr Kind vielleicht eher

schüchtern als introvertiert und würde davon profitieren, an seiner
Sozialkompetenz zu arbeiten. Schüchternheit ist zwar teilweise genetisch beeinflusst (wie fast alles), ist jedoch per se keine angeborene Eigenschaft, sodass Sie auf jeden Fall zusammen mit Ihrem
Kind etwas dagegen tun können.

Strategien zur Verbesserung der Sozialkompetenz Ihres Kindes

Ob Sie ein stark extravertiertes Kind haben, das anderen ständig
ins Wort fällt, oder ein wenig extravertiertes, dem es schwerfällt,
sich Gruppenaktivitäten anzuschließen – die meisten Kinder profitieren davon, ihre Sozialkompetenz zu schärfen. Genau wie Laufen
und Sprechen ist die Interaktion mit anderen etwas, das erlernt und
durch ständiges Üben verfeinert wird. Soziale Kompetenz kann für
ein Gehirn in Entwicklung etwas sehr Komplexes sein; manchmal
möchten Sie, dass Ihr Kind sich einmischt (wenn zum Beispiel ein
Freund geärgert wird), und manchmal wünschten Sie, dass es den
Mund hält (wenn es sich zum Beispiel bemüßigt fühlt, in der Kas-
senschlange im Supermarkt laut zu kommentieren: »Guck mal,
Mami, die Frau hat aber eine komische Frisur!«).

Das Gute ist, dass Kinder ihre Sozialkompetenz (wie im Übrigen
auch die meisten Erwachsenen) ständig verfeinern, je älter sie werden. Eine der besten Möglichkeiten, wie Sie Ihrem Kind dabei helfen können, soziales Geschick zu entwickeln, besteht darin, *mit ihm
darüber zu reden*. Emotionale Kompetenz ist in den meisten gesellschaftlichen Situationen von zentraler Bedeutung; das heißt, Kinder interagieren besser mit anderen, wenn sie verstehen, wie Emotionen mit dem Verhalten verknüpft sind. Es bieten sich überall
Gelegenheiten, ihnen diese Fähigkeit zu vermitteln (fragen Sie nur
meinen Sohn – er nennt sie »Mama-Tipps«, wobei er jetzt, mit drei-

zehn, dabei die Augen verdreht). Wenn Sie Ihrem Kind zum Beispiel vorlesen, können Sie mit ihm darüber sprechen, was in dem Buch passiert, und dabei die Emotionen der Figuren mit ihrem Verhalten in Verbindung bringen. Was glaubst du, warum der Hase sich so geärgert hat? Was meinst du, wie hat sich das Schweinchen gefühlt, als der Elefant ihm das Spielzeug weggenommen hat? Wenn Ihr Kind Ihnen erzählt, was ein anderes Kind in der Schule getan hat (bei meinem Kind war das oft ein Bericht über das Fehlverhalten eines anderen: »Rate mal, was David heute gemacht hat!«), können Sie diese Gelegenheit nutzen, mit ihm darüber zu reden, wie man sich in dieser Situation hätte anders verhalten können.

In Bereichen, in denen Ihr Kind mit gesellschaftlichen Situationen zu kämpfen hat, können Sie auch Rollenspiele durchführen. Wenn Ihr wenig extravertiertes Kind zum Beispiel Erwachsenen nicht in die Augen sehen kann, wenn es mit ihnen spricht, können Sie das zusammen üben und ihm dabei helfen zu verstehen, warum diese Fähigkeit wichtig ist. Erzählen Sie Ihrem Kind dazu eine Geschichte, während Sie zu Boden sehen, und fragen Sie es dann, wie es sich dabei gefühlt hat. So begreift Ihr Kind besser, dass es unangenehm für die andere Person ist, wenn jemand ohne Blickkontakt mit ihr spricht. Dann lassen Sie Ihr Kind üben, eine Geschichte zu erzählen, während es mit Ihnen Blickkontakt hält.

»Übung macht den Meister« (oder wenigstens: besser) gilt nicht nur für Mannschaftssportarten, sondern auch für die sozialen Kompetenzen Ihres Kindes. Achten Sie darauf, Ihrem Kind zu spiegeln, wenn es eine Situation gut meistert – wenn Ihr stark extravertiertes Kind auch mal andere reden lässt, wenn Ihr wenig extravertiertes Kind von sich aus auf ein anderes Kind zugeht. Das Verhalten eines Kindes verbal zu benennen, ist eine hervorragende Möglichkeit, es beim Lernen zu unterstützen und die Häufigkeit der Verhaltensweisen zu erhöhen, die Sie sich wünschen (mehr dazu im nächsten Kapitel).

Kind mit starker Extraversion	Kind mit geringer Extraversion
lernt gern neue Menschen kennen	bevorzugt kleinere Gruppen und enge Freunde
geht gern an neue Orte	braucht nach sozialen Aktivitäten Zeit zum Erholen
probiert gern Neues aus	beobachtet gern, bevor es eine Aktivität beginnt
ist gesprächig, denkt laut	mag ruhige Aktivitäten
steht gern im Mittelpunkt	steht nicht gern im Mittelpunkt
findet schnell Anschluss	braucht eine Weile, um mit Menschen warm zu werden
braucht viel Bestätigung	spielt zufrieden allein

So verhalten Sie sich passend zum Extraversionsniveau Ihres Kindes

Auszuloten, was unsere Kinder brauchen, ist oft eine der größten Herausforderungen für Eltern. Zum Glück kann es eine große Hilfe sein zu wissen, an welcher Stelle Ihr Kind auf dem Extraversionsspektrum steht. Kinder mit unterschiedlich ausgeprägter Extraversion brauchen von ihren Eltern unterschiedliche Dinge. Als Eltern können wir ohne große Schwierigkeiten Anpassungen vornehmen, um eine bessere Passung für unsere Kinder zu schaffen und als schwierig empfundenes Verhalten zu verringern. Kinder mit unterschiedlich ausgeprägter Extraversion haben auch unterschiedliche *Wachstumsbereiche*, die ihnen von Natur aus vielleicht nicht ganz leichtfallen, bei deren Entwicklung wir sie aber unterstützen können.

Elternstrategien bei Kindern mit ausgeprägter Extraversion

Ein stark extravertiertes Kind braucht die Interaktion – mit Ihnen und mit anderen. Mit den folgenden Strategien geben Sie ihm die Ventile, die es braucht, die Aufmerksamkeit, die es sich wünscht, und bringen ihm gleichzeitig bei, dass Ruhepausen nichts Schlechtes sind und dass es lernen muss, das Rampenlicht zu teilen.

Sorgen Sie für reichlich soziale Stimulation. Kinder mit ausgeprägter Extraversion blühen in aktiven, ereignisreichen Umgebungen auf. Sie brauchen Gelegenheiten, Kontakte zu knüpfen. Als Elternteil eines stark extravertierten Kindes können Sie es vielen verschiedenen Umgebungen aussetzen, weil es offener für Neues ist und es ihm eher gefallen wird. Spielverabredungen, Freizeitparks, Bowlingbahnen, Konzerte, Sportveranstaltungen, Kindertheater, Tanz-/Turnkurse, Ferienlager/Gruppenaktivitäten, Parks – wo viele Menschen sind, gefällt es Ihrem extravertierten Kind wahrscheinlich. Sehen Sie also nach, welche Aktivitäten in der näheren Umgebung angeboten werden. Vielleicht erstellen Sie eine Liste und hängen sie an den Kühlschrank. Bei einer Freundin gibt es eine Liste mit allen Kinderaktivitäten (Museen, Parks usw.) in unserer Gegend an der Wand neben dem Frühstückstisch und gleich daneben die jeweiligen Öffnungszeiten. Sie wusste genau, welcher Park an welchen Tagen wann öffnete, sodass sie ihren stark extravertierten Sohn gleich nach dem Frühstück aus der Tür schieben konnte, bevor seine überbordende Energie ihr kleines Reihenhaus zum Beben bringen konnte.

Geben Sie reichlich Feedback. Stark extravertierte Kinder besprechen gern alles, was passiert. Ihr Gehirn ist auf Interaktion programmiert. Sie ziehen Energie und Motivation aus den positiven Reaktionen anderer. Das bedeutet, Ihr extravertiertes Kind sehnt sich nach Ihrer Aufmerksamkeit und Ihrem Input. Es möchte, dass

Sie ihm zusehen, wie es am Klettergerüst hochklettert, und ihm sagen, wie hoch es schon ist. Es will Ihnen alles erzählen, was es an diesem Tag in der Schule gemacht hat, und wünscht sich, dass Sie sich mit ihm zusammen darüber freuen. Wenn Sie bei Extraversion ebenfalls im oberen Bereich liegen, reagieren Sie wahrscheinlich ganz von selbst so: »Wow, du bist ja ganz oben auf dem Klettergerüst! Super!« – »Wie toll, das hat sicher großen Spaß gemacht!« Wenn Sie selbst wenig extravertiert sind, wird Ihnen dieses Verhalten eher Unbehagen bereiten. Mir haben wenig extravertierte Eltern schon gesagt, es käme ihnen albern vor, das Verhalten ihres Kindes ständig zu kommentieren, oder dass es ihrer Meinung nach nicht gut für ein Kind sei, ständig gelobt zu werden.

Wenn Sie bei Extraversion im unteren Bereich liegen, versuchen Sie, sich klarzumachen, dass das Gehirn Ihres stark extravertierten Kindes anders funktioniert und dass es Feedback braucht, um sich weiterzuentwickeln. Wenn es das nicht von Ihnen bekommt, wird es Bestätigung bei anderen suchen – was vielleicht nicht immer gut ist. Einem Kind Feedback zu geben, bedeutet übrigens nicht, es mit unechtem Lob zu überschütten! Sie können ihm sein Verhalten einfach zurückspiegeln: »Da hattest du ja wirklich einen wichtigen Tag in der Schule!« – »Du hast aber viel mit den anderen gespielt heute!« Scheuen Sie sich aber nicht, auch seine Erfolge mit ihm zu feiern: »Du kannst schon richtig gut Fahrrad fahren!« – »Du hast wirklich gelernt, wie man friedlich mit anderen spielt.« Positives Feedback ist eine wunderbare Methode, Verhaltensweisen zu bestärken, die Sie bei Ihren Kindern öfter sehen möchten. Auf keinen Fall sollten Sie das Gute ignorieren und nur Schlechtes kommentieren, denn Ihr Kind wird schnell erkennen, welches Verhalten ihm Ihre Aufmerksamkeit sichert!

Bringen Sie ihrem Kind bei, einen Gang herunterzuschalten.
Weil ein stark extravertiertes Kind immer in Bewegung sein will, müssen Sie ihm beibringen, wie wichtig es ist, auch mal eine Pause

einzulegen. Ja, es ist großartig, die Welt zu erkunden und viele Aktivitäten auszuprobieren, aber wir alle müssen zwischendurch unsere Batterien aufladen, ob wir es bemerken oder nicht. Extravertierten Kindern liegt das nicht im Blut. Vor allem, wenn sie älter werden, übernehmen sie sich manchmal in ihrer Begeisterung für ihre vielen Aktivitäten. Das kann dazu führen, dass sie sich überfordert fühlen. Als Elternteil eines stark extravertierten Kindes können Sie ihm schon früh beibringen, wie wichtig es ist, sich auch mal auszuruhen. Für extravertierte Kinder ist es wichtig zu lernen, sich selbst zu regulieren, damit sie es nicht übertreiben. Auch wenn solche Kinder soziale Interaktionen und die positiven Gefühle lieben, die sie hervorrufen, können sie sich trotzdem darin aufreiben und übermüden, was zu Jammerei, Streit oder Wutausbrüchen führen kann. Wir alle zeigen uns nicht von unserer Schokoladenseite, wenn wir müde sind.

Achten Sie darauf, zwischen sozialen Aktivitäten oder Ausflügen Raum für ruhigere Tätigkeiten zu schaffen. Wichtig ist es, mit Ihrem Kind darüber zu reden, warum Sie das tun, damit es versteht und verinnerlicht, warum Zeit zum Entspannen und Erholen wichtig ist. Das könnte zum Beispiel so aussehen:

Extravertiertes Kind: »Ich will ins Schwimmbad!«
Elternteil: »Wir waren heute Vormittag schon mit deinen Freunden im Park. Ich weiß, dass du gern unter Menschen bist, aber wir alle brauchen Zeit zum Erholen. Wollen wir stattdessen vielleicht ein bisschen puzzeln?«
Extravertiertes Kind: »Ich will in den Park!«
Elternteil: »Es ist toll, dass du gerne draußen bist, aber wir alle müssen uns auch mal ein bisschen Zeit nur für uns nehmen, sonst sind wir irgendwann total erschöpft. Vielleicht könntest du ja an dem neuen Lego-Schiff weiterbauen, das du zum Geburtstag bekommen hast?«

Seien Sie nicht überrascht, wenn Ihr extravertiertes Kind sich weigert oder protestiert. Seine natürliche Veranlagung ist es schließlich, in Bewegung zu bleiben! Unser Gehirn ist so aufgebaut, dass es mehr von dem will, was wir mögen, und für extravertierte Kinder ist Interaktion etwas Bereicherndes. Doch zu unserer Rolle als Elternteil gehört es auch, den natürlichen Anlagen unserer Kinder sanft Grenzen zu setzen, damit sie erkennen, dass wir unser Verlangen steuern müssen. Und als Mutter oder Vater können Sie am besten beurteilen, wie viel Aktivität und Interaktion Ihr Kind braucht und wie viel es verträgt. Ich meine damit nicht, dass Sie strenge Regeln für tägliche Ruhepausen aufstellen müssen (außer, das funktioniert gut für Sie und Ihr Kind). Sie können ein Gespür dafür entwickeln, wie viel Aktivität für Ihr Kind angemessen ist, und die Ruhezeiten entsprechend in den Alltag einarbeiten. Einige Kinder brauchen einmal am Tag eine Pause, andere einmal pro Woche. Das Wichtige dabei ist, mit ihm darüber zu reden, dass es nötig ist, einen Gang herunterzuschalten und zu lernen, auch die Zeit allein mit sich zu genießen. Helfen Sie ihm, zu der Erkenntnis zu gelangen, dass ruhigere Phasen auch bereichernd sein können. Sagen Sie:»Hast du gemerkt, wie ausgeruht du warst, nachdem du in deinem Zimmer ein bisschen gelesen hast? Jetzt hast du Energie für den Rest des Tages!« Oder:»Wenn man dauernd in Bewegung ist, fühlt man sich manchmal ganz überdreht. Als wenn Wasser in einem Topf ganz heiß wird und dann überkocht! Dann stellt man den Herd einfach ein bisschen runter und spielt eine Weile etwas Ruhigeres.«

Wenn Sie sehen, wie Ihr stark extravertiertes Kind eine ruhige Tätigkeit genießt, machen Sie es auf jeden Fall darauf aufmerksam und bestätigen es darin, damit es die Verbindung herstellen kann: »Toll, das große Puzzle hast du ganz allein geschafft! Jetzt bist du stolz, oder? Manchmal macht es richtig Spaß, allein an etwas zu arbeiten.« Oder:»Es tut gut, nach einem anstrengenden Vormittag einfach mal im Gras zu liegen und in die Wolken zu schauen, oder?« Mit der Zeit wird daraus eine Gewohnheit, die es natürlicher in seinen Tagesablauf integriert.

Bringen Sie Ihrem Kind bei, zu reflektieren und empathisch zu sein. Möglicherweise müssen Sie Ihrem extravertierten Kind beibringen, reflektierter zu sein. Wie zuvor schon erwähnt, kennen wir nur unsere eigene Art, durch die Welt zu gehen, und wir tendieren von Natur aus dazu anzunehmen, dass andere genauso denken wie wir. Helfen Sie Ihrem extravertierten Kind zu verstehen, dass es selbst zwar Menschen und Aktivität und Gespräche belebend findet, dass das aber nicht für alle gilt. Manche Menschen brauchen mehr Zeit für sich, um ihre Gedanken zu verarbeiten, oder sind lieber in Gesellschaft anderer, ohne viel zu reden. Wenn Ihr Kind Geschwister oder Freunde hat, die Ihrer Einschätzung nach weniger extravertiert sind, können Sie diese Kinder als Beispiel heranziehen: »Du hast doch diesen Freund, den Michael. Ihr spielt ganz toll zusammen, aber ist dir mal aufgefallen, dass Michael viel weniger redet als du? Manchmal solltest du eine Pause machen, damit Michael auch mal was sagen kann.« Oder: »Ich weiß, dass du gerne ausssprichst, was du gerade denkst, aber manchmal ist es auch gut, kurz still zu sein und über etwas erst mal nachzudenken.« Im Kapitel zum Thema Selbstregulation finden Sie eine Reihe hilfreicher Strategien, um Ihrem Kind beizubringen, vom Gaspedal zu gehen und erst zu denken, dann zu handeln. Einige dieser Strategien sind vielleicht auch bei Ihrem stark extravertierten Kind nützlich.

Elternstrategien bei Kindern
mit geringer Extraversion

Kinder mit geringer Extraversion fordern Ihre Aufmerksamkeit nicht so ein wie stark extravertierte Kinder. Das bedeutet aber nicht, dass sie nicht ebenso Bedürfnisse haben. Die folgenden Strategien können Sie als Elternteil eines introvertierten Kindes einsetzen, um es zu unterstützen.

Sorgen Sie dafür, dass es sich geliebt und angenommen fühlt. Das versteht sich doch von selbst, werden Sie vielleicht denken. Natürlich wollen wir, dass unsere Kinder sich geliebt und angenommen fühlen. Aber in Wirklichkeit leben wir in einer extravertierten Welt. Ich habe mal gelesen, dass es dreimal so viele Extravertierte wie Introvertierte gibt. Unsere Kultur rühmt sich des schroffen Individualismus, des Rausgehens und Dinge-Erledigens, der freimütigen Meinungsäußerungen. Wir leben in einer Gesellschaft, die von Extravertierten errichtet wurde. Deswegen fühlen introvertierte Kinder sich manchmal fehl am Platz, weniger wert oder nicht zugehörig. Je nach den Temperamenten der anderen Erwachsenen und Kinder in ihrem Haushalt geht es ihnen zu Hause vielleicht auch so. Wahrscheinlich geht es ihnen auch in der Schule nicht anders, wo Kinder, die sich äußern und sich freiwillig melden (in der Regel extravertierte Kinder), oft mehr auffallen. Junge Kinder verstehen vielleicht nicht, warum sie sich fehl am Platz fühlen.

Eins der wichtigsten Dinge, die Sie als Elternteil tun können, besteht darin, Ihrem introvertierten Kind dabei zu helfen, sich selbst zu verstehen. Helfen Sie ihm zu erkennen, dass nichts mit ihm »nicht stimmt«. Reden Sie mit ihm darüber, dass wir alle mit unterschiedlichen Temperamenten geboren werden. Erzählen Sie ihm, dass manche Kinder sich inmitten von Menschen und Aktivitäten am wohlsten fühlen und andere lieber ruhige Aktivitäten mögen oder allein sind. Dann fragen Sie es, was sich wohl mehr nach ihm anhört. Erklären Sie ihm, dass es eher introvertiert ist (ich benutze diesen Begriff auch Kindern gegenüber, weil sie ihn früher oder später wahrscheinlich irgendwo aufschnappen und es dann hilfreich für sie ist, wenn sie ihn verstehen). Machen Sie ihm begreiflich, dass Introvertierte wunderbare Eigenschaften haben – dass sie eher still für sich nachdenken und in ruhigen Momenten Kreativität und tiefe Gedanken entstehen. Dass sie tolle Freunde sind, weil sie tiefe Bindungen eingehen. Suchen Sie zusammen im Internet nach berühmten Introvertierten, damit es begreift, dass man als introvertierter Mensch durchaus erfolgreich sein kann und dass diese Veranlagung etwas Besonderes ist.

Da wir in einer extravertierten Welt leben, braucht Ihr introvertiertes Kind vielleicht mehr Unterstützung und Ermunterung von Ihnen. Es muss wissen, dass Sie es auch dann lieb haben, wenn es nicht immer im Mittelpunkt steht oder das beliebteste Kind auf dem Spielplatz ist. Wenn es Probleme mit Gleichaltrigen hat, weil es »zu still« ist, und sich deshalb nicht akzeptiert fühlt, arbeiten Sie mit ihm an den sozialen Kompetenzen, die ich zuvor schon erwähnt habe. Introvertierte Kinder müssen begreifen, dass mehr nicht immer besser ist, dass auch kleine Dinge »genug« sind – mit Ihnen kuscheln, ein Buch lesen, zusammen zu Hause spielen, einige gute Freundinnen und Freunde. Ihr introvertiertes Kind genießt mit größerer Wahrscheinlichkeit die kleinen Dinge des Lebens, und als Elternteil können Sie ihm dabei helfen, das als Gabe zu betrachten statt als Belastung.

Finden Sie Aktivitäten, die gut zu seinen natürlichen Anlagen passen. Kinder mit geringer Extraversion mögen Aktivitäten mit weniger Menschen, die sie nicht durch zu viel soziale Stimulation überfordern. Lego bauen (oder, wenn sie älter werden, Modellflugzeuge oder Modellschiffe), lesen, puzzeln, malen, in ihrem Zimmer spielen: Bieten Sie Ihrem introvertierten Kind reichlich Möglichkeiten, seine Kreativität individuell auszuleben. Andere geeignete Aktivitäten sind Ausflüge in die Bücherei oder in ein Museum oder zu Hause zusammen einen Film ansehen. Es gibt auch viele tolle Sportarten, die sich gut für introvertierte Kinder eignen: Golf, Tennis, Eislaufen, Rudern, Klettern, Fahrradfahren – also alles, was eher in Richtung Individualsport geht. Auf diese Weise bewegt sich Ihr Kind, ohne sich mit einer großen Mannschaft abstimmen und mit ihr zusammenspielen zu müssen. Fotografie ist ebenfalls ein tolles Hobby für introvertierte Kinder: Sie können draußen sein, die Welt erleben und die Gesellschaft anderer genießen, sich gleichzeitig aber hinter der Kamera sicher und weniger ungeschützt fühlen. Mein introvertierter Sohn war immer gern der »Fotograf« bei Familienfesten. So kann er Teil der Gruppe sein, ohne das Gefühl zu haben, ständig mit allen reden zu müssen. Auch Malerei, Gartenarbeit oder Kochen eignen sich als Hobby gut für introvertierte Kinder – bei allem können sie Zeit mit den Eltern, mit anderen und draußen in der Welt verbringen, ohne dass die Notwendigkeit ständiger sozialer Interaktion sie auslaugt. Sie könnten auch überlegen, für Ihr Kind eine Tätigkeit zu finden, die mit Tieren zu tun hat. Introvertierte lieben häufig die Gesellschaft von Tieren – schließlich reden sie nicht so viel und sind weniger anstrengend als Menschen! Eine ehrenamtliche Mitarbeit im örtlichen Tierheim ist eine gute Möglichkeit, wie Ihr introvertiertes Kind Gutes tun kann, ohne allzu viel mit anderen Menschen interagieren zu müssen.

Schaffen Sie einen ruhigen Ort ganz allein für Ihr Kind. Introvertierte Kinder brauchen einen Raum, in dem sie mit ihren Gedanken allein sein können. Das könnte ein eigenes Kinderzimmer sein – wenn das bei Ihnen zu Hause nicht möglich ist, werden Sie kreativ. Sie könnten zum Beispiel mit ihm eine Höhle aus Decken und Kissen bauen oder eine Ecke mit gemütlichen Kissen auspolstern und mit einem an die Wand getackerten Laken abschirmen. Wichtig ist, dass es einen Bereich hat, zu dem niemand sonst Zutritt hat und den es als eigenen, ganz besonderen Ort annehmen kann. Introvertierte Kinder brauchen eine Rückzugsmöglichkeit in ihre eigene Welt, wenn die Welt um sie herum zu viele Reize bietet. Sie brauchen Zeit allein, um ihre Batterien wieder aufzuladen. **Helfen Sie Ihrem Kind zu erkennen, wann es sich zurückziehen sollte.** Manche Kinder mit geringer Extraversion spüren sehr gut von allein, wann sie eine Pause brauchen. Wenn wir Besuch zum Abendessen oder für eine Spielverabredung haben, fängt meine introvertierte Dreijährige irgendwann an, sich über Kleinigkeiten aufzuregen. Es ist ganz deutlich, dass die vielen Menschen und der Betrieb ihr einfach zu viel werden. Wenn das passiert, sieht sie uns meistens an und erklärt, dass sie nach oben gehen und »ein Nickerchen machen« muss. Sie geht dann in ihr Zimmer, sieht sich eine Viertelstunde lang ein Buch an und kommt dann ganz erholt und entzückend wie eh und je wieder herunter! Manchmal erkennen wir, dass sie auf dem Weg in diesen Zustand ist, und fragen: »Brauchst du gerade ein bisschen Ruhe?«, und fast immer bejaht sie erleichtert und geht für eine kurze Ruhepause in ihr Zimmer.

Doch viele introvertierte Kinder brauchen Unterstützung dabei zu erkennen, wann die Umgebungsreize ihnen zu viel werden. Vielleicht müssen Sie Ihrem Kind beibringen, sich erst mal still zu beschäftigen und auszuruhen, nachdem es mit anderen zusammen war. Helfen Sie ihm dabei zu erkennen, wann es sich überfordert fühlt, und ermuntern Sie es, nach Möglichkeiten zu suchen, kurz allein zu sein. Wenn Sie beispielsweise mit ihm bei einer Geburtstagsparty sind und sehen, dass ihm das zu viel wird, können Sie sagen: »Sollen wir mal kurz rausgehen und eine kleine Pause machen?« Oder wenn die Party bei Ihnen zu Hause stattfindet, könnten Sie es bitten, Ihnen in der Küche zu helfen. Machen Sie Ihrem Kind begreiflich, dass es in Ordnung ist, sich kurz zurückzuziehen und später wieder dazuzustoßen. Das ist nichts anderes, als wenn ein Erwachsener auf einer Cocktailparty auf dem Balkon

kurz »frische Luft schnappen« geht. Helfen Sie Ihrem Kind zu erkennen, wie gut es ihm tut, sich für einige Minuten aus dem Trubel herauszuziehen. Sagen Sie zum Beispiel:»Puh, das ist wirklich
anstrengend mit so vielen Leuten. Du siehst schon viel entspannter
aus, nachdem du kurz weg warst.« Sie können Ihr Kind auch dabei
unterstützen, wieder mitzumachen, wenn es zurückkommt.»Oh,
sieh mal! Hannah spielt gerade was Tolles. Hannah, kannst du Josh
mal zeigen, wie das geht?« Denken Sie aber daran, dass introvertierte Kinder oft erst beobachten, bevor sie sich einer Gruppe anschließen; es ist also genauso in Ordnung, wenn es noch ein paar
Minuten braucht, bevor es wieder mitmacht.

Das mäßig extravertierte Kind

Mein Mann bezeichnet sich selbst als einen extravertierten Introvertierten. Erwachsene mit mittleren Werten bei Extraversion beschreiben sich oft so. *Ambivertiert* ist ein weiterer Begriff, der für
Menschen im mittleren Bereich der Extraversion oft verwendet
wird. Mäßig extravertierte Personen zeigen einige Eigenschaften,
die wir mit Extraversion in Verbindung bringen, und einige, die
eher mit Introversion im Zusammenhang stehen. Da die meisten
Verhaltensweisen einer Normalverteilung folgen, fallen tatsächlich
viele Menschen in den Bereich der mäßigen Extraversion.

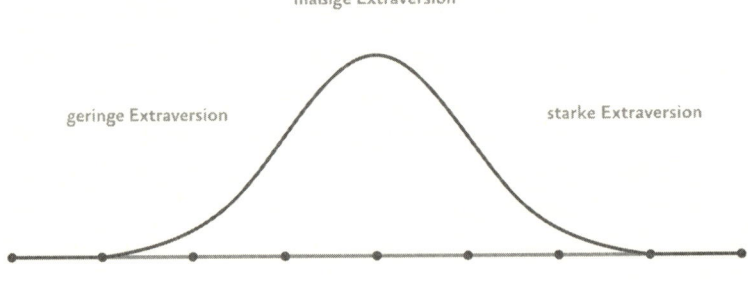

mäßige Extraversion

geringe Extraversion   starke Extraversion

Mäßig extravertierte Kinder sind gern *bis zu einem bestimmten Grad* mit anderen Menschen zusammen und probieren neue Dinge aus, genießen aber auch ruhigere Aktivitäten und brauchen zwischendurch Ruhepausen zum Erholen. Wenn Sie ein mäßig extravertiertes Kind haben, erkennen Sie es wahrscheinlich zum Teil in den Beschreibungen sowohl der stark extravertierten *als auch* der gering extravertierten Kinder wieder. Da Ihr Kind im Hinblick auf seine natürliche Veranlagung zur Extraversion in keine Richtung zum Extrem neigt, gefällt ihm wahrscheinlich eine Mischung der empfohlenen Aktivitäten für extravertierte und introvertierte Kinder. Wichtig für Sie ist es, die Muster Ihres Kindes zu erkennen: Wie viel Aktivität mit hoher sozialer Interaktion ist gut für Ihr Kind? Wie viele Ruhepausen braucht es? Indem Sie Ihr Kind über die Zeit beobachten, werden Sie ein Gespür dafür entwickeln. Vielleicht müssen Sie nicht einmal explizit darauf achten. Da mäßig extravertierte Kinder sowohl extravertierte als auch introvertierte Aktivitäten mögen, sind sie manchmal anpassungsfähiger, vor allem, wenn sie bei Emotionalität niedrige Werte haben. Wenn Ihnen jedoch auffällt, dass Ihr Kind bei bestimmten Aktivitäten unleidlich wird, könnte es sich lohnen, mal eine Woche lang Tagebuch zu führen. Schreiben Sie auf, wie viel Zeit Sie jeden Tag mit unterschiedlichen Arten von Aktivitäten verbringen und wie es bei den einzelnen Aktivitäten lief. So ein Eintrag könnte zum Beispiel so aussehen:

Samstag:
- **8–10 Uhr:** Spielgruppe im Park mit drei anderen Freundinnen (fröhlich, hatte viel Spaß)
- **10–12 Uhr:** Kindermuseum (fröhlich, hatte viel Spaß)
- *Mittagessen, Mittagsschlaf*
- **14–16 Uhr:** Baseballspiel des älteren Bruders (sehr schlechte Laune, schlecht benommen)

Möglicherweise findet Ihr Kind Baseball einfach langweilig, aber es ist auch möglich, dass es nach einem Vormittag voller Unternehmungen fix und fertig war. Wenn Sie eine Woche oder länger Tagebuch führen, wird Ihnen das helfen, diese Möglichkeiten besser auseinanderzuhalten. Wenn Sie ein Muster erkennen, dass Ihr Kind immer nach längeren Ausflügen mit sozialen Interaktionen unleidlich wird oder sich danebenbenimmt, könnten Sie versuchen, mehr ruhige Aktivitäten einzubauen, um ihm zwischendurch Erholungspausen zu verschaffen. Wenn Sie zum Beispiel wissen, dass sein Bruder nachmittags ein Spiel hat, sollten Sie nach der Spielverabredung am Morgen lieber etwas stille Spielzeit zu Hause einplanen, damit Ihr Kind Zeit zum Erholen hat und nachmittags auf dem Sportplatz wieder Spaß am Herumrennen hat. Sieht das Muster so aus, dass es nur bei Baseballspielen schlecht gelaunt ist, haben Sie ebenfalls Ihre Antwort.

Je nachdem, in welche Richtung des Extraversionsspektrums es tendiert (und in Abhängigkeit der Extraversionsprofile der anderen Familienmitglieder), könnte Ihr Kind Unterstützung benötigen, um bestimmte Fertigkeiten zu entwickeln, die entweder im Abschnitt über extravertierte oder über introvertierte Kinder aufgeführt sind. Wenn Ihnen beispielsweise auffällt, dass Ihr mäßig extravertiertes Kind am Abendbrottisch das Gespräch bestimmt und das introvertierte Geschwisterkind überhaupt nicht zu Wort kommt, können Sie mit dem mäßig extravertierten Kind daran arbeiten, dass jeder mal dran ist mit Reden. Oder wenn Sie merken, dass Ihr mäßig extravertiertes Kind ständig in Bewegung war, um mit dem stark extravertierten Geschwisterkind mitzuhalten, müssen Sie es vielleicht darin unterstützen zu erkennen, wann es eine Pause einlegen sollte. Je mehr Zeit Sie mit Ihrem Kind verbringen, desto besser werden Sie erkennen, ob es in den oben beschriebenen Bereichen Hilfe braucht oder nicht. Weil sie nicht zu einem der Extreme neigen, nehmen mäßig extravertierte Kinder im Allgemeinen aber alles so, wie es kommt, mögen verschiedenste Aktivitäten und können sich sowohl in ihre extravertierteren als auch in ihre introvertierteren Altersgenossen hineinversetzen.

MÖGLICHE AKTIVITÄTEN FÜR...	
EXTRAVERTIERTE KINDER	INTROVERTIERTE KINDER
Spielgruppen	Lesen
Parks mit vielen Kindern	Puzzles
Bowling	Fotografie
Tanz-/Turnkurs	Bücherei
Kinderkonzerte	Lego spielen
Sportveranstaltungen	Basteln
Kindertheater	Malen
Ferienlager/Gruppenaktivitäten	Filmabend zu Hause
Kindermuseum	Kunstmuseum
Mannschaftssport	
Freizeitpark	
Zoo	

Hinweis: Introvertierte und extravertierte Kinder mögen wahrscheinlich Aktivitäten auf beiden Seiten, aber extravertierte Kinder brauchen mehr soziale Stimulation und introvertierte Kinder eher ruhige Aktivitäten.

Kinder je nach Extraversionsniveau fordern

Die genannten Erziehungsstrategien ermöglichen die Schaffung einer guten Passung mit ihrem stark oder wenig extravertierten Kind. So können Sie seine Umgebung besser mit seinen natürlichen Tendenzen abstimmen, um schwieriges Verhalten zu reduzieren. Vielleicht denken Sie jetzt (oder der andere Elternteil hat argumentiert):»Aber so funktioniert die Welt nun mal nicht! Man kann nicht alles seinen eigenen Bedürfnissen unterwerfen, und das müssen unsere Kinder lernen.« Ein berechtigter Einwand. Ich empfehle auch nicht, Ihr introvertiertes Kind immer nur fröhlich in seinem Zimmer spielen zu lassen und nie mit anderen Kindern zusammenzubringen oder Ihr extravertiertes Kind quer durch die Stadt zu einer Million Aktivitäten und Veranstaltungen zu karren. Wenn Sie seine natürlichen Veranlagungen verstehen, erkennen Sie besser, in welchen Umgebungen es sich wohlfühlt und mit welchen es Schwierigkeiten haben könnte. Da ein Teil davon Ihrer Kontrolle als Elternteil unterliegt, können Sie dieses Wissen nutzen, um zu verhindern, dass Ihr Kind sich aufregt oder sich danebenbenimmt, oder dieses Verhalten wenigstens zu verstehen.

Sein Temperament zu verstehen, bedeutet jedoch nicht, sich völlig davon abhängig zu machen! Wir alle müssen uns auch mal in Umgebungen bewegen, die außerhalb unserer Komfortzone liegen. Extravertierte Kinder müssen lernen, manchmal auch allein zu sein, und introvertierte Kinder müssen fähig sein, in einem sozialen Umfeld zu überleben. Zu verstehen, welche Situationen für Ihr Kind wahrscheinlich schwierig sind, bedeutet nicht, dass Sie sie vermeiden müssen. Es verschafft Ihnen nur die Möglichkeit, sie besser vorherzusehen und sich darauf vorzubereiten.

Seien wir ehrlich: Ihr Kind innerhalb seiner natürlichen Veranlagungen an seine Grenzen zu führen, kann schwierig sein. Wenn Kinder sich in einer Umgebung bewegen, die nicht gut zu ihren An-

lagen passt, entsteht eine Unstimmigkeit. Unstimmigkeiten erzeu-
gen Stress. Kinder reagieren unterschiedlich auf Stress, je nachdem,
in welchem Bereich sie bei Emotionalität liegen. Wie gut Ihr Kind
mit dem Stress umgehen kann, der aus einer Unstimmigkeit zwischen seiner Umgebung und seinen natürlichen Tendenzen entsteht, wird sich darauf auswirken, wie stark Sie es an seine Grenzen
führen können. Stark emotionale Kinder haben weitaus größere
Schwierigkeiten, mit einer Diskrepanz zwischen ihrer Umgebung
und ihrer Extraversion klarzukommen. Meine beiden Kinder liegen
bei Extraversion im unteren Bereich (Ironie des Schicksals), aber sie
sind unterschiedlich emotional. Mein Sohn ist Ex niedrig, Em hoch,
meine Stieftochter Ex niedrig, Em niedrig. Beide spielen lieber allein
oder mit einem Elternteil oder wenigen Freunden. In einer großen
Kindergruppe sagen sie keinen Piep, bleiben am Rand und schauen
zu. Aber die starke Emotionalität meines Sohnes führte dazu, dass
er sehr darunter litt, wenn man ihn in eine Situation brachte, in
der er sich nicht wohlfühlte. Das war ganz deutlich daran zu erkennen, wie er auf einige seiner ersten Geburtstagspartys reagierte.
Als stark extravertierter Mensch liebe ich große Zusammenkünfte;
daher veranstaltete ich zu seinem zweiten und dritten Geburtstag
jeweils eine große Feier mit vielen Gästen, sowohl Erwachsenen als
auch Kleinkindern. Zwei Jahre hintereinander sangen wir »Happy
Birthday«, und er flippte aus und verkroch sich in einem Jahr unter
dem Tisch und im nächsten hinter dem Sofa. Meine Gäste sangen
das Lied betreten allein zu Ende, während ich versuchte, ihn her-
vorzulocken. Für ihn war es einfach zu viel, so im Mittelpunkt zu
stehen. Schließlich erkannte ich das, gab mein Verlangen nach großen Mottopartys zum Geburtstag auf, und heute feiern wir im kleineren Kreis mit der Familie oder einigen seiner engen Freunde.
    Weil ich ein bisschen schwer von Begriff bin (oder eine maso-
chistische Ader habe, wer weiß), mutierte ich bei meiner Stieftochter wieder zur Partyplanerin; zu ihrem dritten Geburtstag schmis-

sen wir eine große Bauernhofparty in unserem kleinen Garten in der Stadt, inklusive echtem Streichelzoo. Meine Stieftochter ist zwar introvertiert, liegt aber auch bei Emotionalität im unteren Bereich und konnte deshalb mit der Situation umgehen. Sie beobachtete stumm das Gewühl aus frei herumlaufenden Kindern, Ziegen und Schafen und suchte sich irgendwo am Rand ein Kaninchen zum Streicheln. Als sich alle für ein Ständchen um den Bauernhofkuchen versammelten, schien sie sich etwas unbehaglich zu fühlen und musste erst ermuntert werden, die Kerzen auszublasen, aber sie verschwand nicht in Tränen aufgelöst unter einem Möbelstück. Da sie mit Stress besser umgehen kann, können wir sie häufiger in »unstimmige« Situationen bringen, ohne dass es in einer Katastrophe mündet.

Was sollten Sie also tun, wenn es zu einer Unstimmigkeit zwischen Temperament und Umgebung kommt und Ihr Kind stressanfällig ist? Sie haben die Wahl: abbrechen oder es darauf vorbereiten.

Manchmal kommen Sie vielleicht zu dem Schluss, dass es sich nicht lohnt. Müssen Sie wirklich bei der Eröffnung des neuen Kindermuseums dabei sein, oder könnten Sie auch ein paar Wochen warten und mit Ihrem Kind hingehen, wenn es nicht mehr so voll ist? Ist die Geburtstagsparty des Nachbarkindes tatsächlich einen potenziellen Ausraster wert? Wenn Sie keinen allzu großen Wert darauf legen oder Ihr Kind einen schlechten Tag hat (oder Sie!), beschließen Sie vielleicht, dass Sie einfach nicht die Nerven dafür haben. *Und das ist auch völlig in Ordnung.* Die Welt wird nicht untergehen, weil Sie nicht beim vierten Geburtstag der kleinen Isabella waren.

Aber manchmal lohnt sich der Aufwand auch, etwa wenn es um ein Ereignis geht, das Ihnen wichtig ist oder von dem Sie meinen, dass Ihr Kind daran teilnehmen sollte, ob es ihm gefällt oder nicht. In diesem Fall ist die *Vorbereitung* von entscheidender Bedeutung.

Gehen Sie nicht einfach davon aus, dass Sie Ihr introvertiertes Kind mit der Familienfeier überfallen können und es schon irgendwie damit klarkommt, wenn entfernte Verwandte, die es noch nie gesehen hat, um es herumscharwenzeln. Sagen Sie Ihrem extravertierten Kind nicht erst auf dem Weg zur Bücherei, dass es stundenlang still sitzen soll, während Sie arbeiten. Reden Sie vorher mit Ihrem Kind (und mit »vorher« meine ich nicht beim Einsteigen ins Auto). Erzählen Sie ihm vom bevorstehenden Ereignis. Sprechen Sie mit ihm über seine Gefühle. Arbeiten Sie dann mit ihm zusammen einen Plan aus. Ein solches Gespräch könnte zum Beispiel so aussehen:

Elternteil: »Alyssa, am Samstag gehen wir zu einer Familienfeier. Weißt du, was das ist?«

Introvertiertes Kind: »Nein.«

Elternteil: »Da kommen viele Leute zusammen, die alle miteinander verwandt sind. So ähnlich wie ein Besuch bei Oma und Opa, wenn Tante Annas Familie auch kommt, nur mit noch mehr Leuten.«

Introvertiertes Kind (skeptisch): »Viele Leute, die ich nicht kenne?«

Elternteil: »Da werden eine Menge Leute sein, die du nicht kennst. Wie fühlst du dich bei dem Gedanken?«

Introvertiertes Kind: »Ich will da nicht hin. Du weißt doch, dass ich keine großen Gruppen mag.«

Elternteil: »Ich weiß, dass du das nicht so toll findest und dich das stresst. Aber es ist wichtig, dass wir hingehen. Wir könnten uns ja überlegen, was du tun kannst, wenn es dir zu viel wird. Hast du eine Idee?«

Je nach Alter und Reife Ihres Kindes kann es selbst einen Notfallplan entwerfen oder auch nicht. Sammeln Sie gemeinsam Ideen.

»Wenn es dir zu viel wird, könntest du ja vielleicht ein bisschen in den Garten gehen? Oder nach oben und mit Omas Katze spielen?« Erklären Sie Ihrem Kind, dass es ruhig eine Pause einlegen kann, wenn es nötig ist. Helfen Sie ihm, eine Strategie zu entwickeln. Die Vorbereitung bezieht sich aber nicht nur auf Ihr Kind, sondern auch auf Sie. Wenn Sie wenig Reserven haben – weil Sie vielleicht schlecht geschlafen oder einfach nicht die nötige Energie haben oder gerade andere Stressoren Ihr Leben beeinflussen –, ist es vielleicht nicht der beste Zeitpunkt, Ihr Kind an seine Grenzen zu führen. Bei der Familienfeier können Sie vielleicht nicht einfach absagen, aber manche Dinge (wahrscheinlich mehr, als Sie glauben) können Sie immer noch abbrechen, wenn deutlich wird, dass Ihr Kind nicht gut damit umgehen kann. Selbst mit der besten Planung und Vorbereitung kommt ein Kind manchmal einfach nicht mit einer Situation zurecht, vor allem, wenn es bei Emotionalität im oberen Bereich liegt (mehr dazu im nächsten Kapitel). Als Elternteil müssen Sie dann in der Lage sein, einmal tief durchzuatmen und auf null zu stellen. Sie sollten sich vorher überlegen, wie Sie reagieren, wenn Ihr Kind der Situation nicht gewachsen ist. Sie brauchen einen eigenen Plan für sich, falls Ihr Kind mit dem Stress nicht klarkommt.

Ich gebe zu, das war immer der schwerste Teil für mich. Ich hasse es, wenn ich alles Nötige getan habe – mit meinem Sohn geredet, einen Plan aufgestellt, mit ihm geübt, was er sagen und tun würde – und dann, als es so weit war … schaffte er es einfach nicht, ob sich das nun in einem Zusammenbruch äußerte oder einfach in der strikten Weigerung mitzumachen. Es ist frustrierend, denn wie gut Sie beide sich auch vorbereiten, ein Teil liegt außerhalb Ihres Einflusses. Ich habe viele Sommerprogramme bezahlt, an denen mein Sohn teilnehmen wollte, wir redeten vorher darüber, bereiteten ihn darauf vor, doch als ich ihn hinbrachte und er die vielen Kinder sah, erstarrte er trotzdem und weigerte sich auszusteigen. Dass wir einen Plan hatten – egal. Dass ich eine Woche »Sport und Spaß für die Kleinsten« im Voraus bezahlt hatte – egal. Dass ich direkt nach dem Abliefern einen Termin hatte – egal. Dass wir beide uns gut damit fühlten, ihn so vorbereitet zu haben, dass alles gut laufen würde – egal. In diesem Moment konnte er es einfach nicht. Und an diesem Punkt musste ich als Elternteil auf *meine* Vorbereitung zurückgreifen. Denn so frustriert ich auch war, sosehr ich schreien wollte: *Aber wir hatten doch einen Plan!* und dass es ihm dort gut gehen würde, und er einfach aussteigen sollte, damit ich zur Arbeit konnte – das war der Moment, in dem ich an meinen eigenen Plan denken musste: tief durchatmen, ruhig bleiben und noch einmal mit ihm darüber sprechen. Manchmal fing er sich wieder und stieg aus. Und manchmal auch nicht. Also würden wir es an einem anderen Tag noch mal versuchen. In dem Augenblick ist es zum Haareraufen. Aber ich kann Ihnen eins sagen: Jetzt, mit dreizehn, springt er aus dem Auto und läuft zu seinen Freunden, so schnell er kann. Halten Sie durch. Es ist ein Marathon, kein Sprint. Versuchen Sie es immer weiter, dann werden Ihre Bemühungen Ihrem Kind irgendwann helfen zu lernen, was es können muss, um mit seinem Temperament umzugehen.

Wie Ihr eigenes Extraversionsniveau Ihren Erziehungsstil beeinflusst

Bevor Sie ein Kind hatten, stellten Sie sich vermutlich vor, was Sie zusammen Tolles unternehmen würden. Und ob es Ihnen bewusst war oder nicht, die Aktivitäten, die Sie dabei im Sinn hatten, standen wahrscheinlich im Zusammenhang mit Ihrem eigenen Extraversionsniveau. Extravertierte Eltern können es kaum erwarten, mit ihren Kindern in den Zoo und in den Park zu gehen, sich zum Spielen mit ihren Freunden zu treffen (und große Geburtstagspartys für ihre Kinder zu schmeißen). Introvertierte Eltern freuen sich eher darauf, ihrem Kind Bücher vorzulesen und zu basteln. Die Welt, die wir uns für unsere Kinder vorstellen, ist ein Produkt unseres eigenen Temperaments und unserer Interessen. Und wenn Sie Glück haben und Ihre Extraversion mit der Ihres Kindes übereinstimmt, dann funktioniert das auch hervorragend! Extravertierte Eltern mit extravertierten Kindern probieren liebend gern neue Aktivitäten aus, gehen in den Park und auf gesellige Veranstaltungen. Introvertierte Eltern mit introvertierten Kindern verbringen gern schöne Stunden zu Hause oder gehen zusammen in der Natur spazieren. Diese Eltern-Kind-Zusammenstellungen verfügen von Natur aus über eine gute Passung. Es ist aber auch möglich, dass Sie und Ihr Kind vollkommen unterschiedliche Temperamente haben. Diskrepanzen zwischen Kindern und ihren Eltern im Bereich der Extraversion sind oft die Wurzel vieler elterlicher Sorgen und Probleme.

Extravertierte Eltern
mit introvertiertem Kind

Extravertierte Eltern introvertierter Kinder machen sich oft Sorgen. Mein Kind ist ein Einzelgänger! Es wird nie Freunde finden! Es spielt viel zu oft in seinem Zimmer! Es will nicht beim Schultheater mitmachen! Es muss doch rausgehen und die Welt entdecken!

Ich bin eine extravertierte Mutter zweier introvertierter Kinder. Glauben Sie mir, ich verstehe das. Aber ich habe inzwischen gelernt, dass introvertierte Kinder sehr wohl die Welt entdecken, nur auf ganz andere Weise, als wir Extravertierten es tun.* Und so

---

* Ein Tipp für andere extravertierte Eltern, die besser verstehen wollen, wie Introvertierte die Welt erleben: Das Buch *Die Macht der Introvertierten. Der andere Weg zu Glück und Erfolg* von Marti Olsen Laney (Huber 2016) fand ich sehr erhellend und aufschlussreich.

wenig wir uns das vorstellen können – sie ist nicht weniger wert. Sie ist nur anders. Introvertierte Menschen brauchen nicht ständig einen Wirbel von Aktivitäten und Menschen. Sie pflegen gern gute Beziehungen mit wenigen Menschen. Zu diesem kleinen Kreis gehören normalerweise auch wir, ihre Eltern. Wenn introvertierte Kinder sich wohlfühlen, können sie sehr gesprächig und reizend sein. Aber in einer großen Gruppe machen sie zu. Das kann für uns extravertierte Eltern sehr rätselhaft oder frustrierend sein. Warum ist mein Kind, das bei mir doch so lustig und entzückend ist, so ein Blindgänger, wenn andere dabei sind?! Wir wollen, dass unsere Freunde und Verwandten das herzige Kind sehen, als das wir es kennen. Vielleicht setzen wir unser Kind unter Druck, mehr »dabei« zu sein, sich unserer extravertierten Welt oder Wesensart anzupassen. Ich jedenfalls habe das schon getan.

Aber ich habe gelernt – von meinen eigenen introvertierten Kindern, durch Gespräche mit anderen selbst ernannten Introvertierten und aus meiner Forschungsarbeit: Manchmal möchte Ihr Kind einfach allein sein. Das bedeutet nicht, dass es niemals Freunde finden wird. Es bedeutet nicht, dass es niemals von zu Hause ausziehen wird. Es braucht einfach Raum für Ruhe. Es muss verarbeiten und die Akkus aufladen. Manchmal wird es Zeit ohne Sie verbringen wollen; das bedeutet nicht, dass es Sie nicht braucht oder liebt oder dass es nie bei Ihnen sein will. Aber wir extravertierten Eltern können anstrengend für unsere introvertierten Kinder sein. Manchmal möchten sie einfach nur in unserer Nähe sitzen oder spielen. Wenn Sie jemals einen klammernden Freund oder eine übermäßig anhängliche Freundin hatten, kennen Sie das: Sie hätten diese Person mehr geliebt, wenn sie weniger da gewesen wäre! So können unsere introvertierten Kinder uns manchmal auch empfinden.

Was wir extravertierten Eltern mit introvertierten Kindern uns merken sollten: Ihr Gehirn funktioniert anders als unseres. Sie ziehen Freude aus anderen Erfahrungen als wir, und vieles von dem, was uns Spaß macht, bedeutet Stress für sie. Es ist an uns, sie wegen ihrer einzigartigen Qualitäten zu lieben und wertzuschätzen – und ihnen nicht unsere Wesensart aufzudrängen. Das belastet nur unsere Beziehung zu ihnen. Es ist unsere Aufgabe, sie dabei zu unterstützen, ihre einzigartigen Qualitäten würdigen und annehmen zu lernen.

Introvertierte Eltern mit extravertiertem Kind

Während extravertierte Eltern mit introvertierten Kindern sich oft *Sorgen machen*, fühlen sich introvertierte Eltern mit extravertierten Kindern nicht selten *schuldig*. Sie haben das Gefühl, nicht mit ihrem Kind mithalten zu können, und glauben, sie müssten ihm mehr bieten. Vielleicht finden Sie es großartig, mit welcher Begeisterung Ihr extravertiertes Kind die Welt erlebt, aber es kann so anstrengend sein! Vielleicht fühlen Sie sich schon überfordert, wenn Sie die Liste der Aktivitäten lesen, die Ihrem Kind gefallen und ihm soziale Stimulation liefern könnten.

Verzweifeln Sie nicht! Es ist möglich, Aktivitäten zu finden, die für Sie *und* Ihr Kind funktionieren – Sie müssen möglicherweise nur mehr ausprobieren. Als extravertierter Mensch wünscht sich Ihr Kind wahrscheinlich soziale Stimulation; Sie als introvertierter Mensch tendieren vielleicht mehr zu ruhigen Aktivitäten. Ihre Vorstellungen von schönen Stunden mit Ihrem Kind – zusammen ein Buch lesen, puzzeln, Quartett spielen – bieten ihm vermutlich nicht genug Stimulation. Das heißt nicht unbedingt, dass es nichts dergleichen tun will (falls es allerdings bei der Selbstregulation im unteren Bereich liegt, könnte es größere Probleme geben; mehr dazu unten). Aber wenn Sie merken, dass es gelangweilt oder frustriert ist, wissen Sie, dass Sie mehr soziale Aktivitäten einstreuen müssen, nach denen Ihr extravertiertes Kind verlangt.

Das heißt nicht, dass Sie sich nun der Spielgruppe in der Nachbarschaft anschließen oder Ihre Samstagmorgen damit verbringen müssen, auf dem Spielplatz Small Talk mit anderen Eltern zu halten (schauder). Nehmen Sie Ihr extravertiertes Kind mit zu Aktivitäten, wo es mit anderen Kindern zusammen sein und soziale Interaktionen tanken kann, die Ihnen aber nicht zu viel sind. Ob Sie es glauben oder nicht, es gibt tatsächlich solche Ventile, die beide Bedingungen erfüllen. Sehen Sie zum Beispiel nach, ob es in Ihrer örtlichen Bücherei eine Erzählstunde für Kinder gibt. Dort kann Ihr Kind Zeit mit anderen Kindern verbringen, aber Sie sind nicht gezwungen, mit anderen Eltern zu plaudern, die Sie nicht kennen (oder kennenlernen möchten). Eine meiner introvertierten Freundinnen mit extravertiertem Kind entdeckte ein Angebot eines Naturschutzzentrums in der Nähe, wo ein Erwachsener einer Gruppe Kinder jede Woche ein anderes Tier vorstellte. Sie las währenddessen hinten im Raum ein Buch. Verabreden Sie Spieltreffen mit engen Freunden; das ist für Sie nicht unerträglich, und Ihr Kind hat die Möglichkeit, seine sozialen Kompetenzen zu schulen. Suchen Sie nach Sporttrainings oder Gruppenaktivitäten, etwa eine Pfadfindergruppe, wo Sie Ihr Kind abliefern können: Das Kind bekommt soziale Interaktion und Sie eine dringend benötigte Pause. Suchen Sie nach Aktivitäten nach der Schule, wo es mit anderen Kindern zusammen sein kann und Sie Zeit für sich haben. Ganz wichtig: *Haben Sie kein schlechtes Gewissen deswegen!* Wenn Sie ständig versuchen, für Ihr Kind »dabei« zu sein, um es beschäftigt, aktiv und glücklich zu halten, wird Sie das belasten. Ihrem Kind ein guter Vater oder eine gute Mutter zu sein, bedeutet nicht, alles zu tun, damit es ihm gut geht, sondern herauszufinden, was für Sie *und* Ihr Kind am besten funktioniert. Wenn Eltern und Kinder jeweils in ihrem Element sind, macht das alle glücklich. Und glücklichere Eltern sind bessere Eltern. Genießen Sie also die freie Zeit am Nachmittag!

Etwas anderes, mit dem Sie als introvertiertes Elternteil Schwierigkeiten haben könnten, ist das Bedürfnis Ihres extravertierten Kindes nach Feedback und Bestätigung. Extravertierte Kinder sind daran gewöhnt, ständig etwas zu hören – ob es ihre eigene Stimme ist oder Ihre. Ihr fehlendes Feedback könnte Ihr Kind so deuten, dass Sie nicht stolz sind oder Ihnen nicht gefällt, was es tut. »Wow, du hast das Puzzle ganz allein geschafft!« – »Du hast ja heute richtig viele neue Freunde im Park gefunden!« – »Du bist aber hoch geklettert auf diesem Baum!« Extravertierte Kinder sehnen sich oft nach solchem Feedback von ihren ruhigeren Eltern.

Und schließlich: Reden Sie mit Ihrem Kind über Ihre unterschiedlichen Temperamente. Erklären Sie ihm, dass Sie Ruhepausen ganz allein brauchen, um sich zu erholen. Eltern brauchen Raum für sich, und das können Sie Ihrem Kind ruhig sagen. Sie tun ihm einen Gefallen, wenn Sie ihm helfen zu verstehen, dass das Gehirn bei jedem Menschen anders funktioniert und dass manche Menschen mehr Ruhe brauchen, um Energie zu schöpfen – und dass Sie zu diesen Menschen gehören. Es ist wichtig, von klein auf ein Gleichgewicht zwischen Ihnen und Ihrem Kind zu finden, sonst werden Sie irgendwann anfangen, ihm übel zu nehmen, dass es in Ihren Augen immer noch mehr von Ihnen will – mehr Reden, mehr Aktivitäten und mehr Zeit mit Ihnen.

Wenn Geschwister nicht zusammenpassen

Wenn Sie mehr als ein Kind haben, besteht die Chance, dass sie sich in ihrem Extraversionsniveau unterscheiden. Für Eltern ist das eine zusätzliche Herausforderung: Zum einen ist es logistisch nicht ganz einfach, das Bedürfnis des extravertierten Kindes nach sozialen Aktivitäten mit dem Bedürfnis des introvertierten Kindes nach Ruhe zu koordinieren. Zusätzlich bindet Ihr extravertiertes Kind vielleicht aber auch einen größeren Teil Ihrer Zeit und Aufmerksamkeit; oft fühlt sich das introvertierte Kind im Vergleich zu seinem extravertierten Geschwisterkind dann übersehen und weniger wertgeschätzt.

Der Schlüssel zum Umgang mit solchen Familiendynamiken ist Reden. Genauso wie Sie mit Ihrem Kind vielleicht über Unterschiede zwischen Ihren beiden Temperamenten reden müssen, können Sie auch die Unterschiede zwischen Ihren Kindern nutzen, um ihnen zu erklären, dass wir uns in unserer Extraversion alle voneinander unterscheiden. Sprechen Sie mit Ihren Kindern über jede ihrer einzigartigen Stärken, damit sie verstehen, wie sie sich unterscheiden, sich aber beide gesehen und geschätzt fühlen. Sie können auch zusammen mit beiden einen Plan entwickeln, wie sich beider Bedürfnisse erfüllen lassen. Sammeln Sie Ideen und machen Sie Pläne, wie Sie als Familie gemeinsam etwas unternehmen können. Wenn zum Beispiel Ihr extravertiertes Kind in ein überfülltes Museum gehen möchte und Ihr introvertiertes Kind protestiert, können Sie sagen: »Wie wäre es, wenn wir am Vormittag ins Museum gehen und Nathan bestimmt, was wir am Nachmittag machen?« Helfen Sie Ihrem introvertierten Kind dabei, Strategien für eine Ruhepause zu entwickeln, falls es ihm im Museum zu viel wird – indem es sich beispielsweise auf eine Bank setzt und ein Buch liest. Wenn Sie merken, dass Ihr extravertiertes Kind das Gespräch am Abendbrottisch dominiert, achten Sie besonders darauf, das introvertierte Kind immer wieder nach seiner Meinung zu fragen. Bitten Sie das extravertierte Kind, sein introvertiertes Geschwisterchen auch mal was sagen zu lassen. So lernen beide, Unterschiede zu respektieren und wertzuschätzen, was ihnen auf lange Sicht sehr nützlich sein wird. Kurz, es sorgt für zusätzliche Herausforderungen und erfordert etwas mehr Planung, aber unterschiedlich extravertierte Geschwister bieten Ihnen auch eine wunderbare Gelegenheit, Ihre Kinder Empathie und Kompromisse zu lehren.

Das große Ganze

An welcher Stelle unsere Kinder von Natur aus auf dem Extraversionsspektrum liegen, hat einen großen Einfluss darauf, wie sie die Welt erfahren und mit ihr interagieren. Wie wir auf ihre natürlichen Anlagen in diesem Bereich reagieren, kann das Gerüst für diese Erfahrungen schaffen. Unsere Kinder ihre einzigartigen Stärken verstehen und schätzen zu lehren, ist eins der größten Geschenke, die wir ihnen machen können. Fühlt das extravertierte Kind sich wegen seiner nie versiegenden Energie und seiner Begeisterung geliebt oder abgelehnt, weil es anstrengend ist? Fühlt das introvertierte Kind sich in seinem ruhigen, kreativen, bedächtigen Wesen anerkannt, oder wird ihm suggeriert, es sollte »mehr« sein? Als Eltern können wir eine zentrale Rolle dabei spielen, wie unsere Kinder ihre Anlagen sehen. Sowohl extravertierte als auch introvertierte Kinder haben der Welt so viel zu bieten, und es liegt an uns, sie das entdecken zu lassen.

»Extravertierte sind ein Feuerwerk, Introvertierte ein Kaminfeuer.«

Sophia Dembling

Kernpunkte

* Kinder zeigen schon früh natürliche Vorlieben, mit anderen Menschen zusammen zu sein oder nicht, sowie für temperamentvolle oder ruhige Aktivitäten. Viele Stressfaktoren in der

Erziehung entstehen aus Unstimmigkeiten zwischen dem natürlichen Temperament unseres Kindes und den Umgebungen, die wir für sie schaffen.

- Extravertierte Kinder lernen gerne neue Menschen kennen, erkunden neue Orte und probieren neue Dinge aus. Sie schöpfen Energie aus dem Zusammensein mit anderen und schließen schnell Freundschaften, aber sie können auch anstrengend sein – vor allem für Eltern, die weniger extravertiert sind.
- Introvertierte Kinder mögen ruhige Aktivitäten und spielen gern allein oder in kleineren Gruppen. Zu viel soziale Stimulation kann sie überfordern.
- Extravertierte und introvertierte Kinder brauchen unterschiedliche Dinge von ihren Eltern.
- Extravertierte Kinder profitieren von Feedback, von reichlich sozialer Stimulation, wenn sie lernen, Ruhepausen einzulegen, und wenn sie lernen, zu reflektieren und Empathie zu entwickeln.
- Introvertierte Kinder brauchen zusätzliche Unterstützung, sich geliebt und angenommen zu fühlen, Aktivitäten, die zu ihrer ruhigeren Veranlagung passen, einen ruhigen Ort für sich und Unterstützung, um zu erkennen, wann sie eine Pause einlegen müssen.
- Mäßig extravertierte Kinder zeigen einige typische Merkmale extravertierter und einige Merkmale introvertierter Kinder. Ihnen gefällt wahrscheinlich eine Mischung entsprechender Aktivitäten.
- Wenn Sie verstehen, welche Situationen für das Temperament Ihres Kindes vermutlich eine Herausforderung darstellen, wird Ihnen das helfen, sie vorauszusehen und entsprechende Vorkehrungen zu treffen.
- Unterscheidet sich das Extraversionsniveau eines Kindes von dem seiner Eltern, kann das zu Stress und Sorgen führen. Wenn

Sie diese Unterschiede erkennen, können Sie besser damit umgehen. Geschwister mit unterschiedlich ausgeprägter Extraversion stellen Sie vor zusätzliche Herausforderungen.

- Sie können Ihrem Kind die Vorteile seines speziellen Temperaments begreiflich machen und ihm Fertigkeiten und Strategien für die Bereiche beibringen, die ihm Schwierigkeiten bereiten.

Emotionalität: Der Faktor »Em«

Als mein Sohn noch im Kindergarten war, plante ich jeden Samstagvormittag einen Ausflug – in den Park, den Zoo, das Kindermuseum, an all die Orte, von denen ich mir immer vorgestellt hatte, dass wir dort schöne gemeinsame Stunden verbringen. An der Hälfte dieser Tage kamen wir noch nicht mal aus der Tür. Gerade noch zog er seine Schuhe an, im nächsten Moment schleuderte er sie von sich, stürmte in sein Zimmer und knallte die Tür zu. Was zum Teufel war da gerade passiert?

Wie bereits erwähnt neigen Kinder mit hoher Emotionalität von Natur aus zu Stress, Frustration und Furcht. Mein Sohn ist definitiv sehr emotional. Wenn Ihr Kind bei Emotionalität im oberen Bereich liegt, wissen Sie, was ich meine: Gefühlsausbrüche, die scheinbar aus dem Nichts kommen, die schlimmsten Ausraster wegen ... was eigentlich? Absoluter Kleinigkeiten. Gerade noch malen Sie fröhlich zusammen, und im nächsten Augenblick hat Ihr Kind sein Bild zerrissen und ist aus dem Zimmer gestürmt.

Wenn Sie ebenfalls stark emotional sind, verstehen Sie vielleicht sogar, woher das Verhalten kommt, weil Sie sich an Ihre eigenen Gefühle als Kind erinnern. Sie erkennen, dass der blaue Buntstift offenbar nicht den Farbton hatte, den es sich für den Himmel vorgestellt hatte, und daher war das Bild »ruiniert«, ganz klar! Aber wenn Sie bei Emotionalität im unteren Bereich liegen, verwirrt Sie das Verhalten Ihres Kindes wahrscheinlich oder macht Ihnen sogar ein bisschen Angst.

Wenn Sie ein Kind mit geringer Emotionalität haben, lesen

Sie über Gefühlsausbrüche und Wutanfälle und fragen sich vielleicht, was mit diesen Kindern wohl nicht stimmt ... oder mit ihren Eltern. Missverständnisse rund um die Genetik hinter der Emotionalität führen häufig zu Schuldzuweisungen. Kinder mit hoher Emotionalität werden als aufsässig, manipulativ, Aufmerksamkeit heischend, ungezogen oder verwöhnt bezeichnet. Eltern mit stark emotionalen Kindern werden wegen der Gefühlsausbrüche ihrer Kinder verurteilt. Man nennt sie zu nachgiebig und nicht streng genug. Allzu schnell kommentieren andere ihren Erziehungsstil – entweder direkt oder im Gespräch mit anderen: »Die müssen ihrem Kind aber wirklich mal Benehmen beibringen!«

Warum machen wir immer so schnell die Eltern verantwortlich für das Verhalten ihrer Kinder? Meine Freundinnen geben auch nicht mir die Schuld, wenn mein Mann etwas Dummes tut, sondern werfen mir mitfühlende und wissende Blicke zu. Aber so reagieren wir nicht, wenn es um die Kinder anderer Leute geht. Ich glaube, das kommt daher, dass bei Kindern mit geringerer Emotionalität das Standardarsenal an Erziehungsstrategien – Ablenken, Grenzen setzen, beständiger Einsatz von Belohnungen und Konsequenzen – recht wirksam das Verhalten von Kindern formen und zukünftiges Fehlverhalten minimieren kann (bei richtiger Anwendung, dazu kommen wir noch). Deshalb glauben Eltern von Kindern mit geringer Emotionalität, Eltern mit stark emotionalen Kindern müssen etwas falsch machen. Gutes Verhalten belohnen, auf schlechtes Verhalten Konsequenzen folgen lassen, und schon lernen Kinder, sich zu benehmen. Schuhe durchs Zimmer schleudern bedeutet Auszeit, Kind lernt, seine Schuhe nicht zu schleudern. Das ist das etablierte Alltagsverständnis von richtiger Erziehung. Wenn ein Kind sich ständig danebenbenimmt, müssen es nach dieser Logik die Eltern sein, die etwas falsch machen. Wenn sie nur die richtigen Konsequenzen umsetzten, würde das Kind lernen, sich zu benehmen. Ganz einfach, oder? Nicht so schnell. Kinder mit hoher Emotionalität können definitionsgemäß mit Stress nicht umgehen. Normale erzieherische Versuche, auf Fehlverhalten Konsequenzen folgen zu lassen, lässt ihren Stress einfach nur eskalieren. Im Gegensatz zur landläufigen Meinung werden stark emotionale Kinder tatsächlich *häufiger* bestraft und erfahren *mehr* Konsequenzen, nicht weniger. Wenn jemand zu nachgiebig wirkt, wenn sein Kind sich in der Öffentlichkeit danebenbenimmt, dann wahrscheinlich deshalb, weil diese Person gelernt hat, dass unmittelbare Konsequenzen das Verhalten nur eskalieren lassen, und versucht, den Umstehenden eine Szene zu ersparen. Leider zementiert das aber auch die Vorstellung, dass das Verhalten durch zu nachgiebige Erziehung und fehlende Konsequenzen hervorgerufen wird.

All diese Schuldzuweisungen und Missverständnisse wurzeln in der Tatsache, dass Kinder sich in ihrer natürlichen Neigung zur Emotionalität in beträchtlichem Maß unterscheiden und dass vor allem bei stark und gering emotionalen Kindern unterschiedliche Erziehungsstrategien erforderlich sind.

Da Emotionalität eng mit unerwünschtem Verhalten von Kindern zusammenhängt, beschäftigen wir uns in diesem Kapitel mit wirksamen Strategien, um das kindliche Verhalten zu formen, also Wutanfälle einzudämmen *und gleichzeitig* erwünschtes Verhalten zu fördern. Wir sehen uns an, welche dieser Strategien für Kinder mit unterschiedlichen Emotionalitätsniveaus am besten funktionieren. Zum Schluss gebe ich noch einige praktische Tipps für das Familienleben mit einem stark emotionalen Kind.

Die Gefahren der Bestrafung

Im Allgemeinen gehen wir davon aus, dass es einige grundlegende Erziehungsprinzipien gibt, die bei allen Kindern funktionieren müssten. Die Standardpraktik für den Umgang mit Ungehorsam lautet meist: schlechtes Verhalten bestrafen. Denken Sie einmal kurz darüber nach, wie fest dieses Prinzip in unserer Psyche verankert ist: Kinder müssen lernen, Autorität anzuerkennen. Sie müssen verstehen, wer das Sagen hat. Sie müssen wissen, wer der Boss ist. Kinder müssen lernen, dass ihre Handlungen Konsequenzen haben (und als Eltern deuten wir das meist so, dass wir sie diese Konsequenzen spüren lassen müssen). Wer sein Kind liebt, der züchtigt es. Wir halten es für unsere Pflicht, ihnen beizubringen, wie die Welt funktioniert: Wenn man etwas Schlimmes tut, geschieht einem etwas Schlimmes.

So sind viele von uns aufgewachsen. Für viele Eltern ist das ganz selbstverständlich: Kind benimmt sich daneben, Elternteil bestraft es. Es fühlt sich so intuitiv an, dass wir nicht einmal darüber nachdenken, woher dieses Konzept eigentlich stammt. Vielleicht überrascht es Sie, dass diese häufige Erziehungspraxis auf die Zeit zurückgeht, als Männer rechtlich für ihre Ehefrauen, Kinder und Tiere verantwortlich waren. Wenn Frauen oder Kinder sich schlecht benahmen, wurde der Ehemann/Vater juristisch dafür belangt; entsprechend durften Männer tun, »was nötig war«, um ihre Ehefrauen und Kinder unter Kontrolle zu bringen. Tragischerweise führte diese allgemein akzeptierte Sichtweise dazu, dass viele Frauen und Kinder misshandelt wurden. Unser gesellschaftliches Verständnis der Beziehung zwischen Männern und Frauen und der Behandlung von Frauen hat sich enorm weiterentwickelt. Wir akzeptieren die einst weit verbreitete Praxis nicht mehr, dass Männer ihre Frauen schlagen, damit sie sich »benehmen«. Zwar haben sich unsere Ansichten zur körperlichen Züchtigung von Kindern im Laufe der Jahre ebenfalls weiterentwickelt, doch die allgemeine Vorstellung, dass Fehlverhalten bestraft werden muss, herrscht noch immer vor. Wie eine Freundin einmal zu mir sagte: »Es geht nichts über die guten, altmodischen Erziehungsmethoden, um Kinder in der Spur zu halten.«

Ich möchte Sie nun kurz um etwas Aufgeschlossenheit bitten:

Versuchen Sie, sich eine andere Art der Kindererziehung vorzustellen. Unsere historische Tendenz zu strenger Erziehung ist so tief in uns verankert, dass ein weicherer Ansatz sich vielleicht erst einmal fremd anfühlt oder allzu sentimental. Aber lassen wir einmal kurz unsere vorgefassten Meinungen beiseite und wenden uns den wissenschaftlichen Grundlagen dessen zu, was das Verhalten von Kindern prägt. Denn die meisten von uns hätten gern Kinder, die sich gut benehmen. Oder, um es realistisch zu formulieren, zumindest besser benehmen.

Die Forschung zeigt eins ganz eindeutig: Bestrafung funktioniert nicht. Ja, sie unterbricht vielleicht das Verhalten in diesem Moment. Aber im Gegensatz zur Überzeugung der meisten Eltern *ändert sie nichts an der Wahrscheinlichkeit, dass das Verhalten in Zukunft wieder auftritt.* Das liegt daran, dass Bestrafung unsere Kinder nicht lehrt, was wir von ihnen wollen. Stattdessen lernen sie so Verhaltensweisen, die wir bei ihnen nicht sehen wollen. Wenn wir sie anschreien, lernen sie, dass man schreit, wenn man sich über etwas ärgert. Durch Schläge lernen sie zu schlagen. Durch Strafen lernen Kinder Folgendes: Wenn man seinen Willen durchsetzen oder jemanden aufzwingen will, wenn einem nicht gefällt, was jemand anders tut, dann schreit man ihn an, schlägt ihn oder bestraft ihn. Das ist wahrscheinlich nicht das, was Sie Ihrem Kind vermitteln möchten.

Das andere Paradox liegt darin, dass Bestrafung die Aufmerksamkeit gerade auf Verhaltensweisen zieht, die wir bei unseren Kindern in Zukunft nicht mehr sehen wollen. Elterliche Aufmerksamkeit ist eine Form der Belohnung für Kinder. Wenn wir also über schlechtes Verhalten meckern und nörgeln, belohnen wir die unerwünschten Verhaltensweisen. Allzu oft sagen wir nichts, wenn Kinder tun, was sie tun sollen. Wir verrichten nur still und friedlich unser Tagesgeschäft und genießen diese glückseligen Momente der Ruhe. Aber das bedeutet in Wirklichkeit, dass wir das Verhalten ignorieren, das wir uns häufiger wünschen. Kinder lernen schnell, dass sie Mamas oder Papas Aufmerksamkeit schneller bekommen, wenn sie ihr Geschwisterchen ärgern, als wenn sie brav ein Bild malen. Wenn sie wohlerzogen am Abendbrottisch sitzen, ist das keiner Erwähnung wert, aber Milch durch die Nase zu prusten, führt mit Sicherheit zu einer Reaktion! Allzu oft erkennen wir erwünschtes Verhalten nicht an, aber Fehlverhalten provoziert Eltern mit schöner Regelmäßigkeit.

Oft fragen Eltern: Aber dienen Strafen nicht dazu, dass Kinder Richtig und Falsch unterscheiden lernen? Spoileralarm: Ihr Kind weiß bereits, was richtig und was falsch ist. Ihr Kind »vergisst« das Zähneputzen nicht, weil es nicht weiß, dass Zähneputzen wichtig ist. Es schlägt den kleinen Bruder nicht, weil es nicht weiß, dass es das nicht tun sollte. Ich möchte wetten, Sie haben ihm schon tausendmal gesagt, es soll sich die Zähne putzen oder seinen Bruder nicht schlagen. Sowohl Kinder mit geringer als auch mit ausgeprägter Emotionalität können sehr gut beschreiben, was sie tun dürfen und was nicht, wenn sie nicht gerade etwas anstellen. Sie können Ihnen genau sagen, welches Verhalten in Ordnung ist und welches nicht, warum es nicht in Ordnung ist und was passieren wird, wenn sie es tun. *Aber das hält sie trotzdem nicht davon ab.*

Dass Bestrafung nicht funktioniert, liegt teilweise daran, dass das einfache Wissen darum, dass etwas falsch ist, dieses Verhalten in der Zukunft nicht automatisch verhindert. Ich weiß, dass es keine gute Idee ist, eine Familienpackung Eiscreme aufzuessen. Das allein hält mich aber nicht davon ab. Ich weiß, dass ich mich mehr bewegen sollte; das allein bringt mich aber noch nicht dazu, jeden Morgen um sechs aus dem Bett zu springen und meine Laufschuhe anzuziehen.

Das letzte Problem an der Bestrafung besteht darin, dass Kinder sich schnell daran gewöhnen. Das bedeutet, dass Sie ständig den Einsatz erhöhen müssen, wenn die Strafe die erwünschte Wirkung zeigen soll, Fehlverhalten zu stoppen. Das kennen alle, die schon mal mit einem Kleinkind die Nerven verloren haben – erst wird man lauter und das Kind ist überrascht; mit der Zeit lässt der Schockeffekt aber nach. Somit muss man die Bestrafung immer wieder steigern, um eine Reaktion hervorzurufen: lauter schreien, länger schimpfen – oder, als Schläge noch verbreiteter waren, kräftiger zuschlagen. Ganz offensichtlich setzt das einen Teufelskreis in Gang, der für niemanden gut ist. Es unterbricht das Verhalten nicht im gewünschten Augenblick. Es erfordert, dass man immer schwerere Geschütze auffährt (und wo soll das enden?). Es verringert nicht die zukünftige Häufigkeit des Verhaltens. Wer die Beherrschung verliert, fühlt sich nicht wie ein guter Elternteil. Und wahrscheinlich schadet es auch der Beziehung zu Ihrem Kind. Warum also ist Bestrafung die Standardtechnik für Eltern? Wie sich gezeigt hat, ist es nur ein ziemlich unwirksames historisches Überbleibsel, etwa von demselben Kaliber, wie Frauen klein zu halten. Wir brauchen neue Strategien für den Umgang mit unseren Kindern.

Die Alternative zur Bestrafung von Fehlverhalten besteht darin, gutes Verhalten zu fördern. Tatsächlich ist es viel einfacher, erwünschtes Verhalten aufzubauen, als unerwünschtes zu eliminieren. Und je häufiger Kinder artig sind, desto seltener sind sie unartig. Die reine Magie! Man nennt dieses Konzept auch *positive Erziehung*, und wahrscheinlich sind Sie in einem Erziehungsblog oder -ratgeber schon mal darüber gestolpert. Zahlreiche Studien zeigen die positive Wirkung auf Kinder, und wir werden uns gleich mit den wissenschaftlich belegten Strategien beschäftigen, die funktionieren. Etwas Wichtiges müssen Sie aber vorher noch wissen: Bei Kindern mit geringer und starker Emotionalität wirken unterschiedliche Strategien besser. Wenn Sie ein stark emotionales Kind haben, reicht das Standardarsenal möglicherweise nicht. Keine Sorge: Es folgt noch ein ganzer Abschnitt mit speziellen Strategien für Sie.

Wie bei der Welpenerziehung beginnt das Aufbauen erwünschter Verhaltensweisen damit, sie zu belohnen. Unser mächtigstes

Werkzeug als Eltern ist nicht die Strafe, sondern die Belohnung. Gutes Verhalten zu belohnen, verstärkt die Verhaltensweisen, die Sie gern häufiger sähen. Es zieht Aufmerksamkeit auf gutes Verhalten statt auf schlechtes. Und es ist für Eltern deutlich angenehmer. Damit es aber funktioniert, müssen Sie es richtig machen.

Richtig belohnen

Nicht alle Belohnungen sind gleich, und damit meine ich nicht, dass ein iPhone attraktiver ist als ein Eis. Wie Sie Belohnungen einsetzen, kann einen großen Einfluss darauf haben, ob sie das Verhalten Ihres Kindes verändern. Nicht selten kommen Eltern in die Sprechstunde und sagen, sie hätten es mit Belohnung versucht, das hätte aber nicht funktioniert. Belohnung kann aber das kindliche Verhalten nur formen, wenn sie richtig umgesetzt wird. Folgende Grundprinzipien müssen Sie beachten, damit Belohnen das Verhalten Ihres Kindes auch wirklich verändert:

Schenken Sie erwünschtem Verhalten Beachtung. Wenn Sie gutes Verhalten wirksam verstärken wollen, müssen Sie gutes Verhalten beachten. Das klingt vielleicht banal, aber denken Sie nur daran, wie oft wir nichts sagen, wenn unser Kind still und friedlich das tut, was es soll. Es soll sich die Zähne putzen. Den Schlafanzug anziehen. Ins Bad gehen. Ins Bett gehen. Und wenn es das tut, sagen wir sehr häufig gar nichts. Wir erwarten einfach, dass es tut, was es soll, und gehen weiter unserem Alltag nach. Erst wenn es so mit Wasser herumspritzt, dass der ganze Fußboden schwimmt, bekommt es eine Reaktion. Wenn es weiterspielt, statt den Schlafanzug anzuziehen, fangen wir an zu meckern. Wenn es auf dem neuen Sofa herumspringt oder mit dreckigen Schuhen eine Schlammspur durch die Küche zieht, erst dann kommen Mama und Papa angerannt.

Wie durchbrechen wir also dieses Muster? Statt unsere Kinder beim Unartigsein erwischen zu wollen, müssen wir uns darauf konzentrieren, ihr positives Verhalten anzuerkennen. Die Schlüssel zur richtigen Belohnung (es also so zu belohnen, dass es das erwünschte Verhalten in Zukunft häufiger zeigt) liegen in erstens begeisterten, zweitens spezifischen, drittens unmittelbaren und viertens konstanten Rückmeldungen.

Beginnen Sie damit, gutes Verhalten zu beachten und begeistert zu kommentieren. Kommentieren Sie nicht einfach im Vorbeigehen; lassen Sie Ihren inneren Cheerleader raus, und freuen Sie sich mit einer Leidenschaft über angezogene Unterwäsche, die Sie vor der Geburt Ihrer Kinder nie für möglich gehalten hätten. »Du hast ja die Unterwäsche schon angezogen, super gemacht!« Seien Sie spezifisch und benennen Sie das gute Verhalten, statt allgemein zu bleiben. Mit anderen Worten, sagen Sie nicht einfach: »Gut gemacht!« oder »Du bist heute aber besonders brav«, sondern: »Toll, dass du dir die Zähne geputzt hast!« – »Oh, du hast deinen Schlafanzug schon angezogen, super!« – »Mann, du hast dich heute aber wirklich fix angezogen!« – »Wie toll du dein Müsli schon mit dem Löffel essen kannst!«

Sie müssen das erwünschte Verhalten sofort belohnen, wenn es auftritt, und zwar jedes Mal. Wenn Ihr Kind Probleme hat, sich rechtzeitig anzuziehen, dann loben Sie es dafür, *sobald es angezogen ist,* und nicht irgendwann später, wenn Sie unterwegs sind. Und zwar jeden Morgen, bis das erwünschte Verhalten sich gefestigt hat. »Super, du hast deine Unterwäsche heute ja wieder ganz allein angezogen!«

Wie leicht es Ihnen fällt, Ihr Kind zu loben, hängt wahrscheinlich von Ihrer eigenen Erziehung und Ihrer Persönlichkeit ab. Ich bin in einer Familie mit viel positivem Feedback aufgewachsen, und heute bin ich Psychologin. Bei uns zu Hause wird also viel gelobt. Mein Mann muss immer lachen, dass ich selbst heute noch als Erwachsene, sobald ich vom geringsten Erfolg erzähle (»Ich habe heute Rechnungen bezahlt«), von meinen Eltern überschwänglich gelobt werde (»Das ist ja großartig! Fühlt sich gut an, wenn das erledigt ist, oder?«). Er findet das lustig. Aber es fühlt sich tatsächlich gut an, und das positive Feedback macht das Erledigen der Rechnungen sogar noch ein wenig angenehmer.

Wenn Sie das alles ein bisschen albern finden, hilft Ihnen vielleicht folgendes Bild: Sie sind die Chefin bzw. der Chef Ihres Kindes (egal, wie häufig es Ihnen sagt, dass das nicht so ist). Für was für eine/n Vorgesetzte/n würden *Sie* gern arbeiten? Wahrscheinlich eher für jemanden, der bemerkt, wenn Sie das tun, was Sie tun sollen, der Ihre Erfolge herausstreicht und sich darüber freut. Niemand möchte für jemanden arbeiten, der einem beim geringsten Fehler die Hölle heiß macht und bei den vielen Gelegenheiten, wenn man etwas gut macht, nie etwas sagt. Menschen mögen Vorgesetzte, die herzlich, verständnisvoll und unterstützend sind; die wissen, dass Menschen manchmal Fehler machen, aber ihnen erlauben, aus diesen Fehlern zu lernen, und nicht darauf herumreiten. Untersuchungen zeigen, dass Menschen, die unter Vorgesetzten mit diesen Eigenschaften arbeiten, glücklicher und produktiver sind. Dasselbe gilt auch für unsere Kinder.

Machen Sie kleine Schritte. Das ist ja alles schön und gut, denken Sie jetzt vielleicht, aber das Problem ist, dass mein Kind seine Klamotten eben *nicht* anzieht, also gibt es bei uns nichts zu loben. Das Entscheidende hier ist, klein anzufangen. Belohnen Sie Schritte in die richtige Richtung und bauen Sie dann darauf auf. Wenn Ihr Kind sich derzeit weigert, sich morgens anzuziehen, könnten Sie es erst einmal loben, wenn es sich etwas zum Anziehen aussucht. Oder schon dann, wenn es die Unterwäsche angezogen hat. Wenn das Problem darin besteht, dass es zu lange zum Anziehen braucht, könnten Sie es als »Wettrennen gegen die Uhr« aufziehen. Geben Sie ihm zunächst reichlich Zeit. Wenn es normalerweise eine halbe Stunde dauert, geben Sie ihm zwanzig Minuten.

Verkürzen Sie dann die Zeit auf fünfzehn, dann auf zehn Minuten. Kleine Schritte. Sobald Ihr Kind erkennt, dass Belohnungen daraus resultieren, dass es tut, worum man es bittet, wird es gewillt sein, immer mehr zu tun. Das Entscheidende dabei ist, das Ganze in kleine, handhabbare Schritte herunterzubrechen.

Es ist auch wichtig, jede Verhaltensweise einzeln zu loben. Verlangen Sie von Ihrem Kind nicht, mehrere Verhaltensweisen zu zeigen, um sich ein Lob zu verdienen. Versuchen Sie zum Beispiel nicht, »weniger Theater beim Schlafengehen« zu belohnen. Brechen Sie das in die Bestandteile der Abendroutine herunter (Zähneputzen, Schlafanzug anziehen, ins Bett gehen), und arbeiten Sie dann durch Lob an den einzelnen Verhaltensweisen.

Konzentrieren Sie sich auf das Wichtige. Sie brauchen nicht jedes Verhalten Ihres Kindes zu belohnen. Konzentrieren Sie sich auf die Verhaltensweisen, die zu Hause Probleme bereiten. Je nach Kind können das einige sein … oder viele. Sie können nicht alles auf einmal ändern. Suchen Sie sich einige Bereiche aus, die Sie ganz besonders ändern möchten, und zwar durch ein bewusstes Belohnungssystem (ich empfehle nicht mehr als drei gleichzeitig). Denken Sie noch mal an die Vorgesetzte, für die Sie gern arbeiten würden: Wenn sie Ihnen eine Liste mit zwanzig Dingen gäbe, die sofort verbessert werden müssten, würden Sie sich wahrscheinlich überfordert fühlen, und nichts davon würde passieren. Gäbe sie Ihnen zwei oder drei, könnten Sie daran arbeiten, sie verbessern, darauf stolz sein, und sobald sie zur Gewohnheit geworden sind, wären Sie ermutigt und bereit, die nächsten Punkte anzugehen. Dasselbe gilt auch für unsere Kinder. Man kann sich nur auf wenige Verhaltensweisen auf einmal konzentrieren, sonst verlieren alle den Überblick. Ich habe schon so ausgeklügelte Belohnungstafeln gesehen, dass man sie nur mit Doktorgrad verstehen konnte.

Wenn Sie immer nur an einigen Verhaltensweisen arbeiten, was tun Sie bei anderem unerwünschten Verhalten? Ignorieren Sie es.

Das ist wahrscheinlich der schwierigste Teil für Eltern. *Schlechtes Verhalten ignorieren?!* Ich weiß, das scheint jeglicher Intuition zu widersprechen, aber es funktioniert. Denken Sie daran, dass Aufmerksamkeit eine Form der Belohnung ist; Sie wollen ja nicht aus Versehen gleichzeitig schlechtes Verhalten belohnen, während Sie sich darauf zu konzentrieren versuchen, gutes Verhalten zu fördern. Geben Sie den wichtigsten Verhaltensweisen den Vorrang und ignorieren Sie den Rest (erst mal). Wenn Sie gerade an der Abendroutine arbeiten und das Kind morgens immer noch die Milch aus der Müslischale schlürft – ignorieren Sie es. Ignorieren bedeutet weder verbalen noch körperlichen noch Augenkontakt. Wenn es sein muss, verlassen Sie den Raum.

Natürlich können Sie über einige Dinge nicht einfach hinwegsehen, wenn Ihr Kind etwa ein anderes schlägt, mit Dingen um sich wirft oder in gefährlichen Situationen Ihre Anweisungen nicht befolgt. Aber viele der unerfreulichen Dinge, die Kinder tun, können wir in der Tat ignorieren: Quengeln, Wutausbrüche, Schmollen, Aufmerksamkeit heischen. Das Entscheidende dabei ist: Wenn Sie sich einmal für das Ignorieren entscheiden, müssen Sie es durchziehen. Das führt zunächst wahrscheinlich dazu, dass sich das Verhalten zuspitzt – Ihr Kind wird verstärkt versuchen, Ihre Aufmerksamkeit zu erlangen. Wenn Sie dann nachgeben, haben Sie das Hochfahren des unerwünschten Verhaltens belohnt. Also bleiben Sie stark! Das ist eine langfristige Strategie; im Laufe der Zeit verringert sie das unerwünschte Verhalten, versprochen. Und wenn Ihr Kind aufhört zu quengeln? Dann belohnen Sie sofort das erwünschte Verhalten! »Danke, dass du ganz ruhig sitzen geblieben bist, während ich telefoniert habe!« Auch wenn es vorher eine Viertelstunde gequengelt hat und nur still saß, weil es irgendwann erschöpft war: Erwähnen Sie das nicht. Sobald es still sitzt, loben Sie dieses Verhalten sofort und tun Sie so, als wäre das andere nie passiert. Das ist eine Kunst, an der man arbeiten muss.

Nutzen Sie Belohnungen, um unerwünschtes Verhalten zu beenden. Wie sollen Sie sich auf Belohnungen konzentrieren, wenn es Ihnen hauptsächlich darum geht, dass Ihr Kind mit etwas *aufhört?* Morgens trödeln, die Schwester ärgern, die dreckigen Klamotten überall liegen lassen – es gibt eine ganze Reihe frustrierender kindlicher Verhaltensweisen, die wir Eltern nur allzu gern abstellen würden. Auch hier gibt es eine Möglichkeit, Belohnung einzusetzen. Alan Kazdin, Kinderpsychologe in Yale, der viel mit Familien gearbeitet hat, nennt das »sich auf das positive Gegenteil konzentrieren«. Mit anderen Worten, statt die Aufmerksamkeit auf das Verhalten zu lenken, mit dem Ihr Kind aufhören soll, konzentrieren Sie sich darauf, was es tun soll – auf das positive Gegenteil des problematischen Verhaltens. Statt also zu versuchen, das Trödeln oder das Zanken zu unterbinden, richten Sie Ihre Aufmerksamkeit darauf, Ihr Kind zu belohnen, wenn es tut, was es soll – sich morgens rechtzeitig anziehen, das Abendessen ohne Geschwisterstreit, der Kinderzimmerboden ohne herumliegende Socken. Wenn das passiert, müssen diese Verhaltensweisen belohnt werden; im Laufe der Zeit können Sie das unerfreuliche Verhalten durch sein positives Gegenteil ersetzen.

Die richtige Belohnung einsetzen

Bisher haben wir uns auf verbale Belohnungen konzentriert, also auf das Loben. Unterschätzen Sie nicht die Macht verbaler Belohnungen. Überschwängliches, herzliches Lob von einem Elternteil, begleitet von Umarmungen und Knuddlern, kann bei Kindern sehr wirkungsvoll sein. Denken Sie daran, immer schön die Fähnchen zum Jubeln und Anfeuern bereithalten!

Aber bei problematischeren oder hartnäckigen Verhaltensweisen brauchen Sie möglicherweise ein prominenteres Belohnungssystem. Hier kommen Belohnungstafeln ins Spiel, auf der als unmittelbare Belohnung Aufkleber (oder Häkchen) in einer Tabelle gesammelt werden, bis genug für eine größere oder spätere Belohnung zusammengekommen sind. Alles, was Ihrem Kind gefällt, lässt sich als Belohnung einsetzen: ein Ausflug in seinen Lieblingspark, das gemeinsame Spielen eines Lieblingsspiels, eine besondere Süßigkeit. Sie können mit Ihrem Kind Belohnungen zusammentragen, auf die es gern hinarbeitet. Wenn Kinder in diesen Prozess mit einbezogen werden, lassen sie sich eher dafür begeistern. Sie können sogar einen »Probelauf« durchführen, um die Verbindung zwischen erwünschtem Verhalten und Belohnungen zu etablieren. Wenn es zum Beispiel um das Zähneputzen geht und Sie beschließen, dass die Belohnung ein Aufkleber auf der Tafel sein soll und es bei drei Stickern am nächsten Tag eine besondere Leckerei gibt, können Sie sagen: »Komm, wir üben das mal! Du gehst ins Bad und tust so, als ob du dir die Zähne putzt, und dann kleben wir einen Sticker auf die Tafel!« Wenn es mitmacht (auch wenn es widerwillig und lustlos ist), kleben Sie sofort einen Aufkleber auf die Tafel und sagen: »Siehst du? Du hast schon einen Aufkleber! Jetzt brauchst du bloß noch zwei für die Belohnung!«

Wenn Ihr Kind den Probelauf verweigert, sagen Sie einfach ganz ruhig: »Na gut, wir können es später noch mal versuchen, wenn du so weit bist.« Keine Vorträge, kein Meckern. Wenn bei meinem Sohn ausreichend Zeit vergangen war, um sich mit der Idee anzufreunden, damit er das Gefühl hatte, es sei »seine« gewesen und nicht meine, erklärte er in neun von zehn Fällen irgendwann: »Jetzt putze ich mir die Zähne.« Wenn Ihr Kind auf diese Weise nachgibt und seine Aufgabe erledigt, reagieren Sie mit überschwänglichem Lob (auch wenn Sie frustriert sind). Weisen Sie es nicht darauf hin, dass es den Aufkleber schon vor Stunden hätte haben können, oder merken sarkastisch an, Sie seien froh, dass es end-

2. Bausteine

lich zur Besinnung gekommen sei. Stellen Sie sich vor, Sie kündigen an, dass Sie sich jetzt um die Wäsche kümmern, und Ihre bessere Hälfte antwortet:»Du meinst die Wäsche, die du letzte Woche schon waschen wolltest?« Das würde Sie nicht gerade schneller an die Waschmaschine treiben. Wahrscheinlich wären Sie eher eingeschnappt und würden die Wäsche vielleicht doch nicht machen. Denken Sie daran, Sie wollen nur positive Assoziationen mit dem Verhalten, das Sie fördern möchten.»Super! Gut gemacht mit dem Zähneputzen!« Das ist die Eltern-Entsprechung von»Vielen Dank, dass du dich um die Wäsche gekümmert hast, Schatz!«, während man den bissigen Kommentar herunterschluckt, der einem schon auf der Zunge liegt.

Wenn Sie eine Belohnungstafel einsetzen, vergessen Sie nicht, zusätzlich zum Aufkleber immer zu loben, das System einfach zu halten und mit den Belohnungen großzügig zu sein. Ein Kind, das zehn Aufkleber sammeln muss, um eine Belohnung zu bekommen, verliert vielleicht schon die Lust an dem System, bevor die erste Belohnung fällig ist. Denken Sie daran, dass Sie eine Gelegenheit suchen, erwünschtes Verhalten mit Belohnungen zu verknüpfen. Wenn Ihr Kind frustriert ist, weil es so lange dauert oder so schwer ist, an eine Belohnung zu kommen, verfehlt das Ganze seinen Zweck. Es gibt keinen Grund, mit Belohnungen zu geizen.

Manche Eltern haben mich auch schon gefragt, ob Kinder sich eher für Belohnungstafeln begeistern, wenn sie»schicker« sind, also mit ihren Lieblingssuperhelden verziert oder quietschbunt sind. Wenn Sie eine fabelhafte, beeindruckende Belohnungstafel basteln und auf Pinterest posten möchten, tun Sie sich keinen Zwang an. Und sicherlich kann das Basteln einer solchen Tafel mit Ihrem Kind eine schöne gemeinsame Aktion sein. Aber es gibt keine Belege dafür, dass Kinder bei einer aufwendig gestalteten Belohnungstafel eher mitmachen als bei einer handgezeichneten auf einem Stück

Papier. Wenn Sie also nicht gern basteln, keine Panik. Es sind die psychologischen Aspekte (begeistert, unmittelbar und konstant loben und an spezifischen kleinen Schritten arbeiten), auf die es ankommt.

Ausschleichen

Vielleicht fragen Sie sich gerade, ob Sie nun Belohnungstafeln basteln müssen, bis das Kind von zu Hause auszieht. Das Gute ist: Sobald das Gehirn eine Verbindung zwischen Verhalten und Belohnung herstellt, können Sie die Belohnung allmählich ausschleichen, und das Verhalten bleibt bestehen. Vielleicht haben Sie als kleines Kind eine Belohnung bekommen, wenn Sie die Toilette benutzt haben. Vermutlich erwarten Sie heute keine M&M's mehr, wenn Sie aufs Klo gehen. Ich verspreche Ihnen, Sie werden Ihrem Teenager keine Sterne mehr fürs Zähneputzen verleihen (außer vielleicht, wenn Sie einen Sohn haben; ich bin mir nicht sicher, ob Jungs regelmäßige Hygiene überhaupt jemals verinnerlichen).

Wie lange, fragen Sie, wird es dauern, die Verbindung zu etablieren, bevor Sie die Belohnung ausschleichen können? Das kommt auf Ihr Kind an. Bei den meisten Kindern dauert es ein paar Wochen bis Monate. Sobald das Verhalten regelmäßig auftritt und sich wie ein normaler Teil der Routine anfühlt, können Sie vermutlich zum nächsten Verhalten übergehen, an dem Sie arbeiten möchten. Verbales Lob bleibt aber weiterhin eine gute Idee. Und wenn es Rückschritte gibt, sobald Sie zur nächsten Verhaltensweise übergehen, dann wissen Sie, dass Sie zu früh aufgehört haben. Es war noch nicht verankert. Kein Problem – kehren Sie einfach wieder zum alten System zurück und bleiben Sie etwas länger dabei.

»Warum sollte ich mein Kind für Dinge belohnen, die es sowieso tun soll?« und andere häufige Bedenken

Die häufigste Beschwerde, die ich von Eltern höre, ist: Warum sollte ich mein Kind für etwas belohnen, was es sowieso tun soll? Tatsächlich gibt es eine Menge Dinge, die wir alle tun sollten. Ich sollte häufiger ins Fitnessstudio gehen. Ich sollte mich gesünder ernähren. Ich sollte morgens das Bett machen. Ja, Ihr Kind sollte sein Zimmer gleich aufräumen, wenn Sie darum bitten, aber das wird es auch nicht mit größerer Wahrscheinlichkeit tun, als Sie täglich zum Bauch-Beine-Po-Kurs gehen, wie Sie es sich an Neujahr vorgenommen haben. Sie können sich ausgiebig darüber auslassen, was Ihr Kind alles tun sollte, und immer wieder frustriert sein, weil es das nicht tut. Oder aber Sie nutzen die Wissenschaft, um sein Verhalten zu formen.

Eine weitere Sorge, die ich oft von Eltern höre: Ist es nicht eine schlechte Idee, mein Kind zu bestechen, damit es das Richtige tut? Um das ganz klar zu sagen: Belohnungen sind keine Bestechung. Von Bestechung spricht man, wenn man jemanden dafür bezahlt, etwas zu tun, was er *nicht* tun sollte. Sie aber versuchen, Verhalten zu fördern, das das Kind zeigen *sollte*. Wir alle arbeiten für Belohnungen. Wir gehen zur Arbeit, weil wir bezahlt werden. Wir gehen zum Bauch-Beine-Po-Kurs, weil wir uns hinterher gesünder fühlen (und vielleicht endlich ein paar Kilo loswerden). Ich mache das Bett eher, wenn mein Mann mir sagt, wie schön er das findet.

Denken Sie daran, das Belohnungssystem ist im menschlichen Gehirn fest verankert. Wenn wir etwas lohnend finden, tun wir es weiterhin und häufiger. Indem Sie Ihr Kind für das Verhalten belohnen, das Sie von ihm sehen möchten, nutzen Sie einfache wissenschaftliche Erkenntnisse, um Ihr Kind beim Erlernen des erwünschten Verhaltens zu unterstützen.

Der zweite Hebel: Konsequenzen

Nun setzen Sie also Ihre überragenden erzieherischen Fähigkeiten ein: gutes Verhalten beachten; begeistert, spezifisch, unmittelbar und konstant belohnen; kleine, einzelne Verhaltensweisen (oder einzelne Schritte zum erwünschten Verhalten) belohnen; andere unerwünschte Verhaltensweisen ignorieren, die aktuell keine Priorität haben. Jetzt ist Ihr Kind perfekt, oder? Schön wär's. Ihr Kind wird unweigerlich irgendwann etwas tun, das Sie nicht ignorieren können: seinen Bruder schlagen, Sie trotzig ansehen und seinen Teller vom Tisch wischen, mit dem Badespielzeug nach Ihnen werfen, wenn Sie ihm sagen, dass es aus der Wanne kommen soll. Solche Dinge können Sie nicht einfach ignorieren. Daher kommen wir jetzt zu dem Teil, mit dem sich die meisten Eltern scheinbar am besten auskennen: Konsequenzen.

Sobald Sie routinemäßig erwünschtes Verhalten bestärken, müssen Sie weitaus seltener Konsequenzen folgen lassen. Aber ganz vermeiden wird es sich nicht lassen. Genau wie Belohnungen sind auch Konsequenzen nur dann wirksam, wenn sie richtig eingesetzt werden. Erstens sollten Sie Ihrem Kind keine Anweisung geben, wenn Sie nicht bereit sind, das Ganze zu Ende zu bringen – wenn also keine Konsequenz folgt, falls es nicht mitmacht. Wenn es Ihnen nicht so wichtig ist oder Sie gerade keine Konsequenz durchsetzen können (weil Sie entweder mit etwas anderem beschäftigt sind oder sich an einem öffentlichen Ort befinden, an dem Sie sich wirklich nicht darauf einlassen wollen), setzen Sie Ihre Superkraft »Ignorieren« ein. Aber wenn Sie eine Anweisung geben und Ihr Kind sie nicht befolgt, müssen Sie eine Konsequenz folgen lassen. Sonst haben Sie Ihrem Kind beigebracht, dass es nicht immer auf Sie zu hören braucht.

Denken Sie daran: Eine positive Anweisung ist immer besser als eine negative. Sagen Sie beim Einkaufen also: »Behalte deine Hände

bitte im Buggy« und nicht »Zieh keine Sachen aus den Regalen.«
Konzentrieren Sie sich auf das positive Gegenteil – das Verhalten,
das Sie sehen möchten, und nicht das, was Sie sich nicht wünschen.
(Hinweis: Daran muss man sich erst gewöhnen, aber wenn Sie den
Dreh raushaben, kommt es ganz von selbst, versprochen.) Häu-
fig können Sie offensichtliche natürliche Konsequenzen nutzen.
Wenn das Kind zum Beispiel die Cornflakespackungen aus dem
Regal fegt, wäre eine natürliche Konsequenz, dass es sie aufheben
und ordentlich zurückstellen muss.

Konsequenzen, aber richtig

Genau wie Belohnungen müssen Sie Konsequenzen *unmittelbar*
und *konstant* einsetzen, wenn sie funktionieren sollen, wenn also
das entsprechende Verhalten in Zukunft unterbleiben soll. Auszeiten werden häufig eingesetzt, weil das praktisch überall geht, ob zu
Hause oder im Supermarkt. Eine Auszeit ist im Prinzip das Weg-
fallen positiver Belohnungen, also des Kontakts mit Ihnen oder
anderen Dingen, die das Kind bereichernd findet. Eine gute Faustregel ist eine Minute pro Lebensjahr, bei einer Dreijährigen wäre
also eine Auszeit von maximal drei Minuten angemessen. In dieser
Zeit ignorieren Sie das Kind, oder Sie schaffen Distanz, indem Sie
sich in getrennte Räume begeben. Wie auch immer Sie dies handhaben, bei den meisten Kindern funktioniert jede Variation, bei der
positive Belohnungen (einschließlich Ihrer Aufmerksamkeit) weg-
fallen. Das Entscheidende dabei ist, die Konsequenz *jedes Mal* folgen
zu lassen, wenn das Kind Ihren Anweisungen nicht folgt.

Noch etwas, das in diesem Zusammenhang überraschen mag:
Die Schwere der Konsequenz beeinflusst nicht, wie gut sie das entsprechende Verhalten in Zukunft verhindert. Mit anderen Worten, das Lieblingsspielzeug für eine Woche wegzunehmen ist nicht

wirksamer, als es für den Rest des Tages in sein Zimmer zu schicken. Die wirksamsten Konsequenzen sind mild, unmittelbar und kurz. Liebe Eltern, ich weiß, dass euch das nicht gefällt. Mir jedenfalls widerstrebt es zutiefst. Es fühlt sich an, als ob die Strafe nicht dem Verbrechen entspricht. Aber der entscheidende Faktor, damit es funktioniert, besteht darin, überhaupt erst mal eine Konsequenz in petto zu haben. Längere Auszeiten können sogar kontraproduktiv sein, weil sie dem Kind eine Menge Zeit geben, Groll gegen Sie aufzubauen, und zudem die Unmittelbarkeit verwässern. Wenn Sie Ihrem Kind das Rad für eine Woche wegnehmen und es an mehreren Tagen fragt, ob es Rad fahren darf und Sie Nein sagen, liegt der Grund, warum das Rad weg ist, schon mehrere Tage in der Vergangenheit – daher fühlt es sich für das Kind an, als seien Sie einfach gemein. Die direkte Verbindung zwischen dem unerwünschten Verhalten und der Konsequenz ist verloren gegangen.

Hier noch ein paar letzte Hinweise zu Konsequenzen. Erstens: Eine Konsequenz sollte nie in einer Aufgabe bestehen, die das Kind ohnehin erledigen soll. Lassen Sie es zum Beispiel nicht zur Strafe Laub harken, wenn es auch normalerweise bei der Gartenarbeit helfen soll. Oder den Abwasch, wenn Sie Mithelfen im Haushalt als gutes Verhalten etablieren möchten, das Sie von ihm erwarten.

Schließlich, und das ist vielleicht das Wichtigste: Setzen Sie keine Konsequenzen um, wenn Sie wütend sind. Ja, das Schwierigste habe ich mir bis zum Schluss aufgespart. Tatsächlich werden die Verhaltensweisen, die Konsequenzen verdienen, uns wahrscheinlich auch aufregen (Hast du das wirklich gerade zu mir gesagt?!). Wenn wir wütend sind, steigt unser Verlangen danach, Strafen zu verteilen. Aber es ist auch der Zeitpunkt, an dem wir Konsequenzen mit größter Wahrscheinlichkeit ineffektiv einsetzen. Ich weiß noch, wie ich mit meinem Sohn mal zum Bowling ging, als er noch jünger war, mit der Vorstellung im Kopf, wir würden einen schönen gemeinsamen Nachmittag verbringen. Es endete in einem gewaltigen Wutanfall seinerseits, als ich nicht mitten in der Partie zu einer Bahn mit abgesperrter Fehlwurfrinne wechseln wollte, und ich schrie: »Ich gehe *nie wieder* mit dir zum Bowling!« Ein gutes Beispiel, warum man nicht mit Konsequenzen um sich werfen sollte, wenn man wütend ist.

Erziehungsstrategien im Überblick – und wo sie versagen

Die folgende Tabelle fasst noch einmal zusammen, was wir bisher darüber gelernt haben, wie man Belohnungen und Konsequenzen wirksam einsetzt, um das Verhalten des Kindes zu beeinflussen. Wenn Sie ein Kind im unteren bis mittleren Bereich der Emotionalität haben, erhalten Sie hier ein wissenschaftlich fundiertes, bewährtes Arsenal, das bei konsequenter Umsetzung einen großen Unterschied machen wird.

VERHALTEN DES KINDES WIRKSAM BEEINFLUSSEN
Erwünschtem Verhalten Aufmerksamkeit widmen
Unerwünschtes Verhalten ignorieren
Auf wenige Verhaltensweisen gleichzeitig konzentrieren
Kleine Schritte belohnen
Loben Sie: • begeistert – denken Sie an den inneren Cheerleader • spezifisch – benennen Sie das erwünschte Verhalten • unmittelbar – die Belohnung muss erfolgen, sobald das Verhalten auftritt • konstant – belohnen Sie das Verhalten bei jedem Auftreten

Konsequenzen sollten:

- nur erfolgen, wenn Sie das Verhalten nicht ignorieren können
- unmittelbar und konstant erfolgen
- dem Grundsatz »weniger ist mehr« folgen – sind fast nie verhältnismäßig
- nur umgesetzt werden, wenn Sie ruhig sind

Aber wenn Ihr Kind stark emotional ist, funktionieren die Standard-Erziehungsstrategien mit Belohnungen und Konsequenzen vielleicht nicht. Tatsächlich können sie das Verhalten sogar *verschlimmern*. Wenn Eltern mit stark emotionalen Kindern Systeme mit Belohnungen und Konsequenzen einführen, verbringen ihre Kinder oft unmäßig Zeit mit Auszeiten (oder anderen Konsequenzen) und verdienen sich nur selten eine Belohnung. Kinder mit hoher Emotionalität verinnerlichen so möglicherweise die Vorstellung, dass sie »unartig« sind, weil es nun ein System gibt, das dokumentiert, wie oft sie die Erwartungen ihrer Eltern nicht erfüllen. Die Eltern verlieren zunehmend den Glauben daran, dass es jemals besser wird. Sie fragen sich, was sie falsch machen (oder kritisieren scharf, was *das Kind* falsch macht), oder sie fürchten, dass mit ihrem Kind vielleicht etwas nicht stimmt. Kurz gesagt, alle sind aufgebracht, das Verhalten wird nicht besser, und Ihre Beziehung zu Ihrem Kind verschlechtert sich. Was ist da los?

Belohnungen und Konsequenzen helfen Kindern dabei, Verbindungen zwischen dem erwünschten Verhalten (bzw. dem unerwünschten Verhalten) und dem Anreiz herzustellen, sich entsprechend zu benehmen. Wenn Kinder mit hoher Emotionalität sich weiter unpassend benehmen, kommen wir meist zu dem Schluss, dass sie einfach mehr Anreize brauchen, um das unerwünschte Verhalten einzustellen, und intensivieren deshalb die Konsequenzen.

Aber stark emotionalen Kindern fehlt nicht die *Motivation*, sich richtig zu benehmen, sondern die *Fähigkeit*. Sie sind mit einer Veranlagung zu starken Emotionen, zu Stress und Frustration auf die Welt gekommen. Sie können diese Emotionen nicht von sich aus regulieren. Hätten Sie ein Kind, das sich mit dem Lesen oder mit Mathe schwertut, würden Sie auch nicht erwarten, dass Belohnungen und Konsequenzen es das ABC oder den Satz des Pythagoras lehren könnten. Es für sein Unvermögen zu bestrafen, wäre sogar grausam und würde wahrscheinlich dazu führen, dass Ihr Kind Sie ablehnt.

Genau das passiert aber, wenn Kinder mit hoher Emotionalität ständig für ihr Verhalten bestraft werden. Ihre Eltern werden zum Ziel der ganzen Frustration und Wut des stark emotionalen Kindes, was die Eltern noch mehr auf die Palme bringt. Zu Beginn haben wir gesehen, dass unser Genotyp beeinflusst, wie andere Menschen auf uns reagieren. Kinder mit hoher Emotionalität rufen negative Reaktionen bei ihren Eltern hervor. Ihrem Genotyp gelingt es besonders gut, unseren Zorn zu wecken, und schon sind wir in einer Feedbackschleife gefangen, die bei allen Beteiligten unpassendes Verhalten eskalieren lässt und zu nichts als weiterer Wut und Frustration führt. Sie bitten Ihr Kind, etwas zu tun, es weigert sich, Sie bestehen auf Ihrer Forderung, eventuell begleitet von einer Drohung (»Wenn du nicht aufhörst, gegen die Rückenlehne zu treten, nehme ich dir dein Lieblingsspielzeug weg!«), es verstärkt das unerwünschte Verhalten, um Ihnen deutlich zu machen, wie gemein es die Drohung findet, und schon sind alle sauer.

Eine liebe Freundin erzählte mir, wie sich ihre stark emotionale Tochter einmal weigerte aufzuhören, beim Essen mit der Gabel auf den Tisch zu klopfen, und wie die Situation schließlich darin gipfelte, dass ihr Mann schwer beladen mit Prinzessinnenkleidern und Plüschtieren aus ihrem Zimmer wankte. Offenbar hatte er ihr, als sie nach einem letzten Gabelklopfen beleidigt in ihr Zimmer stürmte, in der Hitze des Gefechts nachgerufen: »Wenn du nicht zurückkommst und ordentlich zu Ende isst, nehme ich dir dein rosa Prinzessinnenkleid weg!« Worauf seine schlaue, stark emotionale Tochter zurückgab: »Ist mir egal, ich hab noch jede Menge andere«, was dann außerdem zur Wegnahme ihrer Kuscheltiere führte, um das Maß vollzumachen.

Wenn sich eine solche Szene auch schon mal bei Ihnen abgespielt hat, verzweifeln Sie nicht. Sie wurden nicht zu zwei Jahrzehnten Wutanfällen und Widerworten verurteilt, Sie brauchen nur einige zusätzliche Werkzeuge in Ihrem Arsenal.

Erziehungsstrategien für stark emotionale Kinder (und weitere Tipps auch für gering emotionale!)

Alle Kinder haben mit bestimmten Dingen zu kämpfen, und wenn Sie mehr als ein Kind haben, fällt aller Wahrscheinlichkeit nach jedem etwas anderes schwer. Um Ihrem stark emotionalen Kind zu helfen, machen Sie sich erst noch einmal klar, *dass es nicht darum gebeten hat, so zu sein*, ebenso wenig wie ein Kind absichtlich eine Lese-Rechtschreib-Schwäche oder Angst vor Mathe hat. Das ist keine Entscheidung. Es ist in seinen Genen verankert. Sobald Sie das akzeptieren und anfangen, die Situation durch diese Brille zu betrachten, wird Ihr Leben einfacher.

Der zweite Schritt besteht darin, sich zu vergegenwärtigen, dass hochemotionale Kinder – gerade die schlimmsten unter ihnen, die ihre Eltern oft genug an ihre Grenzen bringen – *nicht eine festere Hand*, sondern eine zugewandtere und sanftere Behandlung brauchen. Das ist manchmal schwer zu akzeptieren, weil es im krassen Widerspruch zur natürlichen Tendenz der meisten Eltern steht: Verhalten, das ihnen entschieden zu weit geht, vehement zu bekämpfen.

Es macht Sie wahnsinnig, wenn Ihr Kind das Bild zerknüllt, an dem es den ganzen Nachmittag gemalt hat. Und wenn der Wutausbruch in der Öffentlichkeit stattfindet, wo gefühlt die ganze Welt missbilligend zusieht, steigt der Druck, *etwas gegen dieses inakzeptable Verhalten zu unternehmen.*

Aber noch mal: Diese Art von hartem Durchgreifen erzeugt nur eine negative Feedbackschleife. Das Kind wird noch wütender, worüber sich das Elternteil noch mehr aufregt, was das Kind noch mehr erzürnt und immer so weiter.

Als Elternteil eines stark emotionalen Kindes müssen Sie ihm helfen, mit seinen heftigen Gefühlen umzugehen. In einem ersten Schritt verlagern Sie dazu die Aufmerksamkeit weg vom *Verhalten* und hin zu den *Auslösern* für seine angeborene Veranlagung. Das allein kann die negative Feedbackschleife schon durchbrechen. Im Idealfall können Sie dann Ihrem Kind helfen, all die emotionale Energie in geeignetere Bahnen zu lenken.

Sie haben erkannt, dass Sie ein stark emotionales Kind haben, was bedeutet, dass das »schlechte« Benehmen – plötzliche Gefühlsausbrüche, Wutanfälle – oft ein Nebenprodukt ist, ein Signal, und nicht das eigentliche Problem. Ihr hochemotionales Kind reagiert einfach empfindlicher auf seine Umwelt und erwartet mehr von ihr, von sich selbst und von Ihnen! Das ist viel verlangt von so einem kleinen Gehirn.

Wie ich zu Beginn schon schrieb: Ich bin zwar Expertin für Verhaltensentwicklung, aber ich bin auch Mutter, und ich brauchte eine Weile, um über meine natürliche Neigung hinwegzukommen, einfach zurückzublaffen, wenn ich angeschnauzt werde. Bevor ich ganz dahintergestiegen war, was da eigentlich passierte, und es geschafft hatte, mein theoretisches Wissen in den Alltag zu übertragen und umzusetzen, lief ein Samstagmorgen mit meinem Sohn ungefähr so ab:

Ich: »Weißt du was? Wir treffen uns gleich mit Jake und Madeline und Sara und Paul und ihren Mamas und Papas und gehen alle zusammen auf den Spielplatz! Das wird sicher toll! Zieh deine Schuhe an, wir gehen los!«

Mein stark emotionales Kind: »Ich will aber nicht.«

Ich: »Natürlich willst du. Na los, das wird super.«

Mein stark emotionales Kind: »Nein, ich will da nicht hin.«

Ich: »Tja, wir gehen aber, also zieh deine Schuhe an.«

Mein stark emotionales Kind: »Ich geh da nicht hin.«

Ich: »Doch, du gehst, du bestimmst hier nicht die Regeln. Ich habe schon allen gesagt, dass wir kommen. Jetzt mach schon, wir kommen zu spät.«

Mein stark emotionales Kind: »ICH GEHE ABER NICHT!« *(Wirft seine Schuhe nach mir.)*

Ich: »Spinnst du? Man wirft nicht mit Sachen! Ab in dein Zimmer, du bekommst eine Auszeit.«

Mein stark emotionales Kind: »Nein.« *(Setzt sich auf den Boden und rührt sich nicht.)*

Ich (lauter werdend): »Ich sagte, ab in dein Zimmer! Auszeit!«

Mein stark emotionales Kind: »Nein!«

Man muss kein Experte sein, um zu erkennen, dass das nicht gut ausgehen kann. Auf jeden Fall endet es nicht mit einem tollen Tag mit Freunden im Park.

Nachdem ich nachgedacht und das, was ich über meinen Sohn wusste, mit den Grundlagen meines Wissens über genetische Veranlagungen in Einklang gebracht hatte, wurde mir klar, was zu den samstäglichen Ausrastern führte. Nach der Lektüre des letzten Kapitels erkennen Sie die Wurzel des Problems wahrscheinlich selbst. Wie ich schon schrieb, ist mein Sohn eher introvertiert. Ich dagegen bin ein absolut geselliger Mensch. Das erzeugte eine Unstimmigkeit zwischen uns. In meiner Welt hieß Spaß haben, mich mit all meinen Freundinnen zu treffen und unsere Kinder zusammen rutschen und schaukeln zu lassen. Aber was für mich nach einem perfekten Tag klang, war für meinen introvertierteren Sohn eine Horrorvorstellung. Als ich ihn damit überfiel, dass wir uns gleich mit vielen Leuten treffen, konnte er damit einfach nicht umgehen. Sein Kleinkindhirn war noch nicht reif genug, um ihn sagen zu lassen: »Mama, ich habe Angst mit so vielen Leuten um mich herum. Können wir stattdessen vielleicht einfach zu einem guten Freund zum Spielen gehen?« Stattdessen brachte der Stressimpuls ihn dazu, in Panik auszubrechen, was seine starke Emotionalität aktivierte – der quer durchs Zimmer fliegende Schuh war einfach nur ein Kollateralschaden.

Wie finden Sie heraus, was Ihr stark emotionales Kind triggert? Der richtige Zeitpunkt dafür ist *nicht*, wenn es gerade ausrastet. Wenn Ihr Kind in emotionaler Not ist, erlebt es eine physiologische Reaktion, die seine Fähigkeit zu klarem Denken blockiert. So ein mentaler »Whiteout« kommt nicht nur bei Kindern vor. Denken Sie an das letzte Mal, als Ihr Partner oder Ihre Partnerin etwas tat, was Sie so richtig aufregte. Wahrscheinlich waren Sie nicht in Bestform. Sicher schlug Ihr Herz schneller, Sie waren angespannt und konnten nicht mehr logisch und klar denken – das sind alles körperliche Reaktionen, die mit der Kampf-oder-Flucht-Reaktion zu tun haben.

Seltsamerweise setzen wir bei unseren Kindern oft höhere Standards an als bei uns selbst. »Beruhige dich. Das ist doch gar nicht schlimm, jetzt reg dich nicht so auf.« Stellen Sie sich mal vor, Ihr Partner oder Ihre Partnerin sagt zu Ihnen: »Ist doch nicht so schlimm«, wenn Sie sich über etwas aufregen. Das käme bei Ihnen wohl nicht so gut an. Das Abwiegeln würde Sie sogar eher noch mehr aufbringen. »Wie kannst du nur sagen, meine Gefühle sind nicht richtig! Erzähl mir nicht, was schlimm ist und was nicht! Das *ist* schlimm!«

Es wird viele Jahre dauern, bis Ihr kleiner Schatz ein »exekutives Gehirn« hat, das ausreichend entwickelt ist, um starke Gefühle auf ruhige Art auszudrücken. (Seien wir ehrlich, selbst für Menschen mit voll entwickeltem Gehirn ist das schwierig!) Was tut Ihr Kind also in dem Versuch, seine Furcht, Beklemmung und Frustration auszudrücken? Es wirft seinen Schuh quer durchs Zimmer oder zerknüllt sein Bild. Es hat einfach noch keine Worte, um »Ich bin sehr aufgebracht!« angemessen auszudrücken. Seine starken Gefühle überfordern es einfach.

Überlegen Sie mal, welche Reaktion Sie sich von Ihrem Partner/Ihrer Partnerin wünschen, wenn Sie sich über etwas aufregen. Wahrscheinlich soll er oder sie zuhören, Ihren Standpunkt verstehen und gemeinsam mit Ihnen überlegen, wie sich eine solche Situation in Zukunft vermeiden lässt. Sie möchten, dass er oder sie mit Ihnen arbeitet und Ihnen nicht all die Gründe aufzählt, warum Sie sich albern oder »kindisch« benehmen, oder wie sehr er oder sie es hasst, wenn Sie so sind.

Genau das braucht ihr stark emotionales Kind auch. Gehört zu werden. Getröstet zu werden. So geliebt zu werden, wie es ist. Die beste Voraussetzung für den Umgang mit stark emotionalen Kindern ist Mitgefühl – ihre Gefühle verstehen und einen Plan ausarbeiten, wie Sie gemeinsam schwierige Situationen meistern können, die immer wieder auftreten werden.

Mir haben Eltern gesagt: »Aber mit einem Kind kann man nicht diskutieren!« Das stimmt – solange sie außer sich sind. Genauso wenig will ich, dass mein Mann zu mir sagt: »Schatz, wir müssen mal drüber reden, wie wir produktiver mit unseren Differenzen umgehen«, wenn ich ihm gerade eine Standpauke wegen der Wäsche halte, die sich *immer noch* auf dem Sofa stapelt, obwohl er vor einer Woche versprochen hatte, sie wegzuräumen.

Wenn jemand aufgebracht ist – egal, ob dieser Jemand drei oder 33 ist –, kann man mit ihm nicht gut ein produktives Gespräch führen. Aber sobald Ihr Kind sich beruhigt hat, können Sie mit ihm darüber sprechen, worüber es sich so aufgeregt hat, und wie sich solche Eskalationen in Zukunft verhindern lassen. Nur wenn Sie das *Warum* hinter dem stark emotionalen Verhalten verstehen, können Sie Ihrem Kind helfen, es in bessere Bahnen zu lenken. Und dieses *Warum* erfahren Sie am zuverlässigsten im Gespräch mit Ihrem Kind.

Komplizen: eine partnerschaftliche Beziehung zu Ihrem stark emotionalen Kind aufbauen

Allzu oft bringt hohe Emotionalität Eltern und Kinder in ein Verhaltensmuster, in dem sie sich einander feindlich gegenüberstehen. Das ist für niemanden angenehm oder produktiv. Um einen guten Weg einzuschlagen, müssen Sie sich vor allem aus dem Patt mit Ihrem hochemotionalen Kind befreien und sich auf seine Seite stellen. Wir beschäftigen uns nun mit einigen einfachen Schritten, mit deren Hilfe Sie mit Ihrem Kind zusammen daran arbeiten können, einen guten Umgang mit seiner natürlichen Tendenz zu starken Emotionen zu lernen.

Finden Sie heraus, was Ihr Kind triggert. Zum Teil ärgern wir uns deswegen so sehr über das Verhalten von stark emotionalen Kindern, weil sie sich scheinbar »über Kleinigkeiten« aufregen oder weil ihre Wutausbrüche »aus dem Nichts« kommen. Der Umstand, dass Ihr Kind sehr wohl ein entzückendes kleines Wesen sein kann (manchmal), zementiert die Vorstellung, dass es sich *absichtlich* danebenbenimmt. Diese Einstellung bringt uns in den Teufelskreis der Konsequenzen – um sie zu motivieren, sich gut zu benehmen. Vergessen Sie jedoch nicht, dass stark emotionale Kinder sich nicht frei dafür entscheiden, sich aufzuregen. Etwas *triggert* ihre Neigung zu Frustration, Stress oder Furcht. Ihre Aufgabe ist es, mit Ihrem Kind zusammen wie zwei Detektive herauszufinden, was diese Auslöser sind.

Es gibt eine Reihe häufiger Auslöser für stark emotionale Kinder (siehe Tabelle unten). Dazu gehören etwa Übergänge zwischen verschiedenen Aktivitäten, das Abschließen schwieriger Aufgaben, Planänderungen und wenn etwas sich nicht so entwickelt, wie das Kind gehofft hat. Alle Auslöser stehen im Zusammenhang mit der natürlichen Veranlagung des Kindes zu mehr Frustration, Stress und Furcht. Wie sich die Veranlagung eines stark emotionalen Kindes manifestiert, ist bei jedem Kind anders. Nicht alle Kinder mit hoher Emotionalität haben Schwierigkeiten mit allen Punkten (einige aber schon). Nutzen Sie diese Liste als Ausgangspunkt, um herauszufinden, was die Gefühlsausbrüche Ihres Kindes auslöst. Erstellen Sie eine Liste mit Auslösern für Ihr eigenes Kind und notieren Sie darin Beispiele für seine spezifischen Probleme. Wenn keiner der Auslöser Ihnen bekannt vorkommt, führen Sie Buch über Zeitpunkte und Situationen, in denen Ihr Kind die Fassung verliert, damit Sie Muster erkennen und eine eigene Liste erstellen können.

HÄUFIGE AUSLÖSER BEI STARK EMOTIONALEN KINDERN	BEISPIELE
Planänderungen	Es regnet, und Sie können nicht in den Park gehen
Abschließen von Aufgaben, die ihm schwerfallen	Eine Hausaufgabe, die das Kind nicht machen will
Etwas entwickelt sich nicht wie erhofft	Ein gemaltes Bild, das nicht so wurde, wie es geplant war
Übergang zwischen Aktivitäten	Kind soll aus der Badewanne kommen und den Schlafanzug anziehen

HÄUFIGE AUSLÖSER BEI STARK EMOTIONALEN KINDERN	BEISPIELE
Etwas/jemand ist nicht verfügbar	Freund/-in sagt eine Verabredung zum Spielen ab
Dinge unter Druck erledigen	In einer halben Stunde muss das Kind zur Schule aufbrechen
Umgang mit Ungewissheit	Wir können nur auf den Spielplatz, wenn es morgen nichtregnet
Probleme mit Sinnesein-drücken	Etikett am T-Shirt »fühlt sich komisch an«
Ängstlichkeit	Kind ist nervös, weil es im Theater-stück in der Schule auftreten soll
Schwierigkeiten, Gefühle auszudrücken	Kind tritt ein anderes Kind
Überforderung durch zu viele Menschen/Aktivitäten	Kind rastet bei einer Geburtstags-party oder einer Spielverabredung mit vielen Kindern aus

Bei Kindern mit hoher Emotionalität ist es entscheidend, sich auf *Problemlösungen* zu konzentrieren, statt Verhalten zu belohnen oder zu bestrafen. Der Einsatz von Belohnungen und Konsequenzen setzt voraus, dass Ihr Kind nur Anreize braucht, um sich auf eine bestimmte Weise zu benehmen. Denken Sie daran: Das Problem bei stark emotionalen Kindern ist nicht ihre fehlende Motivation, sondern die fehlende Fähigkeit, mit ihren starken Emotionen um-zugehen. Ihr Kind will wahrscheinlich ebenso wenig die Kontrolle verlieren und in einen Wutausbruch rutschen wie Sie. Vermutlich macht seine Unfähigkeit, die starken Gefühle zu kontrollieren, ihm genauso viel Angst wie Ihnen.

Als mein Sohn ungefähr fünf war, bekam er beim Kinderarzt den schlimmsten Wutanfall aller Zeiten. Er hatte Halsschmerzen. Ich brachte ihn zum Arzt, der einen Halsabstrich auf Streptokokken machen wollte. Die meisten Kinder mögen es nicht, ein langes Wattestäbchen in den Hals gesteckt zu bekommen. Ein Kind mit geringer Emotionalität protestiert vielleicht oder weint sogar. Mein stark emotionales Kind weigerte sich stur, den Mund aufzumachen.

Zuerst versuchten wir ihn zu überreden und mit einer Belohnung zu locken. »Das geht ganz schnell, und danach können wir ein Eis essen gehen! Es wird gar nicht wehtun!« Er rührte sich nicht. Wir änderten die Taktik. Strenger Tonfall: »Ich weiß, dass du Angst hast, aber es geht nicht anders. Wir müssen den Test machen.« Keine Veränderung. Also schalteten wir erneut um und gingen zu Konsequenzen über: »Du machst jetzt sofort den Mund auf, junger Mann, oder du darfst heute nicht mehr Lego spielen!« Das rief zwar eine Reaktion hervor, aber nicht die erwünschte. »Nein!«, schrie er wütend und trat nach dem Arzt. Ich erspare Ihnen die Einzelheiten der nachfolgenden Ereignisse, aber es hatte mit Unter-den-Tisch-Kriechen, Stühle-Umwerfen und einem Aufgebot an Sprechstundenhilfen zu tun, die ihn schließlich festhielten, damit der Arzt den Abstrich machen konnte, während er aus voller Kehle brüllte. Es war grässlich. Als wir nach Hause kamen, verschwanden wir in unseren jeweiligen Zimmern und weinten.

Kurz darauf schob er mir einen Zettel unter der Tür durch. Ich bewahre ihn bis heute auf. Er ist ganz klein zusammengefaltet, und in krakeliger Schreibanfängerschrift steht da:

Für Mama. Von Aidan. Liebe Mama, es hat mir Angst gemacht, als ich beim Artzt so wütend wurde. Ich versuche, es nie wieder zu tun.

Es hat mir Angst gemacht, dass ich dein Händi geworfen habe. Ich werde es nie wieder tun. Es tut mir so so so so so so leit! Ich war so wütend, weil die Ärtzte mir ganz doll an der Hüfte wehgetan haben [später entdeckten wir, dass er eine seltene Hüftgelenkserkrankung hatte]. Jetzt tut meine Hüfte so so so weh. Und ich wollte das lange Ding nicht im Munt haben, weil ich imma Angst hab, dass es in meinem Halz stecken bleibt. Deshalb mag ich das nicht. Als sie das lange Ding in meinen Munt gesteckt haben, hatte ich danach noch Wate im Halz. Es tut mir wirklich leit. Kannst du mir verzeihen? A) ja B) nein

Ich hebe diesen Zettel auf, weil er mich daran erinnert, dass dieses Kind sich nicht absichtlich schlecht benahm. Stark emotionale Kinder sind nicht einfach aufsässig, ungezogen oder versuchen, ihren Willen durchzusetzen. Sie funktionieren tatsächlich anders, sie haben eine andere genetische Ausstattung. Sie kämpfen mit überwältigenden Emotionen, mit denen sie nicht umgehen können. Wenn wir schärfere Konsequenzen einsetzen (oder flüchtige, schnell wieder aufgegebene Versuche mit Belohnungen unternehmen), sind sie nur noch unzufriedener mit sich selbst. Niemand gewinnt.

Arbeiten Sie zusammen an Problemlösungen. Wenn Ihre Liste mit Auslösern und spezifischen Beispielen für die Probleme Ihres stark emotionalen Kindes steht, ist es an der Zeit, nach Lösungen zu suchen. Wählen Sie einige der Probleme aus, die Ihnen am meisten Kopfschmerzen bereiten, und konzentrieren Sie sich erst mal nur auf diese. Das bedeutet nicht, dass Sie sich mit den anderen nie beschäftigen werden; irgendwo müssen Sie nun mal anfangen, und Sie können nicht alles gleichzeitig angehen. Denken Sie an den Chef oder die Chefin, den/die Sie gerne hätten – jemand, der Ihnen überschaubare Aufgaben zuteilt, und nicht jemand, der Sie mit einer langen Liste überfordert, die sofort erledigt werden muss.

Der Schlüssel zum erfolgreichen Problemlösen besteht darin,

dass Ihr Kind ein gleichwertiger Partner sein muss. Wahrscheinlich haben Sie schon eine Menge Problemlösungsstrategien auf eigene Faust ausprobiert. Sicher haben Sie schon mal Erziehungstipps gelesen und Standardstrategien wie Belohnungen und Konsequenzen eingeführt, die wir ja schon besprochen haben. Als Eltern fühlen wir uns dafür verantwortlich, Lösungen für die Probleme unserer Kinder zu finden. Wir sind es gewohnt, die Antworten zu kennen. Vielleicht fühlt es sich deswegen erst mal komisch an, gemeinsam mit Ihrem Kind nach Lösungen zu suchen.

Aber wenn Sie allein einen Plan entwerfen, zwingen Sie Ihrem Kind Ihre Vorstellungen auf. Auch wenn solche Pläne gut gemeint sind, denken Sie mal kurz darüber nach: Sie *zwingen* Ihrem *schnell frustrierten, hochemotionalen* Kind *Ihre Vorstellungen auf.* Die meisten elterlichen Versuche, das Problem allein zu lösen, bewirken deshalb letztlich das Gegenteil. Sie werden zu einem weiteren Auslöser für das stark emotionale Kind. Sie werden als unflexibel wahrgenommen, und das hilft Ihrem Kind nicht dabei, mehr Flexibilität zu lernen. Ihr stark emotionales Kind wird wahrscheinlich ebenso unflexibel reagieren, was den Teufelskreis nur immer weiter fortführt.

Sie können das ändern. Versuchen Sie, es als Erleichterung zu sehen – die Verantwortung lastet nicht mehr allein auf Ihren Schultern! Sie dürfen mit Ihrem Kind zusammen herausfinden, wie sich seine Probleme am besten angehen lassen. Es kann ein gemeinsamer Prozess sein, der aus Ihnen und Ihrem Kind ein Team macht, das zusammen an seiner starken Emotionalität arbeitet. Zusammen werden Sie einen Plan aufstellen können. Auf diese Weise reagieren Sie nicht mehr nur, sondern werden proaktiv. Die meisten Familien mit einem stark emotionalen Kind stecken im Reaktionsmodus fest – sie versuchen, den Schaden zu begrenzen, wenn das Kind einen Gefühlsausbruch hat. Indem Sie sich über die Auslöser für Ihr Kind klar werden und an seinen spezifischen Problemen arbeiten, können Sie proaktiv einen Plan aufstellen, wie es mit den starken Gefühlen umgeht, sobald es getriggert wird.

Ein einmaliges Gespräch mit Ihrem Kind wird dabei nicht reichen. Es ist ein Prozess. Nehmen Sie das Gespräch auf, wenn Sie und Ihr Kind ausgeruht und gut gelaunt sind und nicht unter Zeitdruck stehen. Denken Sie daran, dass die Gefühlsausbrüche Ihrem Kind wahrscheinlich genauso viel Angst machen wie Ihnen. Geben Sie ihm Raum, um darüber zu sprechen, was mit ihm passiert, und um die Perspektive Ihres Kindes zu verstehen, was es triggert.

Wie an dem Zettel meines Sohns deutlich wird, können stark emotionale Kinder meist durchaus erklären, was sie aufregt, wenn sie nicht gerade überwältigendem Stress ausgesetzt sind. Selbst junge Kinder haben oft eine Vorstellung davon, woher die Probleme kommen. Hören Sie sich die Sorgen Ihres Kindes an und versuchen Sie, seine Frustration zu verstehen. Der erste Schritt zu einer Lösung ist zu begreifen, was das Problem verursacht.

Manche Kinder brauchen länger als andere, um sich auf ein solches Gespräch einzulassen. Drängen Sie es nicht und reagieren Sie nicht frustriert. Wenn es wirklich nicht reden will, können Sie immer noch sagen: »Macht nichts. Du kannst ja mal drüber nachdenken, und wir reden ein anderes Mal darüber.«

Manche Eltern und ihre stark emotionalen Kinder geben den Emotionen auch Namen. Ihr Kind könnte seine Wut zum Beispiel Bert nennen. So können Sie und Ihr Kind einfacher über ein schwieriges Thema reden. »Also, was machen wir, wenn Bert wieder auftaucht?« Plötzlich kämpfen Sie beide gegen einen gemeinsamen Feind. Es nimmt dem Kind die Verantwortung und lenkt die Aufmerksamkeit auf diese verflixte Veranlagung, die manchmal einfach stärker ist. Ihr Kind hasst es genauso, wenn Bert auftaucht! Der Flutwelle der Emotionen einen Namen zu geben, hilft Kindern mit hoher Emotionalität manchmal auch, wenn sie ihren Stresspegel steigen spüren. Sie können Ihrem Kind beibringen zu sagen:»Ich glaube, Bert ist wieder im Anmarsch.« Das ist eine weitere Möglichkeit, seine Emotionen zu erkennen und mit ihnen umzugehen, und kann dabei helfen, die Situation zu entschärfen.

Auch durch Bücher über Kinder, die mit starken Emotionen zu tun haben, können Sie das Gespräch mit Ihrem Kind suchen. Wenn es von anderen Kindern (oder Figuren) liest, die sich schrecklich aufregen, lernt es, dass es normal ist, wütend zu sein, und dass das Entscheidende ist, einen guten Umgang damit zu lernen. Das Gespräch auf einen »anderen« zu lenken, kann weniger bedrohlich wirken und Ihrem Kind dabei helfen, sich an das Thema heranzutasten. Außerdem lassen sich durch Bücher verschiedene Möglichkeiten aufzeigen, wie Kinder mit ihrer Wut umgehen.*

Um das Gespräch über Problemlösungen mit Ihrem Kind zu eröffnen, sagen Sie zum Beispiel:»Mir ist das und das aufgefallen; was glaubst du, warum das so ist?« Benennen Sie das Problem dabei aus Ihrer Sicht. Formulieren Sie es als Herausforderung oder Schwierigkeit. Beispiele:»Mir ist aufgefallen, dass es dir schwerfällt, dich morgens anzuziehen. Was glaubst du, warum das so ist?« – »Mir ist aufgefallen, dass du es schwierig findest, mit dem Spielen aufzuhören, wenn ich dich zum Essen rufe. Was glaubst du, warum das so ist?« Seien Sie geduldig und ermuntern Sie Ihr Kind. Das ist für Sie beide eine Chance, über Ihrer beider Anliegen zu sprechen.

Nachdem Sie beide Ihre Sorgen formuliert haben, sagen Sie:»Lass uns mal nachdenken, wie wir das Problem lösen können. Hast du eine Idee?« oder »Lass uns mal nachdenken, wie wir das besser hinkriegen. Was meinst du?«

Jetzt kommt der schwierige Teil: Sie müssen jeden Vorschlag Ihres Kindes ernsthaft anhören und darüber nachdenken. Einige mögen unrealistisch sein, aber wischen Sie sie nicht gleich beiseite. Erklä-

---

* Um das Thema Wut geht es beispielsweise in den Kinderbüchern *Wenn kleine Tiere wütend sind* von Regina Schwarz oder *Wenn ich wütend bin* von Nanna Neßhöver.

ren Sie Ihrem Kind, dass Sie eine Lösung finden müssen, die für Sie beide funktioniert. Wenn Ihr Kind also Schokolade zum Frühstück vorschlägt, um morgendliche Ausraster zu verhindern, können Sie sagen: »Toll, dass dir gleich was einfällt! Aber mit diesem Vorschlag bin ich nicht einverstanden, weil ich als Mutter/Vater dafür sorgen muss, dass du gesund frühstückst. Wir müssen eine Lösung finden, die wir beide gut finden. Lass uns mal weiter überlegen.«

Die Kehrseite der Medaille ist natürlich, dass auch Ihr Kind sagen kann, dass es mit Ihrem Vorschlag nicht einverstanden ist. Schluck. Das ist wirklich schwierig für Eltern, aber so funktioniert die gemeinsame Lösungsfindung nun mal. Ich wünschte wirklich, meine Kolleginnen, mein Mann und meine Freunde würden sofort erkennen, dass meine Vorschläge eindeutig die besten sind, aber ach, oft haben sie ganz eigene Vorstellungen. Wenn wir etwas erreichen wollen, müssen wir uns nun mal auf die beste Lösung einigen. Wenn ich versuche, meine Lösung durchzusetzen, passiert wahrscheinlich gar nichts. Glauben Sie mir, ich habe es probiert. Die Spülmaschine wird trotzdem nicht nach meinem System befüllt.

Dasselbe gilt auch für Ihr Kind. Wenn Sie die Lösungsfindung als List einsetzen, um Ihre vorgefassten Pläne durchzusetzen, wird Ihr Kind das sofort durchschauen und das Vertrauen in den ganzen Prozess verlieren. Es enttarnt ihn als hinterlistige Methode, den elterlichen Willen durchzusetzen, und Sie und Ihr stark emotionales Kind geraten wieder in eine Pattsituation.

Behalten Sie im Hinterkopf: Das zentrale Problem besteht darin, dass Ihr Kind von Natur aus nicht dafür ausgestattet ist, mit starken Emotionen umzugehen und schwierige Situationen zu meistern. Mit Ihrem Kind an diesen Problemen zu arbeiten, wird wahrscheinlich bei *Ihnen* als Elternteil starke Emotionen hervorrufen und für *Sie* eine schwierige Situation sein. Für uns Eltern ist die Erziehung unserer Kinder eben der eine Bereich, in dem wir gewohnt sind, dass alles nach unserer Nase geht.

Paradoxerweise ist genau das der Grund, warum die gemeinsame Lösungsfindung mit Ihrem Kind eine wirksame Strategie darstellt. Es lernt dabei, mit starken Emotionen umzugehen und schwierige Situationen auszuhalten, um eine Lösung zu finden. Es lernt, Probleme proaktiv zu identifizieren, Vorschläge zu machen, wie man sie angehen könnte, Lösungen auszuprobieren, zu bewerten und gegebenenfalls entsprechend anzupassen. In der Tat lernt es damit Regeln für das ganze Leben. Gemeinsam an Problemen zu arbeiten, über die Anliegen aller Beteiligten zu sprechen und dann zusammen nach Lösungen zu suchen, lehrt Ihr Kind auch die wichtigen Fertigkeiten Empathie und Perspektivwechsel.

Ich wurde schon gefragt, ob man mit kleinen Kindern überhaupt gemeinsam nach Lösungen suchen kann. Und ob! Schon in ganz jungen Jahren betreiben Kinder Wissenschaft, indem sie die Welt erkunden und zu verstehen versuchen (was passiert, wenn ich diesen Saft vom Tisch schubse?). Mit drei oder vier können sie mit Ihnen zusammen herausarbeiten, was in ihrem kleinen Kopf vorgeht, wenn sie sich so aufregen. Natürlich verfeinert sich diese Fähigkeit mit zunehmendem Alter noch, und ihr Gehirn entwickelt sich weiter – bis zu einem gewissen Punkt. Teenager scheinen dann wieder Rückschritte zu machen; manchmal ist es einfacher, Probleme gemeinsam mit meinem Kleinkind zu lösen (ich mache nur Spaß! Zumindest größtenteils.)!

Erstellen Sie einen Plan. Nun haben Sie also mit Ihrem Kind über das Problem geredet, beide hatten die Möglichkeit, ihr Anliegen vorzubringen, und Sie haben gemeinsam eine Lösung entwickelt, der Sie beide zustimmen. Vielleicht war es nicht Ihre bevorzugte Lösung, aber immerhin etwas. Vielleicht war das Problem beispielsweise, dass Ihr Kind bei langen Autofahrten oft ausrastet. Das machte die Fahrten zu den Großeltern für alle zur Tortur. Im Gespräch mit Ihrem Kind erfuhren Sie, dass es sich eingesperrt fühlt und immer frustrierter wird, je länger es im Auto sitzen muss. Ihr ursprünglicher Plan, ihm Süßigkeiten in Aussicht zu stellen, wenn die Fahrt reibungslos verlaufen ist, hatte nicht funktioniert; Ihr stark emotionales Kind besaß einfach noch nicht die Fähigkeiten, das durchzuhalten, obwohl es die Süßigkeiten unbedingt wollte. Sein Vorschlag, dass Sie keine langen Autofahrten mehr unternehmen, war keine Option; Sie wollten weiterhin mit der ganzen Familie die Großeltern besuchen. Also setzten Sie sich zur Lösungsfindung zusammen und entwickelten den Plan, unterwegs an einem Rastplatz mit Spielmöglichkeiten eine Pause einzulegen. Nicht Ihre erste Wahl, weil das die Fahrt noch länger macht, aber wenn es funktioniert, ist es immer noch besser als die Ausbrüche mit Treten und Schreien, die inzwischen zu jedem Familienausflug gehören.

Sie haben also einen Plan. Und nun?

Das ist der entscheidende Moment. Sie probieren ihn aus und sehen, wie es läuft. Erwarten Sie keine Wunder. Die Probleme werden sich nicht plötzlich in Luft auflösen. Da Ihr Kind genetisch zu hoher Emotionalität neigt, werden eine Menge Übung, Versuche und vermutlich einige Fehlversuche nötig sein, um die Fähigkeit zu entwickeln, mit starken Emotionen umzugehen. Halten Sie durch. Feiern und belohnen Sie kleine Erfolge. Hier sind Belohnungen bei stark emotionalen Kindern tatsächlich angemessen und wirksam.

Bleiben Sie mit Ihrem Kind im Gespräch. Wenn es nicht läuft wie geplant, reden Sie mit ihm darüber, was passiert ist – aber nicht in diesem Moment. Tun Sie das, wenn alle wieder ruhig sind. »Unser Plan, auf dem Weg zu Oma unterwegs anzuhalten, hat offenbar nicht so funktioniert, dass du auf der Fahrt keinen Wutanfall bekommst. Was glaubst du, warum das so war?« – »Unser Plan hat dir anscheinend gestern Abend nicht dabei geholfen, rechtzeitig aus der Wanne zu steigen. Was glaubst du, woran das lag?« Machen Sie Ihrem Kind Mut. Zeigen Sie ihm, dass Sie daran glauben, dass es das in Zukunft besser schafft. Erinnern Sie es daran, dass es noch üben muss. Es braucht Ihre Ermutigung.

Betrachten Sie es als Erlernen einer Fähigkeit, die Ihr Kind von Natur aus nicht hat. Wenn es das Klavierspielen lernen wollte, könnte es sich auch nicht einfach hinsetzen, auf irgendwelche Tasten drücken und sofort wie Beethoven klingen. Es braucht Übung, und zwar jede Menge. Und Sie werden unterwegs so einige »Flohwalzer« und schiefe Töne ertragen müssen.

Wenn Sie im Verlauf mehrerer Wochen überhaupt keine Fortschritte erkennen können, stellen Sie den Plan noch einmal gemeinsam auf den Prüfstand und überlegen Sie sich einen neuen. Denken Sie daran: Erziehung ist ein Marathon, kein Sprint. Mein Sohn ist jetzt dreizehn. In seinen ersten Jahren dachte ich zugebenermaßen an vielen Tagen, das hört nie auf, aber jetzt lachen wir zusammen über die vielen verrückten Gefühlsausbrüche seiner frühen Kindheit.

Selbstfürsorge

Kinder mit hoher Emotionalität – die gemäß ihrer Veranlagung schnell mit Stress, Frustration oder Furcht auf alles reagieren – stellen ihre Eltern immer wieder vor Herausforderungen. Wenn Sie ein Kind mit geringer Emotionalität haben, haben Sie an dieser Front Glück gehabt. Wahrscheinlich müssen Sie in den ersten Lebensjahren Ihres Kindes weitaus weniger und deutlich weniger extreme Gefühlsausbrüche ertragen. Das bedeutet nicht, dass es für Sie keine Schwierigkeiten geben wird (das wird es), aber es ist wahrscheinlicher, dass nicht jede Bitte von Ihnen mit einem sturen »Nein!« oder einem geworfenen Schuh beantwortet wird. Wir haben uns schon mehrfach damit beschäftigt, dass alle Veranlagungen ihre Vor- und Nachteile haben; es gibt keine »guten« oder »schlechten« Temperamente. Das stimmt, aber es ist auch wahr, dass die Position eines Kindes auf dem Emotionalitätsspektrum eng damit verknüpft ist, wie »einfach« sich das Elternsein anfühlt.

Ich hoffe, dieses Kapitel wird Eltern von Kindern mit geringer Emotionalität dabei helfen, befreundete Eltern, die Probleme mit ihren stark emotionalen Kindern haben, zu verstehen und zu unterstützen. Ihre Freunde machen nichts falsch, wenn ihre Kinder regelmäßig monströse Wutausbrüche bekommen. Sie setzen nicht das Konzept von Belohnungen und Konsequenzen falsch um. Es liegt nicht daran, dass ihre Kinder lernen müssen, sich anständig zu benehmen. Ihre Kinder haben einfach eine Neigung zu sehr starken Gefühlen geerbt, mit denen sie noch umgehen lernen müssen.

Es ist normal, dass Eltern hochemotionaler Kinder sich besonders frustriert und überfordert fühlen und ihrem Kind gelegentlich sogar grollen. Das Kindermädchen meiner besten Freundin kündigte – und das auch noch an ihrem Geburtstag –, weil ihr die Wutanfälle ihrer Tochter auf dem Spielplatz und die Blicke der anderen Eltern peinlich waren. Stark emotionale Kinder großzuziehen, kann ein schweres Stück Arbeit sein. Für Ihr Wohlbefinden und Ihre Erziehungsfähigkeit ist es von entscheidender Bedeutung, dass Sie lernen, die Gewissensbisse wegen negativer Gefühle gegenüber Ihrem Kind loszulassen. Unmut und Groll bedeuten nicht, dass Sie ein schlechter Vater oder eine schlechte Mutter sind; sie zeigen nur, dass Sie ein Mensch sind, der es nicht mag, angeschrien zu werden oder auf seine Aufforderungen im besten Fall gar keine und im schlimmsten eine garstige Reaktion zu bekommen. Ein Kind mit hoher Emotionalität kann eine Menge unvorhergesehenen Stress in Ihr Zuhause bringen und möglicherweise auch in Ihre Ehe.

Deshalb ist es so wichtig, sich auch um sich selbst zu kümmern. Ein stark emotionales Kind zu erziehen, erfordert außergewöhnlich viel Geduld und ist besonders schwer, wenn es Ihnen selbst mental nicht gut geht. Es gibt wunderbare Hilfsmittel, um das eigene Wohlbefinden zu steigern. Eine meiner liebsten Quellen ist das Greater Good Science Center an der University of California in Berkeley (greatergood.berkeley.edu), wo Sie eine Vielzahl wissenschaftlich fundierter Artikel und Hilfsmittel finden. Achtsamkeit, Meditation, Yoga, lange Spaziergänge, Sport, sich an den kleinen Dingen erfreuen. Ich weiß, es kann schwierig sein, diesen Rat ernst zu nehmen: Ernsthaft? Ein Schaumbad soll dafür sorgen, dass mein Kind sein Zimmer in einem Wutanfall nicht kurz und klein schlägt? Was genau soll ich mit meinem kreischenden Kleinkind machen, während ich lange Spaziergänge unternehme und an Rosen schnuppere?

Kinder, vor allem »schwierige«, können so viel von unserer Zeit und Energie in Beschlag nehmen, dass es sich manchmal anfühlt, als sei für uns selbst nichts mehr übrig. *Aber genau aus diesem Grund ist es so wichtig.* Es ist unmöglich, die eigene Elternrolle zufriedenstellend zu erfüllen, wenn man sich keine Zeit für sich selbst nimmt. Finden Sie heraus, was Sie brauchen, um sich neu zu zentrieren und die Geduld wiederzufinden, die Sie für Ihr stark emotionales Kind brauchen. Machen Sie es genau wie bei der Lösungsfindung mit Ihrem Kind: Wählen Sie ein oder zwei Dinge zum Ausprobieren aus und arbeiten Sie daran, sie umzusetzen. Vielleicht haben Sie früher ja gern Yoga gemacht, haben aber vor lauter Kämpfen mit Ihrem Kind inzwischen keine Zeit mehr dazu? Legen Sie einen Morgen fest, an dem Sie den Wecker eine halbe Stunde früher stellen, um diese Zeit für sich zu nutzen. Oder vielleicht haben Sie immer gern gelesen, aber jetzt fallen Sie abends erschöpft ins Bett und können sich nicht erinnern, wann Sie zuletzt die Bestsellerliste überflogen haben? Bestellen Sie das Buch, das Sie schon so lange lesen wollten, und reservieren Sie zehn Minuten vor dem Schlafengehen für eine kurze literarische Flucht. Verzweifeln Sie nicht, wenn Sie Ihr Ziel nicht erreichen: Wenn die morgendliche Yogasession von einem zu früh aufwachenden Baby unterbrochen wird oder das Schaumbad dank eines Geschwisterstreits ein jähes Ende findet, atmen Sie einfach tief durch und versuchen Sie es am nächsten Tag wieder.

Selbstbotschaften sind eine großartige Möglichkeit für Eltern stark emotionaler Kinder, um in kritischen Momenten die Fassung zu bewahren. Finden Sie heraus, welches Mantra bei Ihnen gut wirkt, und wiederholen Sie es innerlich, während Sie tief ein- und ausatmen, wenn Ihr Kind einen Gefühlsausbruch hat. Möglich wären zum Beispiel Sätze wie:»Für manche Kinder ist das Leben einfach schwieriger.« –»Er/sie will sich auch lieber nicht so fühlen.« Oder mein persönlicher Favorit für wahrlich monströse Ausbrüche:»Liebe das Kind, gib den Genen die Schuld [einatmen, ausatmen]. Liebe das Kind, gib den Genen die Schuld …« Egal, wie Ihr Mantra lautet, es ist eine wunderbare Bewältigungsstrategie.

Und schließlich: Auch wenn Ihr stark emotionales Kind es Ihnen nicht immer leicht macht, vergessen Sie nicht, sich an seinem feurigen Geist zu erfreuen! Sie können sich darüber beklagen, dass es Wutanfälle bekommt, oder Sie können seine hohe Emotionalität umdeuten und sich darauf konzentrieren, wie sie ihm in der Zukunft dienen kann. Oft sind die Kinder, die wir am schwierigsten finden, genau diejenigen, die als Erwachsene besonders interessant sind. Wie formulierte es die bedeutende Pulitzer-Preisträgerin und Harvard-Professorin Laurel Thatcher Ulrich so schön:»Wohlerzogene Frauen schreiben selten Geschichte.« Das gilt im weiteren Sinn für alle Kinder. Einige der»schwierigsten« sind genau diejenigen, die die Welt verändern. Erinnern Sie sich immer wieder selbst daran, wenn Ihr Kind mit dem Fuß aufstampft oder endlose Widerworte gibt. Diese starken Emotionen lassen sich nämlich in die unermüdliche Verfolgung wichtiger Leidenschaften kanalisieren, wenn es älter wird.

Wie steht es eigentlich
um Ihre eigene Emotionalität?

Es gibt ein letztes Puzzleteil, das beeinflusst, wie anstrengend Ihre Elternrolle ist: wo Sie selbst auf dem Emotionalitätsspektrum stehen. Wie anfällig Sie von Natur aus für Stress, Frustration und Sorge sind, beeinflusst auch, wie sehr das Verhalten Ihres Kindes Sie aufregt – und zwar unabhängig davon, ob Sie ein Kind mit geringer oder mit hoher Emotionalität haben. Zum Elternsein braucht man viel Geduld, und diejenigen von uns, die bei Emotionalität eher im oberen Bereich liegen, neigen von Natur aus nicht dazu! Unsere Veranlagung zu Stress kann dazu führen, dass wir auf ein Fehlverhalten unseres Kindes stark reagieren. Das ist für niemanden gut. Ich weiß das, ich habe es erlebt.

Tatsächlich profitieren viele von uns von denselben Strategien, die wir unseren Kindern beizubringen versuchen: tief durchatmen, auf das Ruhigbleiben konzentrieren, einen Plan aufstellen, wie wir mit den starken Emotionen umgehen, die unsere Kinder hervorrufen, nachsichtig mit uns selbst sein, wenn wir unseren Plan nicht umsetzen können, und es beim nächsten Mal besser machen. Wenn Sie bei Emotionalität ebenfalls im oberen Bereich liegen, scheuen Sie sich nicht, mit Ihrem stark emotionalen Kind darüber zu reden. Scheuen Sie sich nicht, sich selbst als Beispiel für einen Menschen anzuführen, der ebenfalls daran arbeitet, mit starken Gefühlen umzugehen. Es wird Ihrem Kind helfen zu verstehen, dass es in Ordnung ist, wie es ist, und es ist eine Gelegenheit, den Wachstumsprozess vorzuleben.

Geschwister: Das ist aber unfair!

Wenn Sie mehr als ein Kind haben, unterscheiden sie sich vermutlich in der Ausprägung ihrer Emotionalität. Ein Kind mit hoher Emotionalität kann für seine gering emotionalen Geschwister schwierig sein. Möglicherweise jagen seine Ausbrüche ihnen Angst ein. Ihr stark emotionales Kind erfordert mehr von Ihrer Zeit und Energie. Ihr gering emotionales Kind kann sich dabei vernachlässigt fühlen. Dass Sie möglicherweise unterschiedliche Erziehungsstrategien bei Ihren Kindern einsetzen müssen, wird wahrscheinlich als unfair wahrgenommen.

Um mit solchen Unterschieden zwischen Geschwistern umzugehen, ist es vor allem wichtig, als Familie offen miteinander zu reden. Wie bei Unterschieden in der Extraversion sind unterschiedliche Ausprägungen von Emotionalität unter Geschwistern eine wunderbare Gelegenheit, Ihren Kindern etwas über Empathie beizubringen – ihnen begreiflich zu machen, dass jeder Mensch anders ist, und diese Unterschiede wertzuschätzen. Die Erziehungsstrategien, die entscheidend für die Arbeit mit stark emotionalen Kindern sind, sind auch für Ihre gering emotionalen Kinder wertvolle Lektionen. Sie werden ihnen vorleben, wie man die Meinung anderer respektiert, offen über Anliegen spricht, Lösungen für Probleme entwickelt und zusammenarbeitet.

Tatsächlich werden Geschwister immer unterschiedlich behandelt. Ihre Kinder reagieren auf unterschiedliche Erziehungsansätze vielleicht mit »Das ist aber unfair!«. Schließlich können sie die Welt nur durch ihre eigene genetische Brille betrachten, und ihre unentwickelten Gehirne können noch nicht vollständig erfassen, dass andere Gehirne anders funktionieren. Aber fair bedeutet nicht gleich. Wenn ein Kind ein angeborenes Talent für Fußball hätte und das andere für Musik, würden Sie auch jedes darin unterstützen, auf seine eigene Art zu glänzen. Wenn ein Kind Schwierigkeiten mit Mathe hat, organisieren Sie Nachhilfestunden – zwingen seine Schwester, das Mathe-Ass, aber dennoch nicht, danebenzusitzen. Ihre Kinder mit unterschiedlich ausgeprägter Emotionalität brauchen unterschiedliche Dinge von Ihnen, und das ist auch in Ordnung so. Die beste Erziehung ist auf das einzelne Kind maßgeschneidert und keine Einheitslösung für alle.

Kernpunkte

- Die effektivste Methode, zukünftiges Verhalten von Kindern zu formen, besteht darin, gutes Verhalten zu fördern, statt unerwünschtes Verhalten zu bestrafen. Welche Strategien Sie dabei einsetzen, müssen Sie jedoch auf das Emotionalitätsniveau Ihres Kindes abstimmen.

- Bei Kindern mit geringer Emotionalität beeinflussen richtig eingesetzte Belohnungen und Konsequenzen sehr wirksam ihr zukünftiges Verhalten.

- Belohnungen sollten begeistert, spezifisch, unmittelbar und konstant sein. Konzentrieren Sie sich immer nur auf wenige Verhaltensweisen gleichzeitig und belohnen Sie kleine Schritte in die richtige Richtung. Konsequenzen sollten seltener eingesetzt werden und sind dem »Vergehen« in den seltensten Fällen angemessen. Kultivieren Sie Ihre Fähigkeit, sich nicht über Kleinigkeiten aufzuregen.

- Kinder mit hoher Emotionalität rufen häufig scharfe, negative Reaktionen bei ihren Eltern hervor, sind jedoch gerade diejenigen Kinder, die elterliche *Wärme* und *sanfte* Disziplin am meisten brauchen und am stärksten davon profitieren. Typische elterliche Konsequenzen bei Gefühlsausbrüchen machen das Verhalten oft schlimmer und nicht besser.

- Konzentrieren Sie sich auf die *Auslöser* des extremen Verhaltens (Wutanfälle, Sachen werfen, Schlagen) statt auf das *Verhalten* selbst.

* Verringern Sie Gefühlsausbrüche, indem Sie mit Ihrem Kind zusammen das *Warum* hinter seinen emotionalen Reaktionen herausfinden, damit Sie zusammen mit ihm eine Lösung finden und einen Plan aufstellen können, wie es besser mit seinen starken Emotionen umgehen kann.
* Ein Kind mit hoher Emotionalität zu erziehen, kann die Eltern vor große Herausforderungen stellen. Denken Sie daran, dass Erziehung ein Marathon ist und kein Sprint, also müssen Sie in Form bleiben! Betreiben Sie Selbstfürsorge, damit Sie die mentale Energie haben, mit Ihrem stark emotionalen Kind zu arbeiten.

Selbstregulation:
Der Faktor »Reg«

In den 1960er-Jahren stellte ein Forschungsteam der Stanford University Kindergartenkinder vor eine Wahl: eine Leckerei (zum Beispiel einen Keks, ein Marshmallow oder eine andere Süßigkeit) jetzt zu bekommen oder zwei Leckereien später. Um doppelt so viele Leckereien zu bekommen, mussten sie in einem Raum sitzen und die Verlockung bis zu zwanzig Minuten lang anstarren, während sie warteten, bis der Versuchsleiter zurückkam und ihnen zwei Leckereien schenkte. Es gab gewaltige Unterschiede, ob die Kinder auf die größere Belohnung warten konnten oder ob sie die Leckerei *jetzt sofort* haben wollten. Das Experiment wurde unter dem Namen »Marshmallow-Test« berühmt.[35]

Der faszinierendste Teil der Studie folgte aber später, als das Forschungsteam die Kinder über die nächsten Jahre beobachtete. Ob ein Kind im Kindergartenalter auf die größere Belohnung warten konnte, sagte alle möglichen Lebensentwicklungen voraus. Kinder, die länger warten konnten, schnitten besser beim Studierfähigkeitstest ab und besaßen als Teenager bessere soziale und akademische Fähigkeiten. Sie gaben Versuchungen seltener nach und konnten sich besser konzentrieren, vorausdenken und planen. Als junge Erwachsene nahmen sie weniger Drogen, erreichten höhere Bildungsabschlüsse und hatten einen geringeren Body-Mass-Index. Sie konnten besser mit Stress und Frustration umgehen und verfolgten ihre Ziele erfolgreicher.

2. Bausteine

Der Marshmallow-Test wurde auf der ganzen Welt mit ähnlichen Ergebnissen wiederholt. Studien, die ganzen Kohorten von Kindern von der frühen Kindheit bis ins Erwachsenenalter folgten, ergaben ebenfalls, dass die bei kleinen Kindern festgestellte Selbstkontrolle eine ganze Reihe von Lebensentwicklungen vorhersagt. So begleitete eine berühmte Verlaufsstudie in Neuseeland[36] eine Kohorte von tausend Anfang der 1970er-Jahre geborenen Kindern von der Geburt an über fast fünf Jahrzehnte. Die Studie ergab, dass die Selbstkontrolle in der Kindheit weitaus mehr als die Intelligenz und die Gesellschaftsschicht der Kinder mit körperlicher Gesundheit, Drogenproblemen, privaten Finanzen und Straffälligkeit zusammenhing. Selbstkontrolle war sogar ein Prädikator innerhalb der Familie – bei Kindern mit geringerer Selbstkontrolle lagen die Outcomes unter denen ihrer selbstbeherrschteren Geschwister.

Wie kann etwas so Simples wie die Fähigkeit eines Kindes, auf ein zweites Marshmallow zu warten, so viel über zukünftige Lebensentwicklungen verraten? Und was bedeutet das für uns Eltern mit Kindern, die sich höchstwahrscheinlich die Backen voller Marshmallows gestopft hätten?

Der Marshmallow-Test hat eine so große Vorhersagekraft, weil er das Selbstregulierungsniveau eines Kindes erschließt. Selbstregulierung ist die Fähigkeit eines Menschen, sein Verhalten, seine Emotionen und seine Aufmerksamkeit zu regulieren. Kinder mit starker Selbstregulation können geduldig auf die doppelte Belohnung warten; Kinder mit geringer Selbstregulation haben das Marshmallow schon im Mund, bevor der Versuchsleiter den Raum verlässt!

Selbstregulation hat viele Namen: Selbstkontrolle, Verhaltenssteuerung, Impulskontrolle. Kinder mit geringer Selbstregulation werden als *impulsiv* oder *leicht ablenkbar* bezeichnet, Kinder mit starker Selbstkontrolle als *gewissenhaft* oder *zuverlässig*. Ich persönlich bevorzuge den Begriff *Effortful Control*, weil ich erstens Alliterationen liebe und es mir so leichter fällt, mir die drei Es der kindlichen Veranlagung zu merken (Extraversion, Emotionalität und Effortful Control), und zweitens weil darin das englische Wort für »Mühe« (*effort*) steckt – denn genau die ist nötig, um sich selbst zu regulieren.

Selbstkontrolle ist schwer! Wenn es nicht so wäre, würden wir alle unsere Neujahrsvorsätze einhalten und längst so sein, wie wir es uns immer erträumt haben. Weil die Selbstkontrolle genetisch beeinflusst ist, fällt sie manchen Menschen schwerer als anderen. Wo wir auf dem Selbstregulationsspektrum liegen, beginnt mit dem Losglück der Gene, die wir geerbt haben. Wie der Marshmallow-Test anschaulich macht, zeigen sich Unterschiede in der Selbstregulation schon früh in der Entwicklung und bleiben stabil. Glücklicherweise lässt sich die Selbstregulation aber auch beeinflussen. Wir können Fähigkeiten entwickeln, die uns nicht von Natur aus liegen, es kostet nur eben … Mühe. Für uns Eltern mit kleinen Marshmallow-Verschlingern bedeutet das, dass es Hoffnung gibt, dass wir etwas tun können, um ihnen dabei zu helfen, mehr Selbstkontrolle zu entwickeln.

Wissenschaftliche Grundlagen der Selbstregulation

Die Fähigkeit, das eigene Verhalten und die Emotionen bewusst zu kontrollieren, steht mit zwei wichtigen Gehirnregionen in Zusammenhang. Das erste, das limbische System, wird gelegentlich auch das »heiße« Gehirn genannt. Es sitzt tief im Inneren und stellt seinen grundlegendsten, primitivsten Teil dar. Das limbische System ist emotional, reflexhaft und unbewusst. Es ist vor allem auf »Los!«-Reaktionen programmiert. Es erzeugt starke Reaktionen auf emotionale Stimuli, vor allem auf Schmerz, Vergnügen und Furcht. Bei der Geburt ist es bereits voll funktionsfähig; deshalb weinen Babys sofort, wenn sie Hunger oder Schmerzen haben. Sie brauchen nicht erst zu lernen, wie sie Aufmerksamkeit wecken, wenn sie verletzt oder hungrig sind. Sie wissen es instinktiv. Dass das »heiße« Gehirn von Anfang an funktioniert, ist eine wichtige evolutionäre Anpassung und gleichzeitig auch der Grund, warum Kleinkinder über eine so geringe Selbstkontrolle verfügen – sie haben nur ein hochentwickeltes »heißes« Gehirn. Sie sind wie kleine Motoren ohne Bremsen.

Die Bremsen liefert ein zweiter, komplexerer Gehirnbereich: der präfrontale Kortex, der Teil des Gehirns direkt hinter der Stirn. Der präfrontale Kortex entwickelt sich langsamer und ist erst mit Mitte zwanzig vollständig entwickelt (wobei es einige Belege dafür gibt, dass er bei Jungen im Vergleich zu Mädchen etwas später reift, was uns Frauen keineswegs überrascht). Dieser »kalte« Teil des Gehirns kommt bei überlegteren, komplexeren Entscheidungsfindungsprozessen zum Einsatz. Interessanterweise »entdeckten« Versicherungsgesellschaften vor der Wissenschaft, dass sich die Gehirnentwicklung erst mit Mitte zwanzig einpendelt; ihre Datenbanken zeigten, dass Autounfälle bei über 25-Jährigen drastisch zurückgingen. Deshalb sind die Versicherungsbeiträge für Teenager so hoch, und deshalb kann man häufig erst ab 25 ein Auto mieten. Wenn der präfrontale Kortex voll ausgereift ist, ermöglicht er komplexes, höherstufiges Denken wie Planung und Entscheidungsfindung, das uns dabei hilft, unsere impulsiven Tendenzen in Schach zu halten – was zusammengenommen zu besserem Fahrvermögen mit weniger Unfällen führt.

Weiter gefasst, hilft unser präfrontaler Kortex uns dabei, Befriedigung zu verzögern und langfristige Ziele zu verfolgen. Er ist der komplexeste und höchstentwickelte Teil unseres Gehirns. Bei allen Kindern steigt die Selbstregulation, wenn sie älter werden und ihr präfrontaler Kortex sich entwickelt. Aber *wie viel* Selbstregulation ein Kind aufbringen kann, ist abhängig von seiner einzigartigen Gehirnstruktur.

Unsere natürliche Veranlagung zur Selbstregulation steht im Zusammenhang damit, wie aktiv unser »heißes« Gehirn im Vergleich zum »kalten« ist. Das Gehirn der Kinder, die im Marshmallow-Test das Marshmallow sofort aßen, sah ganz anders aus als das der Kinder, die auf die doppelte Belohnung warteten. Bei denjenigen, die nicht warten konnten, waren die Bereiche des »heißen« Gehirns viel aktiver, vor allem in Gegenwart verlockender Reize. Die Teile ihres Gehirns, die auf Vergnügen, Verlangen und sofortige Belohnung eingestellt waren, dominierten. Bei den Kindern dagegen, die geduldig auf die größere Belohnung warten konnten, war der präfrontale Kortex aktiver, also der »kalte« Gehirnbereich, der das Planen und komplexe Entscheidungsfindungen steuert. Mit anderen Worten, die Marshmallow-Verputzer hatten kräftigere Motoren und die Geduldigen stärkere Bremsen.

Das »heiße« Gehirn wird oft negativ dargestellt, aber es ist aus vielen Gründen wichtig für uns. Es ist der Teil des Gehirns, der für die Kampf-oder-Flucht-Reaktion verantwortlich ist. Es übernimmt schnelle Entscheidungen für uns. Es wurde in zehntausenden Jahren Evolution geformt und war entscheidend für das Überleben unserer Vorfahren. In grauer Vorzeit war es wesentlich wichtiger, beim Zusammentreffen mit einem wilden Tier sofort reagieren zu können, als die ideale Höhleneinrichtung zu planen. Heute haben wir es nicht mehr so oft mit überraschenden Löwenangriffen zu tun, aber wir müssen trotzdem noch schnelle Entscheidungen treffen, um Gefahren auszuweichen – wegrennen, wenn uns ein Einbrecher gegenübersteht, vor einer Schlange zurückzucken, uns ducken, wenn etwas auf uns zufliegt. Unser Gehirn ist uns von großem Nutzen, wenn es reflexhafte, augenblickliche Entscheidungen treffen kann, statt erst alle Möglichkeiten abzuwägen. Unser heißes Gehirn kann uns das Leben retten.

Alles, was für das Überleben und die Fortpflanzung wichtig ist, ruft auch Reaktionen des »heißen« Gehirns hervor. Essen und Sex rufen Gefühle der Belohnung hervor. Weil unserem limbischen System diese Gefühle gefallen, wollen wir mehr davon. Das sorgt dafür, dass wir uns ausreichend ernähren und dass die Menschheit Generation um Generation fortbesteht. Die für Belohnungen und die Aufmerksamkeit für aktuelle Bedürfnisse zuständigen Teile des Gehirns sind von entscheidender Bedeutung für uns.

Aber unmittelbar auf unser Verlangen zu reagieren, kann uns auch in Schwierigkeiten bringen – vor allem in einer Welt voller Versuchungen. Unser »heißes« Gehirn nimmt vor allem das Hier und Jetzt wahr, und es gibt eine Menge Verlockungen im Hier und Jetzt der modernen Welt. Das bedeutet eine Menge Potenzial für unmittelbare Befriedigung. Es ist befriedigender, den Keks sofort zu essen – kann aber zu einem höheren Körpergewicht in der Zukunft führen. Es macht mehr Spaß, mit Freundinnen auszugehen, aber es kann dazu führen, dass die Hausaufgaben nicht gemacht werden. Es ist schöner auszuschlafen, als ins Fitnessstudio zu gehen, aber auf lange Sicht ist es nicht besser für die Gesundheit. Ein überaktives limbisches System steht im Zusammenhang mit Fettleibigkeit und Sucht – Störungen, bei denen die Impulskontrolle eine Rolle spielt. Unser »heißes« Gehirn dient zahlreichen wichtigen Funktionen, aber es kann auch Probleme verursachen.

An dieser Stelle kommt unser »kaltes« Gehirn ins Spiel. Es hilft uns dabei, in die Zukunft zu planen und schwierige Entscheidungen zu treffen, um unsere langfristigen Ziele zu erreichen. Verzögerte Belohnungen schenken uns keine sofortige Befriedigung, daher erfordern sie Überlegung. Das »heiße« Gehirn sagt: »Iss das Marshmallow!« Doch das »kalte« Gehirn wirft ein: »Moment, wenn ich das Marshmallow *nicht* esse, habe ich langfristig einen Vorteil.« Das »kalte« Gehirn hilft einem Kind dabei, der Versuchung zu widerstehen, auf dem Sofa zu hüpfen, weil Sie es ihm verboten haben und es Ärger bekommt, wenn es das trotzdem tut (auch wenn es solchen Spaß macht …). Wenn es älter wird, sagt sein »kaltes« Gehirn Nein zum Abhängen mit Freunden, damit es für den Test am nächsten Tag lernen kann, damit es bessere Noten bekommt, damit es auf seine Wunschuni gehen kann, damit es einen besseren Arbeitsplatz bekommt, damit es eine höhere finanzielle Stabilität erreicht usw. Es ist ein komplexer Prozess, das alles durchzudenken – es ist viel einfacher, auf das »heiße« Gehirn zu hören: »Los, komm schon – auf zur Party!«

Selbstregulation ist mit verschiedenen positiven Lebensentwicklungen verknüpft, weil die Fähigkeit, für die Zukunft zu planen, uns an vielen Fronten weiterhilft. Sie unterstützt uns dabei, schwierige Entscheidungen zu treffen, die eine Belohnung verzögern, aber zu größeren Belohnungen zu einem späteren Zeitpunkt führen. Sie ermöglicht uns das Verfolgen ganz verschiedener Ziele, ob sie nun im Zusammenhang mit Gesundheit, Familie, Schule oder Arbeit stehen. Sie hält uns davon ab, Dinge zu tun, die uns in Schwierigkeiten bringen. Doch leider haben unsere Kinder zu Beginn ihres Lebens noch sehr wenig von dieser Fähigkeit; ihr Gehirn ist einfach noch nicht ausreichend entwickelt.

Die vielen Gesichter der Selbstregulation

Wie die Selbstregulation bei Ihrem Kind zum Tragen kommt, hängt damit zusammen, wie es in den anderen Verhaltensdimensionen Extraversion und Emotionalität aufgestellt ist. Kinder mit geringer Selbstregulation und starker Extraversion sind eher impulsiv und laut – die sprichwörtlichen Elefanten im Porzellanladen. Das sind die Kinder, die es für eine tolle Idee halten, vom Baum zu springen, um ihre Freunde zu beeindrucken. Und ein kurzer Blick in die

Zukunft verrät: Da stark extravertierte Kinder mit geringer Selbstregulation gern mit Menschen zusammen sind und Selbstkontrolle ihnen nicht von Natur aus liegt, geraten sie als Teenager mit höherer Wahrscheinlichkeit in Schwierigkeiten. Wenn die Gleichaltrigen in der Jugend immer wichtiger werden, treibt ihr »heißes« Gehirn sie deutlich eher dazu an, immer neue Vergnügungen zu suchen. Bei Teenagern bedeutet das, eher das Feiern über das Lernen zu stellen, sowie eine erhöhte Wahrscheinlichkeit für Alkohol und ungeschützten Sex. Im Augenblick allerdings müssen Sie sich wohl eher um gebrochene Arme und Besuche in der Notaufnahme Gedanken machen.

Kinder mit geringer Selbstregulation und hoher Emotionalität andererseits neigen besonders stark zu Wutausbrüchen. Sie regen sich schnell auf und haben große Probleme damit, ihre starken Gefühle zu kontrollieren. Da das Emotionalitätsniveau auch mit der Fähigkeit zu tun hat, die eigenen Emotionen zu steuern, haben stark emotionale Kinder tatsächlich nicht selten eine geringe Selbstregulation. Der Silberstreif am Horizont: Je mehr stark emotionale Kinder mit geringer Selbstregulation über Selbstkontrolle-Strategien lernen, desto besser können sie mit ihren Emotionen umgehen und desto besser sind sie in der Lage, gemeinsam mit Ihnen an den kollaborativen Lösungsfindungen zu arbeiten, um die es im letzten Kapitel ging. Die natürliche Reifung ihres präfrontalen Kortex wirkt sich ebenfalls positiv auf ihre Selbstregulation aus und verbessert ihre Fähigkeit, mit ihren Emotionen umzugehen. Die Zeit ist auf Ihrer Seite.

Vergessen Sie auch nicht, dass Menschen mit geringer Selbstregulation damit nicht unbedingt in allen Situationen Schwierigkeiten haben müssen. Manchen gelingt es in einigen Situationen besser als in anderen, sich selbst zu kontrollieren. Selbstregulation hat verschiedene Facetten. Manchmal müssen wir uns motivieren, um etwas zu tun (aufstehen und ins Fitnessstudio gehen), manchmal müssen wir uns dazu bringen, mit etwas aufzuhören (das Extrastück Kuchen zu essen). Manchmal müssen wir langweilige Dinge zu Ende bringen (arbeiten, Rechnungen zahlen). Und manchmal müssen wir uns zurückhalten, etwas zu tun, was wir später bereuen werden, entweder wenn wir in besonders guter Stimmung sind (z. B. exzessives Feiern nach einer Beförderung) oder in besonders schlechter (z. B. der Chefin die Meinung geigen). Auch bei Kindern gibt es Unterschiede, wie sich ihre Selbstregulation in verschiedenen Situationen bemerkbar macht.

Im Allgemeinen überschätzen wir, wie konstant ein erwartetes Verhalten ist. Denken Sie noch einmal zurück an das letzte Kapitel, als es darum ging, dass es für stark emotionale Kinder meist bestimmte Situationen sind, die ihre Emotionalität auslösen. Sie sind nicht ständig hochemotional. Auch für Menschen mit geringer Selbstregulation sind bestimmte Situationen schwieriger als andere. Manche dieser Kinder beenden zwar ohne Probleme ihre Hausaufgaben, doch ihre Selbstkontrolle versagt, wenn es um das Springen auf dem Bett oder um das Rennen durchs Haus geht. Andere Kinder mit geringer Selbstregulation befolgen normalerweise Anweisungen – bis sie etwas sehen, das ihre Begeisterung weckt, und dann über die Straße flitzen, um eine Freundin zu begrüßen.

Bei geringer Selbstregulation entstehen Probleme im Prinzip in einem der folgenden beiden Bereiche:

Es fällt uns schwer, mit etwas AUFZUHÖREN, das wir tun möchten (aber nicht sollten).

Es fällt uns schwer, mit etwas ANZUFANGEN, das wir nicht tun möchten (aber sollten).

Probleme mit dem Aufhören hat Ihr Kind zum Beispiel, wenn es bei einer Geburtstagsparty wie angestochen herumrennt und dabei die Dekorationen umreißt. Ein Problem mit dem Anfangen ist etwa das Wegräumen von Spielzeug am Ende eines Spielnachmittags.

Beide Arten von Schwierigkeiten lassen sich darauf zurückführen, dass die Gegenwart (was man jetzt gerade möchte) deutlicher ist als die Zukunft (was auf lange Sicht das Beste sein könnte), vor allem für Kinder mit geringer Selbstregulation. Christopher macht es so viel Spaß, mit seinen Freunden auf der Party herumzurennen, dass er nicht darüber nachdenkt, wie er sich fühlt, wenn dabei der Tisch mit dem Spielzeug umstürzt. Während er im Zimmer herumtobt, liegt ihm nichts ferner als der Gedanke an die peinliche Situation, wenn alle Geschenkpackungen zu Boden poltern, während alle ihn anstarren, oder daran, dass seine Eltern mit ihm schimpfen werden, wenn das passiert. Isabella macht es so viel Spaß, mit ihren Puppen zu spielen, dass sie nicht aufhören will zu spielen, um alles wegzuräumen und zum Essen zu kommen. Sie ist so darauf konzentriert, ihr Puppenbaby zu baden, dass sie nicht daran denkt, wie sauer ihr Vater wird, wenn er vom Tisch aufstehen und sie aus ihrem Zimmer holen muss und dann sieht, dass ihre Puppensachen noch überall auf dem Boden verstreut liegen.

Glücklicherweise können einige feste Strategien Ihrem Kind helfen, mehr Selbstkontrolle zu entwickeln, und zwar unabhängig davon, in welchem Bereich es besondere Schwierigkeiten hat. Denn in allen Situationen, in denen Selbstregulierung gefragt ist, profitiert es davon, *an die Zukunft zu denken* und *sie plastischer zu machen*. Manche Menschen beherrschen das von Natur aus problemlos (Menschen mit hoher Selbstregulation), aber wir anderen brauchen einige zusätzliche Asse im Ärmel, um Selbstkontrolle zu üben.

Strategien zur Entwicklung
von Selbstregulation

Der entscheidende Trick, um Selbstkontrolle zu erlernen, besteht darin, sie weniger mühevoll zu machen. Denken Sie daran, dass Kinder mit geringer Selbstregulation ein übermächtiges limbisches System haben, ihr Gehirn nimmt also bevorzugt das Hier und Jetzt wahr. Das bedeutet, wenn Ihr Kind nicht kommt, wenn Sie es rufen, oder nicht aufhört herumzurennen, wenn Sie es darum bitten, ist es nicht unbedingt aufsässig oder ignoriert Sie absichtlich. Sein »heißes« Gehirn ist darauf programmiert, sich auf die Gegenwart zu konzentrieren, und sein »kaltes« Gehirn noch nicht geübt darin, die Folgen für sein zukünftiges Ich durchzudenken.

Wenn Sie Ihrem Kind dabei helfen wollen, mehr Selbstregulation zu entwickeln, müssen Sie diese simple Einsicht zu seinem Vorteil nutzen statt gegen es (und Sie). Wir werden sein überhitztes limbisches System dazu nutzen, die Arbeit des präfrontalen Kortex mit zu übernehmen. Dazu müssen Sie das »heiße« Gehirn dazu bringen, mehr Aufmerksamkeit auf die Zukunft und weniger auf den gegenwärtigen Augenblick zu lenken. Wie Walter Mischel, der den Marshmallow-Test entwickelte, es formulierte: Sie wollen die Zukunft heißer und die Gegenwart kühler machen. Dazu bringen Sie das zukünftige Ich des Kindes ins Hier und Jetzt, wo es zu Hause ist. Und Sie entwickeln Methoden, um mit den Versuchungen der Gegenwart umzugehen. Im Folgenden geht es um Strategien für mehr Selbstkontrolle, die sich jeweils auf die einzelnen Faktoren konzentrieren: dem Ganzen die Mühe nehmen, die Zukunft »heißer« zu machen und die Gegenwart »abzukühlen«.

Bevor wir beginnen, noch eine gute Nachricht für die Eltern von Kindern mit geringer Selbstregulation: Die Kinder, die genetisch bedingt am ehesten Probleme mit der Selbstregulation haben, sind auch diejenigen, die am wahrscheinlichsten von Interventionen profitieren. Mit anderen Worten, bei den Kindern mit der geringsten Selbstregulation bringen Selbstkontrolle-Strategien auch die stärkste Verbesserung. Legen wir also los.

Das Ganze weniger mühevoll machen

Wie macht man etwas einfacher, das seiner Definition nach Mühe bereitet?

Man automatisiert es.

Wenn-dann-Pläne sind der Schlüssel zu dieser Strategie. Selbstregulation ist teilweise deswegen so schwierig (für uns und unsere Kinder), weil in dem Augenblick, in dem wir etwas unbedingt tun (oder nicht tun) wollen, unser limbisches System dominiert. Bei Kindern mit geringer Selbstregulation hat der präfrontale Kortex keine Chance, sie mit vernünftigen Argumenten zu dem zu bringen, was für sie am besten ist. Mit Wenn-dann-Plänen jedoch braucht das »kalte« Gehirn sie nicht mehr zu einer besseren Handlungsoption zu bewegen. Mit Wenn-dann-Plänen müssen sie überhaupt nicht mehr nachdenken.

Wenn-dann-Pläne sind einfach: *Wenn* X passiert, *dann* machst du Y. Man lässt das limbische System, das die auslösende Situation registriert, die Arbeit übernehmen. *Wenn* mein Wecker klingelt, *dann* stehe ich auf. *Wenn* meine Mama mir sagt, ich soll die Schuhe anziehen, *dann* ziehe ich die Schuhe an. Man verknüpft die Situation, die normalerweise zu einem Zusammenbruch der Selbstregulation führt, mit einer im Voraus geplanten Reaktion. Jedes Mal, wenn das *Wenn* eintritt, reagiert man mit dem *Dann*. Man denkt nicht darüber nach. Man erlaubt sich in diesem Moment keine Entscheidungen. *Wenn* X passiert, *dann* tut man Y. Mit der Zeit wird es zu einer Gewohnheit und erfordert keine Selbstregulation mehr.

Der Schlüssel zum Erfolg besteht darin, sich auf einige wenige Verhaltensweisen Ihres Kindes zu konzentrieren. Das *Wenn* kann fast alles sein. Es kann ebenso gut ein interner Auslöser sein (wenn ich wütend werde, wenn ich ganz doll aufgeregt bin) wie ein externer (wenn Mama oder Papa mich rufen, wenn ich auf der Straße einen Hund sehe, den ich gerne streicheln würde). Das *Dann* kann ebenfalls alles sein, was Ihnen einfällt. Es hängt ganz von der Situation ab. Entscheidend ist, dass es eine Handlung ist, die für Sie und Ihr Kind akzeptabel ist und die das Selbstkontrolle-Problem löst.

Sie können Wenn-dann-Pläne für jede Situation aufstellen, in der Ihr Kind Schwierigkeiten mit der Selbstkontrolle hat, allerdings können Sie immer nur an wenigen gleichzeitig arbeiten. Sie können nicht alle Selbstkontrolle-Probleme Ihres Kindes mit einem Mal lösen (tut mir leid). Denken Sie daran, dass Sie versuchen, das Element des Zu-Ende-Denkens zu ersetzen, und wenn es mehr als ein oder zwei Wenn-dann-Pläne gibt, an die Ihr Kind sich erinnern muss, kann sein Gehirn die so wichtige automatische Reaktion nicht entwickeln.

Je mehr Ihr Kind übt, desto besser wird es. *Wenn* das grüne Licht angeht, *dann* gehe ich über die Ampel. *Wenn* ich ins Haus komme, *dann* ziehe ich die Schuhe aus.

Erstellen Sie zunächst eine Liste der Bereiche, in denen Ihr Kind mit der Selbstregulation Probleme hat. Denken Sie daran, dass sich eine geringe Selbstregulation auf verschiedene Arten zeigen kann, da es dabei um die Fähigkeit geht, Verhalten, Emotionen und Aufmerksamkeit zu kontrollieren. Eine schwache Selbstregulation kann sich bei verschiedenen Kindern unterschiedlich äußern. In der Tabelle unten finden Sie einige Bereiche, in denen Kinder häufig Probleme mit der Selbstregulation haben. Oft sind das Situationen, in denen sie starke Emotionen empfinden. Kinder können Probleme mit der Selbstregulation haben, wenn sie frustriert, wütend, aufgebracht oder gelangweilt sind oder auch, wenn sie überdreht sind. Starke Emotionen aktivieren unser limbisches System; es überrascht daher nicht, dass unsere Fähigkeit zu rationalem Denken (also der Einsatz unseres präfrontalen Kortex) dann eingeschränkt ist. Das gilt für uns alle. Ich weiß jedenfalls, dass ich meine Kinder schon angeschrien habe, wenn ich eigentlich frustriert war, dass der Handwerker schon vor einer Stunde da sein wollte.

SITUATIONEN, IN DENEN KINDER HÄUFIG PROBLEME MIT DER SELBSTREGULATION HABEN
Schwierigkeiten, langweilige Aufgaben zu Ende zu bringen (Aufräumen, im Haushalt helfen, Zähneputzen, Anziehen usw.)
Schwierigkeiten, mit starken Emotionen umzugehen (Wut, Frustration)
Schwierigkeiten, mit etwas aufzuhören, um etwas weniger »Schönes« zu tun
Risikofreudiges Verhalten (z. B. aus großer Höhe springen, ins Meer rennen)
Versuchungen widerstehen (z. B. einer Süßigkeit, einem Gegenstand, den man nicht anfassen soll)
Hyperaktivität (Rennen durchs Haus, übermäßige Energie bei Begeisterung)

Denken Sie daran, dass Sie immer nur an wenigen Bereichen gleichzeitig arbeiten können. Suchen Sie sich also die ein bis zwei Bereiche aus, die Sie am meisten auf die Palme bringen (oder, freundlicher formuliert, die Ihnen am meisten Sorgen machen). Vielleicht fällt es Ihnen überhaupt nicht schwer, die Bereiche zu benennen, in denen Ihr Kind Schwierigkeiten mit der Selbstkontrolle hat, vielleicht fühlen Sie sich aber auch überfordert. Manche Eltern sagen zu mir: »Aber das sind so viele, ich weiß gar nicht, wo ich anfangen soll!« Ein Tagebuch ist immer ein guter Ansatz, um das Verhalten Ihres Kindes in den Griff zu bekommen. Notieren Sie die Bereiche, in denen Ihnen mangelnde Selbstregulation bei Ihrem Kind auffällt, und wählen Sie dann zunächst die aus, die am häufigsten, beunruhigendsten oder potenziell gefährlichsten sind. Wenn Sie Ihr Handy immer dabeihaben, können Sie es auch für kurze Notizen nutzen, um verschiedene Ereignisse zu dokumentieren.

Sobald Sie die Bereiche identifiziert haben, in denen Ihr Kind Schwierigkeiten hat, suchen und benennen Sie mit Ihrem Kind zusammen die Auslöser. Sie arbeiten im Grunde also mit ihm am *Wenn*. Vergessen Sie nicht, dass das *Wenn* ein interner (Emotion) oder ein externer Auslöser (etwas passiert) sein kann. Hier einige Beispiele:

- *Wenn* mein Bruder oder meine Schwester mich richtig wütend macht
- *Wenn* etwas Unfaires passiert
- *Wenn* ich mich besonders energiegeladen fühle
- *Wenn* mein Wecker klingelt
- *Wenn* meine Mama ruft

Nun finden Sie ein passendes *Dann*. Falls das *Wenn* Ihres Kindes mit einer starken Emotion (Wut, Frustration) zu tun hat, sollten Sie eine *Dann*-Handlung wählen, die ihm dabei hilft, sich zu beruhigen (mehr dazu im Abschnitt »Abkühlungsstrategien parat haben«). Zum Beispiel könnte es tief durchatmen oder in sein Zimmer gehen, um etwas Ruhiges zu tun (Malen oder ein Buch ansehen). Wenn sein *Wenn* mit viel Energie oder Überdrehtsein zu tun hat, finden Sie ein *Dann*, mit dem es diese Energie auf akzeptable Weise bzw. ohne unerwünschte Konsequenzen loswerden kann:

- *Dann* mache ich ein paar Hampelmänner.
- *Dann* atme ich ganz tief und langsam ein und aus.
- *Dann* gehe ich in mein Zimmer und male ein Bild.

Ihr Wenn-dann-Plan kann auch ein »Anfangen«-Verhalten beinhalten: *Wenn* ich deinen Namen rufe, *dann* hörst du sofort mit dem auf, was du tust, und kommst zu mir. *Wenn* dein Bruder dir ein Spielzeug wegnimmt, *dann* kommst du zu mir und sagst es mir, statt ihn zu schlagen. *Wenn* ich sage, es ist Zeit zum Zähneputzen, *dann* gehst du sofort ins Bad und putzt die Zähne. Ihr Wenn-dann-Plan muss natürlich genau auf den Bereich abgestimmt sein, an dem Sie mit Ihrem Kind arbeiten wollen.

Machen Sie Ihrem Kind begreiflich, dass ein Wenn-dann-Plan bedeutet, dass es *jedes Mal*, wenn das *Wenn* eintritt, sofort das *Dann* tun muss. Keine Fragen. Keine Ausnahmen.

Das letzte Puzzlestück ist die Belohnung, wenn es seinen Wenn-dann-Plan befolgt. (Jetzt verstehen Sie, warum wir uns mit der Selbstregulation zuletzt beschäftigen – hier läuft alles aus den vorigen Kapiteln zusammen!) Denken Sie daran, es überschwänglich und sofort zu loben: »Toll, wie du sofort ins Bad gegangen bist und deine Zähne geputzt hast, als ich dich darum gebeten habe!«

Um Wenn-dann-Pläne zu etablieren, müssen Sie mit Ihrem Kind üben. Sagen Sie ihm, es soll so tun, als sei es in der *Wenn*-Situation, und sofort die *Dann*-Reaktion üben. Anschließend loben Sie es und wiederholen das Ganze. Denken Sie daran, dass Sie das Verhalten automatisieren wollen, und dazu muss es einfach immer wieder geübt werden. Das hilft dem Gehirn dabei, eine neue Verknüpfung zwischen *Wenn* und *Dann* herzustellen.

Lautet der Wenn-dann-Plan Ihres Kindes zum Beispiel: »*Wenn* meine Mama ruft, *dann* höre ich sofort mit dem auf, was ich tue, und gehe zu ihr«, lassen Sie Ihr Kind in sein Zimmer gehen und so tun, als ob es spielt, rufen Sie seinen Namen und lassen Sie es üben, sofort alles stehen und liegen zu lassen und zu Ihnen zu kommen. Wenn es mitmacht, bringen Sie es ruhig dazu, es zu übertreiben. Wenn Ihre Tochter zum Beispiel gerade mit ihrem Puppenhaus spielt, kann sie üben, sofort alle Puppen fallen zu lassen und zu Ihnen zu rennen. Wenn Ihr Sohn gerade mit dem Schwert gegen einen imaginären Gegner kämpft, lässt er seine Waffe aus der Hand fallen und kommt zu Ihnen geflitzt. Belohnen Sie Ihr Kind ruhig mit überschwänglichem Lob. »Du bist ja schneller als ein Blitz hergekommen! Wow!«

Lautet der Wenn-dann-Plan Ihres Kindes: »*Wenn* ich richtig wütend werde, *dann* atme ich fünfmal tief und langsam ein und aus«, lassen Sie es genau das üben. Denken Sie sich ein Szenario aus, angelehnt an eine Situation in der Vergangenheit, in der es die Beherrschung verloren hat. Bitten Sie es, sich vorzustellen, wie es sich dabei fühlen würde: »Du spürst, wie du immer wütender wirst, als ob du gleich explodierst.« Dann erinnern Sie es an sein *Dann*-Verhalten. Sobald es geübt hat, loben Sie es sofort. Machen Sie ein Spiel daraus. Vergessen Sie nicht: Das limbische System liebt Vergnügen; die Wenn-dann-Sequenz mit angenehmen Gefühlen zu verbinden, hilft also dabei, das Verhalten zu festigen.

Sie werden viele Parallelen zwischen der Wenn-dann-Strategie und den Lösungsfindungsstrategien für stark emotionale Kinder feststellen, um die es im letzten Kapitel ging. Wenn-dann-Strategien lassen sich bei allen Problemen mit der Selbstregulation einsetzen, nicht nur zur Kontrolle von Emotionen. Sie funktionieren genauso gut bei Kindern, die ihr Verhalten oder ihre Aufmerksamkeit nicht gut steuern können.

Die Zukunft »heißer« machen

Ein weiterer Trick, um die Selbstregulation zu verbessern, besteht darin, negative zukünftige Folgen in die Gegenwart zu holen. Ihr Kind hört nicht sofort auf zu spielen und zieht sich den Schlafanzug an, wenn Sie es darum bitten, weil es sich ganz auf das Angenehme in der Gegenwart konzentriert. Es denkt nicht zehn Minuten in die Zukunft, wenn Sie in sein Zimmer gestürmt kommen und fuchsteufelswild sein werden, weil es immer noch keine Anstalten macht, sich bettfertig zu machen. Denken Sie daran, das »heiße« Gehirn konzentriert sich auf die Gegenwart. Dementsprechend wollen Sie, dass Ihr Kind sich *jetzt* auf die Konsequenzen in der Zukunft konzentriert. Um ihm dabei zu helfen, müssen Sie es dazu bringen, sich vorzustellen, wie es sich in der Zukunft fühlen wird, *als wäre es die Gegenwart.*

Erwachsene können das ganz gut, indem sie es sich einfach vorstellen. Wenn Ihr Partner oder Ihre Partnerin Sie bittet, ihm oder ihr bei etwas zu helfen, haben Sie vielleicht gerade keine große Lust, aber eine kleine Stimme in Ihrem Kopf flüstert Ihnen zu, dass es wirklich unfein wäre, die Bitte zu ignorieren, und dass Sie keinen Streit möchten. Die kleine Stimme ist Ihr präfrontaler Kortex – Ihr »kaltes« Gehirn hilft Ihnen dabei, die Kette logischer zukünftiger Konsequenzen durchzugehen. Wenn Sie versuchen, sich dazu zu motivieren, die Wäsche zu machen, obwohl Sie wirklich viel lieber noch eine Episode Ihrer Lieblingsserie sehen würden, denken Sie daran, wie sich morgen früh alle ärgern würden, weil sie keine frische Unterwäsche haben.

Aber Kinder – insbesondere solche mit geringer Selbstregulation – beherrschen dieses komplexe Zukunftsdenken noch nicht. Sie müssen daher die zukünftigen Konsequenzen im Hier und Jetzt greifbarer für Ihr Kind machen. Sie müssen mehr Emotionen mit den Konsequenzen in der Zukunft verknüpfen. Das funktioniert beispielsweise über Rollenspiele. Diese helfen dabei, die starken negativen Emotionen hervorzubringen, die mit einer falschen Entscheidung verknüpft sind, um Ihr Kind daran zu erinnern, dass es das nicht möchte. Rollenspiele geben ihm eine »emotionale Vorschau«, die sein limbisches System aktiviert.

Und so könnte das aussehen: Kehren wir zu Isabella zurück, die nicht aufhören kann zu spielen, wenn ihre Eltern rufen. Mama oder Papa setzt sich mit Isabella zusammen, um über das problematische Verhalten zu sprechen und zu überlegen, was man dagegen tun könnte. Sie erstellen zusammen einen Wenn-dann-Plan. Doch dann sagt das Elternteil: »Was würde wohl passieren, wenn du nicht aufhörst zu spielen?« Isabella sagt wahrscheinlich: »Mama/Papa wird *richtig* sauer.« – »Ganz genau«, sagt Mama. »Jetzt tun wir mal so, als ob das passiert.« Mama lässt Isabella so tun, als ob sie spielt, dann ruft sie ihren Namen, und Isabella spielt einfach weiter (wie sie es vorher besprochen haben). Also tut Mama so, als käme sie in ihr Zimmer gestürmt, sagt Isabella in einem echten aufgebrachten Tonfall, wie sauer sie ist, und lässt die Konsequenz folgen, die an dieser Stelle auch normalerweise folgt: »Junge Dame, ich habe dir zigmal gesagt, es geht nicht, dass du nicht hörst, wenn ich dich rufe! Du setzt dich jetzt bitte hin und denkst nach.«

Ein anderes Beispiel wäre, wenn Ihr älteres Kind sich vorstellt, dass es in seinem Zimmer Hausaufgaben machen soll, stattdessen aber angefangen hätte, auf seinem Handy zu spielen. Sie können dann so tun, als kämen Sie ins Zimmer, fänden es am Handy vor und sagten dann in strengem Tonfall: »Du hast gesagt, du machst Hausaufgaben, aber stattdessen spielst du am Handy. Nun kannst du nachher nicht zu deinem Freund gehen, weil du noch nicht mit den Hausaufgaben fertig bist.« Das Entscheidende ist, Ihr Kind daran zu erinnern, dass es sich richtig mies anfühlt, wenn es nicht hört. Es will sich nicht so fühlen. Es will die Konsequenz nicht erleben. Durch das Rollenspiel machen Sie die Konsequenz realer und unmittelbarer.

Ganz wichtig ist es, nach so einem Rollenspiel direkt den Wenn-dann-Plan für dieses Szenario zu üben. Dann können Sie Ihr Kind mit Lob überschütten, wenn es die erwünschte Reaktion erbringt. »Wunderbar! Du bist sofort gekommen, als ich gerufen habe!« – »Super, du hast erst deine Hausaufgaben fertig gemacht, bevor du das Handy angemacht hast!«

Falls Sie jetzt denken: »Ist es nicht gemein, so zu tun, als sei man wütend auf sein Kind?!«, vergessen Sie nicht, dass es ja weiß, dass Sie nur so tun. Trotzdem ruft das Rollenspiel aber eine emotionale Reaktion hervor, die ihm dabei helfen wird, sein Verhalten in der Zukunft besser zu kontrollieren. Eine vorgetäuschte Konsequenz im Probelauf ist immer noch besser als eine echte, wenn alle aufgebracht sind. Und die Wenn-dann-Übung, gefolgt vom Lob hinterher, sorgt für einen positiven Schlusspunkt. Außerdem unterstreicht der Kontrast (es fühlt sich schlecht an, wenn ich nicht darauf achte, was ich tun soll; es fühlt sich gut an, wenn ich es tue) das Argument, dass seine Entscheidung zu ganz unterschiedlichen Ergebnissen führen kann. Er hilft Ihrem Kind zu lernen, das Ergebnis bewusst zu steuern. Sie bringen ihm damit etwas sehr Wichtiges für sein ganzes Leben bei. Ihr Kind lernt, dass es selbst in der Hand hat, wie sein Leben sich entwickelt, und zwar durch die Entscheidungen, die es trifft. Sie können diese Entscheidungen nicht an seiner Stelle treffen (sosehr wir uns das auch wünschen), aber so lenken Sie es sanft in Richtung guter Entscheidungen.

Die Gegenwart »abkühlen«

Die andere Methode, Selbstregulation aufzubauen, sind Strategien, die den Bedarf danach in der Gegenwart abschwächen. Einige dieser Techniken sind zum Beispiel:

Die Versuchung entfernen. Diese Methode nutzen viele von uns sowohl für uns selbst als auch für unsere Kinder. Es geht darum, unsere Umgebung so zu gestalten, dass wir von weniger Auslösern umgeben sind. Ich kaufe zum Beispiel keine Chips, weil ich es fast unmöglich finde, nicht die ganze Tüte zu essen. Wir lassen die Keksdose in unserer Familie nicht draußen stehen, weil wir genau wissen, dass unsere Kinder sie dann sehen und nach einem Keks quengeln. Wenn Sie wissen, dass Ihr Kind unterwegs einen Zwischenstopp auf dem Spielplatz erbetteln wird, Sie aber keine Zeit dafür haben, wählen Sie einen anderen Weg von der Schule nach Hause, der nicht am Spielplatz vorbeiführt. Es ist schwer, der Versuchung auszuweichen, wenn sie einen quasi anspringt. Besonders schwer ist das für Menschen mit geringer Selbstregulation. Verlockungen aus dem Weg zu räumen, ist wohl eine der einfachsten Möglichkeiten, Probleme mit der Selbstkontrolle zu reduzieren, nutzt aber nur in bestimmten Situationen. Zu oft steht die große Chipsschüssel in greifbarer Nähe! Auch Ihr Kind wird immer wieder Umgebungen ausgesetzt sein, die nicht seiner Kontrolle unterliegen. Deshalb müssen Sie letztlich seine Selbstkontrolle trainieren.

Ablenkung schaffen. Wenn es nicht möglich ist, die Versuchung zu entfernen, ist Ablenkung eine weitere nützliche Technik. Wir tun das oft bei unseren Kindern. Sie fangen an, nach etwas zu quengeln, und wir sagen: »Oh, guck mal, Straßenkreide! Komm, wir gehen raus und malen!« Die Aufmerksamkeit vom verlockenden Gegenstand abzulenken, ist immer eine gute Option, besonders bei sehr kleinen Kindern, für die Wenn-dann-Strategien noch zu schwierig sind. Fazit: Wenn Sie das *Wenn* (die auslösende Situation) vermeiden können, ist das oft die einfachste Lösung. Die Kindergartenkinder in den Marshmallow-Experimenten setzten eine ganze Reihe urkomischer Ablenkungstechniken ein, die Sie sich auf YouTube ansehen können: wegsehen, mit den Fingern trommeln, Grimassen schneiden oder mit den Füßen wippen – sie taten alles, nur um nicht an diesen Marshmallow zu denken!

Probieren Sie die »Fliege an der Wand«-Technik aus. Sich von den eigenen Gefühlen zu lösen und sie aus der Entfernung zu betrachten, ist ein wesentlicher Bestandteil zahlreicher Therapien und Praktiken, die wirksam Stress reduzieren und das Wohlbefinden steigern. Es ist ein Kernstück der kognitiven Verhaltenstherapie, einer der wirksamsten Therapien bei vielen psychologischen Problemen. Auch in der Achtsamkeit, für deren zahlreiche Vorzüge es immer mehr Belege gibt, spielt es eine zentrale Rolle. Sich aus der Intensität der eigenen Gefühle herauszunehmen und sie objektiver zu betrachten, hilft uns dabei, die Unmittelbarkeit starker, problematischer Emotionen zu überwinden.

Auch unsere Kinder erleben starke, problematische Emotionen (aber hallo!). Ihnen beizubringen, aus sich herauszutreten und die Situation zu reflektieren, ist eine Möglichkeit, ihnen dabei zu helfen, mit ihren Gefühlen umgehen zu lernen und ihre Selbstregulation zu verbessern. Kindern kann man das gut verständlich machen, indem man sie bittet, sich vorzustellen, sie seien eine Fliege an der Wand, die die Situation beobachtet. In der jeweiligen Situation hilft das in der Regel zwar nicht, aber es ist nützlich, um hinterher noch einmal über das Geschehene zu sprechen. Das könnte etwa so aussehen:

Elternteil: »Versuchen wir herauszufinden, was genau passiert ist, als wir gestern diesen Streit ums Zubettgehen hatten. Stell dir vor, du wärst eine Fliege an der Wand in deinem Zimmer. Erzähl mal, was hat die Fliege gesehen?«

Unterstützen Sie Ihr Kind, indem Sie es durch das Gespräch führen. Es gibt hier kein Richtig und kein Falsch; entscheidend ist, dass Ihr Kind objektiv beschreibt, was die Beteiligten taten und fühlten, also versucht, sich mit dem Verhalten und den Emotionen jedes Einzelnen zu befassen.

Elternteil: »Wobei beobachtet dich die kleine Fliege?«

Kind: »Ich spiele in meinem Zimmer.«

Elternteil: »Und was mache ich?«

Kind: »Du rufst aus dem Wohnzimmer, ich soll meinen Schlafanzug anziehen.«

Elternteil: »Und was sieht die Fliege dann?«

Kind (schuldbewusst lächelnd): »Ich spiele immer noch.«

Elternteil: »Und was passiert dann?«

Kind: »Du kommst ins Zimmer.«

Elternteil: »Und was sieht die Fliege, was Mama tut?«

Kind: »Sie schreit!«

Elternteil: »Wie fühlt sich Mama wohl dabei?«

Kind: »Sauer.«

Elternteil: »Was glaubst du, warum Mama so sauer ist?«

Kind: »Weil ich nicht getan habe, was sie gesagt hat.«

Elternteil: »Und was sieht die Fliege dann?«

Kind: »Wie ich zurückschreie.«

Sie können versuchen, die Situation mit etwas Humor aufzulockern: »Oh Mann, die arme Fliege. Die musste sich ja ganz schön viel Geschrei anhören!«

Der Zweck der »Fliege an der Wand«-Übung besteht darin, Ihrem Kind beizubringen, verschiedene Perspektiven einzunehmen. Das bringt es weg von seiner eigenen Sichtweise (in der viele von uns stecken bleiben, wenn wir ehrlich sind) und hilft ihm dabei, beide Seiten zu sehen. Untersuchungen haben gezeigt, dass es Kindern (und Erwachsenen) hilft, über Wut oder verletzte Gefühle hinwegzukommen, wenn sie einen Schritt zurücktreten und versuchen, die Situation aus einer neutralen Perspektive zu betrachten. Es funktioniert nachweislich bei Jungen wie bei Mädchen und bei Kindern in allen Familienverhältnissen. Wir alle profitieren davon, mal einen anderen Blickwinkel einzunehmen.

Abkühlungsstrategien parat haben. Es ist immer eine gute Idee, ein paar Beruhigungsstrategien in petto zu haben, wenn Selbstregulation nötig wäre, aber Ihrem Kind gerade nicht danach ist. Wir als Eltern brauchen diese Strategien, und Kinder brauchen sie ebenfalls. Statten Sie Ihr Kind mit einer Standardtechnik aus, die es leicht anwenden kann, wenn es einen drohenden Verlust der Selbstregulation kommen spürt. Sie kann auch Teil seines Wenn-dann-Plans sein. Gute Abkühlungsstrategien sind zum Beispiel tief atmen, bis zehn zählen oder die Hände zu Fäusten ballen, als ob es Zitronen auspresst. Eine andere Möglichkeit wäre, um eine Pause zu bitten oder sich eine ruhige Aktivität zu suchen (Lesen, Malen, Musikhören), die ihm dabei hilft, sich wieder unter Kontrolle zu bringen. Finden Sie heraus, was Ihrem Kind am ehesten liegt. Mein Sohn zum Beispiel fand die Idee mit den ausgequetschten Zitronen ganz furchtbar; er fand, dass er lächerlich aussah, und das regte ihn eher noch mehr auf, als ihn zu beruhigen. Stattdessen fand er heraus, dass er sich viel besser selbst regulieren konnte, wenn er in sein Zimmer ging und eine Weile allein auf dem Sitzsack saß.

Was Eltern noch tun können, um Kinder beim Aufbau ihrer Selbstregulation zu unterstützen

Bisher haben wir uns mit spezifischen Strategien beschäftigt, die Sie in bestimmten Bereichen einsetzen können, in denen Ihr Kind mit der Selbstregulation Probleme hat. Aber es gibt auch einige allgemeine Bereiche, die Sie als Elternteil beeinflussen können und die nachweislich einen Einfluss auf die Fähigkeit von Kindern haben, ihr Verhalten bewusst zu kontrollieren.

Essen, schlafen, fröhlich sein. Jeder Mensch hat sich besser im

Griff, wenn er nicht müde oder hungrig ist – das gilt für Kinder genauso wie für Erwachsene. Irgendwie wissen wir das alle, aber manchmal sind es die einfachsten Dinge, die man übersieht. Gesunde Schlaf- und Essgewohnheiten sorgen dafür, dass wir alle in Bestform bleiben. Gleichbleibende Schlafens- und Aufstehzeiten, eine wiederkehrende Abendroutine und das Vermeiden stimulierender Aktivitäten oder Bildschirmzeit direkt vor dem Schlafengehen sorgen für ausgeruhte Kinder, die sich gleich nach dem Aufstehen von ihrer Schokoladenseite zeigen ☺). Wenn Sie die letzte Besorgung streichen, die Sie eigentlich noch dazwischenquetschen wollten, wenn alle auf der Einkaufstour schon »durch« sind, dafür sorgen, dass keine Mahlzeiten ausgelassen werden, und im Auto gesunde Snacks für Notfälle bereithalten (ich habe einen ganzen Vorrat im Handschuhfach – hauptsächlich für mich selbst), können manche Tage viel reibungsloser ablaufen.

Überwachen Sie den Stresslevel des Kindes. Stress kann einen gewaltigen Einfluss auf die Gehirnentwicklung haben. Stress versetzt uns in den Kampf-oder-Flucht-Modus, indem er das »heiße« System im Gehirn aktiviert. Kinder, die unter ständigem Stress aufwachsen, haben »heiße« Gehirnsysteme, die ständig überaktiv sind und sich im Alarmzustand befinden. Das macht es ihnen schwerer, ihre Impulse kontrollieren zu lernen und ihre Selbstregulation zu entwickeln. Wenn die Welt unvorhersehbar und gefährlich ist, hat die Evolution uns nun einmal so programmiert, dass unser »heißes« Gehirn die Kontrolle übernimmt.

Eine Ihrer wichtigsten Unterstützungsmöglichkeiten als Elternteil besteht also darin, dafür zu sorgen, dass Ihr Kind sich sicher, geschützt und geliebt fühlt. Soweit es in Ihrer Macht steht, können Sie dazu beitragen, dass seine Welt stabiler und vorhersehbarer ist. Heftiger Streit zu Hause oder häusliche Gewalt, unzuverlässige Erwachsene, gefährliche Wohngegenden – all das kann es Kindern erschweren, ihre Fähigkeit zum Denken und Planen zu schulen. Stattdessen werden sie gezwungen, sich auf das Hier und Jetzt zu konzentrieren. Je mehr Eltern in der Lage sind, die Quellen für chronischen, starken Stress zu verringern, desto mehr profitieren Kinder davon.

Fördern Sie seine Autonomie. Stress zu reduzieren bedeutet nicht, dass Sie jeden Aspekt in der Umgebung Ihres Kindes kontrollieren müssen. Tatsächlich schadet übermäßige Fürsorge der Fähigkeit Ihres Kindes, Selbstkontrolle aufzubauen. Eltern müssen daher Autonomie unterstützen und fördern. Kinder schärfen ihre Fähigkeiten der Selbstregulation, indem sie Dinge ausprobieren und aus den Folgen lernen. Genau wie die Mathearbeit ist Selbstkontrolle nichts, was Eltern ihren Kindern abnehmen können. Kinder müssen sie selbst erlernen. Und im Gegensatz zu Mathe sind diese Fähigkeiten wahrscheinlich deutlich wichtiger für ihre Lebensentwicklung! Geben Sie Ihrem Kind also Möglichkeiten, seine Selbstregulation zu üben und auszubauen. Nicht immer wird es klappen, aber Ihr Kind wird mit der Zeit stetig besser darin.

Zum Beispiel könnte Ihr Kind Sie fragen, ob es etwas spielen darf, bevor es mit den Hausaufgaben anfängt. Sie bezweifeln, dass es ihm gelingen wird, vom Spiel- in den Arbeitsmodus umzuschalten. Wenn Sie ihm jedoch erlauben, es zu versuchen, geben Sie ihm die Möglichkeit, seine Fähigkeit zur Selbstregulation zu üben. Vielleicht erleben Sie ja eine angenehme Überraschung. Indem Sie Ihrem Kind eine Chance geben, vermeiden Sie aber zumindest den Widerstand, den Streit und den Groll, die entstehen können, wenn Sie die Grenzen setzen. Und wenn es sich der Lage nicht gewachsen zeigt, lernt Ihr Kind, dass es an diesem Bereich noch arbeiten muss; so entsteht eine Gelegenheit für ein kollaboratives Gespräch mit Ihrem Kind über den Aufbau von Selbstkontrolle.

Lassen Sie natürliche Konsequenzen zu. Selbstkontrolle lernen Kinder unter anderem durch das Erfahren von Konsequenzen. Das kann für Eltern schwer mit anzusehen sein, da wir es als Teil unserer Aufgabe betrachten, unsere Kinder zu schützen. Aber wenn wir sie vor den Konsequenzen ihres Handelns »schützen«, schaden wir ihnen auf lange Sicht eigentlich, da ihr Gehirn die Ursache-Wirkung-Verbindung zwischen ihrem Verhalten und den Ergebnissen nicht herstellt. Wenn Ihr Kind beispielsweise morgens Quatsch macht und seine Schulbücher vergisst, tragen Sie sie ihm nicht in die Schule hinterher. Ein Tag ohne Bücher ist nicht das Ende der Welt, und die unangenehme Erfahrung wird eher dafür sorgen, dass es sich in Zukunft darauf konzentriert, alle seine Schulsachen einzupacken. Kinder müssen lernen, dass Entscheidungen Konsequenzen haben und dass sie wählen können. Indem Sie Konsequenzen zulassen, lernt Ihr Kind, dass gute Entscheidungen zu guten Konsequenzen und schlechte zu schlechten Konsequenzen führen. Helfen Sie ihm dabei, die Verbindung zwischen seinem Verhalten und der Konsequenz (wie immer die auch aussehen mag) herzustellen, damit es selbst zu dieser grundlegenden Einsicht kommt und begreift, dass es in seiner Macht liegt, das Ergebnis zu beeinflussen.

Erkennen Sie, wann Schadensbegrenzung angebracht ist. Es gibt auch Aufgaben, die die Fähigkeit einiger Kinder zur Selbstregulation schlicht übersteigen und bei denen es nicht möglich ist, auf die natürlichen Konsequenzen zu setzen. Wenn Ihr Kind in einem bestimmten Bereich, der zu Problemen führen kann, sehr wenig Selbstkontrolle hat, ist es manchmal am klügsten, zu überlegen, wie sich der Kollateralschaden bei einer anstehenden Aufgabe minimieren lässt, statt zu erwarten, dass es sie bewältigt. Deshalb ziehen wir Zäune um Swimmingpools und behalten unser Kleinkind am Strand immer im Auge. Kleine Kinder (oder Kinder mit geringer Selbstregulation) verfügen nicht über die Selbstkontrolle, zuverlässig richtige Entscheidungen zu treffen (zum Beispiel denken sie nicht darüber nach, dass sie nicht schwimmen können, bevor sie ins Wasser rennen). Manchmal ist es eben auch unsere Aufgabe als

Eltern, sie schlicht vor Schaden zu bewahren und nicht zu erwarten, dass sie der Herausforderung gewachsen sind. Das kann auch für kleinere, nicht lebensbedrohliche Aufgaben gelten. Die Tochter meiner Kollegin an der Fakultät für Entwicklungspsychologie hatte mit etwa einem Jahr mal eine Phase, in der sie regelmäßig mit Essen warf. In dem Wissen, dass die Impulskontrolle im Entwicklungsfahrplan ihrer Tochter erst später an die Reihe kommen würde, stellte die Familie den Küchentisch einfach in eine andere Ecke, sodass alle Polstermöbel außerhalb der Flugbahn waren, und übte in kleinen Schritten mit ihr, das Essen auf dem Teller zu lassen.

Geben Sie Beispiele für Selbstregulation. Kinder lernen durch Beobachten, und da sich die Selbstregulation in allen Kindergehirnen erst noch entwickelt (wenn auch in einigen schneller als in anderen – Grüße an die glücklichen Eltern von Kindern mit guter Selbstregulation!), gibt es viele Ressourcen auf dem Markt, um Kindern beim Erlernen von Selbstkontrolle zu helfen. Wenn Sie »Impulskontrolle Kinderbücher« oder »Selbstkontrolle Kinderbücher« googeln, werden Ihnen eine ganze Reihe Bilderbücher zum Vorlesen vorgeschlagen, die Ihrem Kind dabei helfen sollen, das Konzept der Selbstkontrolle zu verstehen. Wenn Sie gut erzählen können, denken Sie sich selbst Geschichten über fiktive Kinder mit unterschiedlich ausgeprägter Selbstkontrolle aus. Die *Sesamstraße*-Staffeln von 2013 und 2014 wurden in Zusammenarbeit mit Walter Mischel entwickelt, dem Psychologen hinter dem Marshmallow-Test, und legen den Schwerpunkt auf das Erlernen von Strategien zur Selbstkontrolle, etwa wenn Krümelmonster lernt, seine Keksgier unter Kontrolle zu bekommen. Anschauliche Geschichten können Kindern dabei helfen, bewusstes Verhalten nach und nach mit Ergebnissen in Zusammenhang zu bringen.

Üben Sie Selbstregulation mithilfe von Spielen. Viele beliebte Kinderspiele helfen bei der Entwicklung von Selbstkontrolle. Bei »Ochs am Berg« dürfen die Kinder sich nur von der Startlinie zur

Ziellinie bewegen, solange der Spielleiter sich nicht umdreht. Wer beim Bewegen erwischt wird, muss zurück zur Startlinie. Beim Spiel »Kommando Pimperle« müssen die Kinder tun, was die Spielleitung sagt (z. B. »Hände hoch«, »Aufstehen«, »Hinsetzen«), aber nur dann, wenn vorher das Wort »Kommando« fällt. Sagt die Spielleitung nur »Hände hoch« und ein Kind befolgt den Befehl, scheidet es aus. Bei all diesen Spielen können Kinder ihre Impulskontrolle üben – und das Beste: Es macht ihnen auch noch Spaß, und sie merken nicht einmal, dass sie ihre Fähigkeiten zur Selbstkontrolle üben!

Seien Sie ein Vorbild in Selbstregulation. Auch durch Beobachtung lernen Kinder viel über Selbstregulation, und bei ihren Eltern sitzen sie natürlich in der ersten Reihe. Wie reagieren wir, wenn unsere Kinder uns auf die Palme bringen? Wenn wir starke Gefühle erleben, können diese Emotionen unser »heißes« Gehirn aktivieren und uns zu reflexhaften statt überlegten Reaktionen verleiten. Genau wie unsere Kinder unterscheiden auch wir uns darin, wie leicht uns Selbstregulation fällt. Es lohnt sich, einmal über die Bereiche nachzudenken, in denen Sie selbst mehr Probleme mit der Selbstkontrolle haben. Überlegen Sie, was Ihre Auslöser sind, vor allem dann, wenn sie mit Ihrem Kind zu tun haben. Es ist gut, einen Plan im Ärmel zu haben, wie Sie reagieren, wenn Ihr Kind Ihre Selbstregulation auf den Prüfstand stellt. Die gute Nachricht an dieser Stelle: Alle besprochenen Techniken funktionieren auch bei Erwachsenen. Wenn-dann-Pläne, Abkühlungsstrategien, die eigenen Gefühle von außen betrachten – diese Methoden können wir auch einsetzen, um bessere, ruhigere Eltern zu werden.

Ich gestehe, dass im Umgang mit meinem Sohn auch manchmal mein »heißes« Gehirn die Kontrolle übernimmt. Wir alle kennen Momente, in denen unsere Selbstregulation versagt. Eine gute Freundin erzählte mir kürzlich, wie sie am Ende eines langen Quarantänetages mit ihren Kindern die Hausaufgaben überprüfte, an denen ihre Tochter angeblich den ganzen Tag gesessen hatte, und festgestellt, dass alle Blätter leer waren. Nach einer hitzigen, verworrenen Diskussion darum, dass der Computer vielleicht möglicherweise ihre Arbeit einfach nicht gespeichert hatte, brüllte meine Freundin schließlich eine weniger höfliche Version von: *»Sag mir einfach, wo deine verflixten Hausaufgaben sind!«*

Manchmal werden wir trotz allerbester Pläne und Vorsätze unseren eigenen Ansprüchen nicht gerecht. So ist das Leben nun mal, und auch das ist eine wichtige Lektion für unsere Kinder. Wenn Sie immer wieder die Kontrolle verlieren und Ihren Wutausbruch hinterher bereuen, sprechen Sie aufrichtig mit Ihrem Kind darüber. Erzählen Sie ihm, was passiert ist (sobald alle sich wieder beruhigt haben), und zwar genau so, als hätte *Ihr Kind* einen Ausfall der Selbstregulation erlebt. Sie können diese Gelegenheit nutzen, um es daran zu erinnern, dass wir alle Fehler machen, dass wir uns entschuldigen, wenn das passiert, und dann alle weitermachen und versuchen können, es in Zukunft besser zu machen. Auf diese Weise können Sie ein Vorbild für die Weiterentwicklung der Selbstregulation sein, die Ihr Kind lernen soll.

Kann man zu viel Selbstkontrolle haben?

Im Allgemeinen ist Selbstregulation etwas Gutes. Wie wir in diesem Kapitel gesehen haben, ist sie mit vielen positiven Lebensentwicklungen verknüpft. Gelegentlich können Kinder, die bei Selbstregulation weit im oberen Bereich liegen, auch »überkontrolliert« sein. Ihre Neigung zur Kontrolliertheit kann dazu führen, dass sie zu vorsichtig sind und überhaupt keine Risiken eingehen wollen. Überkontrollierte Kinder können auch unnachgiebig und unflexibel sein. Mit Planänderungen kommen sie oft nicht gut zurecht. Dieses hohe Maß an Selbstkontrolle kann zu Konflikten mit anderen, weniger regelorientierten Kindern führen und den Umgang mit Gleichaltrigen erschweren.

Wenn Ihr Kind mit hoher Selbstregulation solche Tendenzen zeigt, können Sie mit ihm an den Bereichen arbeiten, in denen es Schwierigkeiten hat. Bringen Sie Ihr vorsichtiges Kind sanft dazu, etwas Neues auszuprobieren. Beginnen Sie mit etwas Kleinem und loben Sie es, wenn es seine Komfortzone verlässt. Wenn die Inflexibilität Ihres Kindes Probleme verursacht, versuchen Sie es mit den Strategien zur Lösungsfindung im Kapitel zur Emotionalität. Wenn es frustriert ist, weil andere Kinder nicht ebenso viel Selbstkontrolle aufbringen, nutzen Sie die Gelegenheit, mit ihm über individuelle Unterschiede zu sprechen und dass jede Charaktereigenschaft ihre Vor- und Nachteile hat, zum Beispiel auch die Risikobereitschaft. Überlegen Sie mit ihm gemeinsam, worin die Vor- und Nachteile bestehen, damit es unterschiedliche Wesensarten besser schätzen lernt.

Ist es manchmal nicht doch besser, das Marshmallow zu essen?

Vielleicht dachten Sie beim Lesen dieses Kapitels: »Aber was ist denn so schlecht daran, das Marshmallow einfach zu essen?« Was ist mit dem guten alten *Carpe diem* – nutze den Tag?

Tatsächlich ist es in manchen Situationen sinnvoll, Gelegenheiten zu nutzen, die sich vor uns auftun. In einer unberechenbaren Umgebung oder wenn nicht sicher ist, ob das Versprechen zukünftiger Belohnungen eingehalten wird, ist es plausibel, den sprichwörtlichen Spatz (oder das Marshmallow!) in die Hand zu nehmen. Tatsächlich fand man mit dem Marshmallow-Test auch heraus, dass Kinder eher warteten, wenn sie die Erfahrung gemacht hatten, dass andere Menschen ihre Versprechen halten. Wenn es keinen Grund gibt zu glauben, dass jemand uns die versprochenen zwei Marshmallows später wirklich gibt, ist es viel einleuchtender, das eine Marshmallow dann zu essen, wenn sich die Gelegenheit dazu ergibt.

Manchmal kann es auch vorteilhaft sein, eine Gelegenheit beim Schopf zu ergreifen. CEOs und andere Führungskräfte liegen in bestimmten Dimensionen der Impulsivität wie der Risikobereitschaft meist über dem Durchschnitt. Zu große Risiken einzugehen, kann jedoch verheerend sein. Sofort zu tun, was sich im Augenblick richtig anfühlt, kann eine Menge Schwierigkeiten verursachen. Es führt dazu, dass Menschen Drogen nehmen, der Spielsucht verfallen, ungeschützten Sex haben, die ganze Tüte Chips leer essen. In vielen Situationen ist es auf lange Sicht nicht das Beste für uns, das zu tun, wonach uns gerade am meisten ist. Also kann ein gewisses Maß an Risikobereitschaft und das Ergreifen von Gelegenheiten zwar etwas Gutes sein, entscheidend ist jedoch, das richtige Gleichgewicht zu finden und zu lernen, *kalkulierte* Risiken einzugehen. Und hier kommt die Selbstregulation ins Spiel. Sie nimmt uns nicht die Vorteile, die sich durch eine gewisse Risikobereitschaft ergeben, sondern hilft uns nur, diese zu kontrollieren.

Geschlechtsunterschiede

In den vorigen Kapiteln ging es nicht oft um Unterschiede zwischen Jungen und Mädchen, weil es bei den meisten genetischen Veranlagungen keine wirklichen Geschlechtsunterschiede gibt. Mit einer Ausnahme: der Selbstregulation. Mädchen als Gruppe erzielen hier deutlich höhere Werte als Jungen (wie jede Jungsmutter Ihnen auch so hätte sagen können!). Das bestätigt auch die wiederholte Beobachtung, dass Mädchen in der Schule in der Regel als konzentrierter und fügsamer wahrgenommen werden und mehr Selbstkontrolle zeigen. Sie können länger aufmerksam an ihrem Platz sitzen bleiben und sind besser darin, ihre Aufgaben fertigzustellen. Erkrankungen, die im Zusammenhang mit der Impulskontrolle stehen (z. B. ADHS und Aggressionen bei Kindern, Drogenprobleme bei Erwachsenen), kommen ebenfalls häufiger bei Jungen als bei Mädchen vor. Unklar ist, ob diese durchschnittlichen Unterschiede bei der Verhaltenskontrolle auf biologische oder gesellschaftliche Ursachen zurückzuführen sind. Wie bei den meisten Themen liegt hier wahrscheinlich eine Kombination beider Faktoren vor. Es ist zudem wichtig zu beachten, dass auch wenn Mädchen *im Durchschnitt* bei der Selbstregulation höhere Werte erreichen als Jungen, bei beiden Geschlechtern eine Normalverteilung vorliegt, dass also einige Mädchen und Jungen jeweils am unteren und oberen Ende des Spektrums liegen und viele in der Mitte.

Zusammenfassung

Alle Kinder haben mit der Selbstkontrolle zu kämpfen. Sie schlagen ihr Geschwisterchen, nachdem sie Ihnen gerade noch versprochen haben, das zu lassen. Sie ignorieren Ihre Aufforderung zum Aufräumen und spielen einfach weiter. Sie spielen im Haus mit dem Ball und machen Ihre neue Lampe kaputt. Aussetzer der Selbstkontrolle stehen ganz oben auf der Liste »Dinge, die unsere Kinder tun und die uns wahnsinnig machen«.

Zum Teil ist das deswegen so frustrierend, weil es sich so anfühlt, als *müssten* unsere Kinder sich benehmen können, tun es aber absichtlich nicht. Schließlich hat es gerade erst zu Ihnen gesagt: »Reden ist besser als Hauen« oder »Teilen ist schöner als Streiten«. Das nennt man eine *Erwartungslücke*: Eltern trauen ihren Kindern in jungen Jahren mehr Selbstregulation zu, als die Forschung zur Gehirnentwicklung belegen kann. Mit anderen Worten, nur weil

Ihr Kind die entsprechende Regel (ehrlich) pflichtbewusst aufsagen kann, heißt das noch lange nicht, dass sein Gehirn sie auch anwenden kann. Sein »heißes« Gehirn ist voll funktionstüchtig, aber sein »kaltes« Gehirn hat noch ein langes Stück Weg vor sich. Das macht es ihm unglaublich schwer, seine Impulse zu kontrollieren. Zusätzlich sind die individuellen Gehirne aller Kinder auch noch je nach Erbmasse unterschiedlich programmiert. Kinder mit geringer Selbstregulation zeigen eine angeborene Überbetonung des »heißen« Gehirns, die sich durch ihr ganzes Leben ziehen wird.

In diesem Kapitel haben Sie Strategien kennengelernt, mit denen Kinder mehr Selbstregulation lernen können, aber es sind keine Zaubersprüche. Wenn-dann-Pläne lassen sich in den wichtigsten Bereichen gut einsetzen, aber vergessen Sie dabei nicht, dass Sie gegen Jahrtausende evolutionärer Programmierung arbeiten. Das Gehirn Ihres Kindes ist darauf ausgelegt, auf das Hier und Jetzt zu reagieren, vor allem wenn es bei Selbstregulation im unteren Bereich liegt. Es braucht Zeit und Übung, um ein Verhalten zu automatisieren, und selbst wenn Ihr Kind seine Selbstregulation aufbaut, wird es ab und zu immer noch Ausrutscher geben.

An solchen Stellen ist es an uns Eltern, unsere Selbstregulation einzusetzen. Atmen Sie einige Male tief durch und erinnern Sie sich daran, dass sein Gehirn noch im Aufbau ist. Diese grundlegende Einsicht – dass es nicht absichtlich unartig ist, sondern sein Gehirn noch eine Baustelle ist – kann für Sie zur verlässlichen Abkühlungsstrategie werden. Mir hat es jedenfalls geholfen, nicht durchzudrehen, als mein Kleinkind zum zehnten Mal aus seinem Hochstuhl kletterte, nachdem ich ihm mehrmals gesagt hatte, es solle sitzen bleiben. Es unterstreicht auch, warum Standpauken oder sogar Anschreien keine wirksame Methode sind, um Kindern Selbstregulation beizubringen. Leider wachsen davon ihre Gehirne nämlich auch nicht schneller, und sie für ein nicht erfolgtes Verhalten zu bestrafen, das ihre Kapazitäten noch übersteigt, lässt sie nur ein schlechtes Selbstbild entwickeln. Im Marshmallow-Experiment konnten die meisten Kinder unter vier nicht auf das zweite Marshmallow warten – und einige Kinder werden immer dazu neigen, lieber sofort zuzugreifen als sich zu gedulden. Lenken Sie Ihr Kind weiterhin sanft in Richtung Selbstregulation, selbst wenn es Sie an die Grenzen Ihrer eigenen bringt!

Kernpunkte

- Selbstregulation ist die Fähigkeit eines Menschen, sein Verhalten, seine Emotionen und seine Aufmerksamkeit zu kontrollieren. Sie ist genetisch beeinflusst; Unterschiede in der Selbstregulation zeigen sich schon früh in der Entwicklung, sind aber auch beeinflussbar.

- Die Fähigkeit, sein Verhalten bewusst zu steuern, hängt mit der Entwicklung zweier wichtiger Gehirnbereiche zusammen, die wir als »heißes« Gehirn (limbisches System) und »kaltes« Gehirn (präfrontaler Kortex) bezeichnen. Das »heiße« Gehirn konzentriert sich auf das Hier und Jetzt, das »kalte« Gehirn ist an Entscheidungsfindung und Planung beteiligt.

- Das »kalte« Gehirn braucht lange für seine Entwicklung. Deshalb haben die meisten Kinder auf die eine oder andere Weise Probleme mit der Selbstkontrolle. Bei Kindern mit geringer Selbstkontrolle ist das »heiße« Gehirn überbetont und bleibt es auch, wenn sie älter werden.

- Verschiedene Strategien können Kinder dabei unterstützen, mehr Selbstregulation aufzubauen. Dazu gehören Wenn-dann-Pläne, Konsequenzen in Rollenspielen verdeutlichen und Abkühlungsstrategien.

- Daran zu denken, dass Ihr Kind nicht absichtlich aufsässig ist und dass sein Gehirn nur stärker auf das Hier und Jetzt ausgerichtet ist, kann Ihnen dabei helfen, geduldiger mit Ihrem Kind zu bleiben (und mehr Selbstregulation zu üben!).

Mehr als Sie und Ihr Kind: Veranlagungen und Partner

Inzwischen dürften Sie sich ein gutes Verständnis für Ihr Kind, seine natürlichen Tendenzen und die Funktionsweise seines Gehirns erarbeitet haben. Und auch sich selbst verstehen Sie nun besser, ebenso Ihre angeborenen Tendenzen und wie Ihr Gehirn funktioniert. Sie haben gelernt, wie Sie dieses Wissen einsetzen können, um eine »Goodness of Fit« herzustellen – indem Sie Ihre Erziehung flexibel an die Bedürfnisse Ihres Kindes anpassen, damit es zur besten Version seiner selbst heranwachsen kann, und unnötigen Stress und Streit in Ihrem Haus reduzieren.

Aber wahrscheinlich sind Sie nicht die einzige wichtige erwachsene Person im Leben Ihres Kindes. Andere Bezugspersonen – der Co-Elternteil oder Partner/Partnerin, Betreuungspersonal, Großeltern, Lehrkräfte, Trainer – spielen ebenfalls eine Rolle beim Herstellen der richtigen Passung. Wahrscheinlich haben sie ihre eigenen Vorstellungen von Erziehung und wie man Kinder am besten formt und diszipliniert. In diesem Kapitel sehen wir uns an, wie Sie mit anderen wichtigen Menschen im Leben Ihres Kindes Kontakt aufnehmen können, um eine gute Passung zu erzielen, und wie sich Differenzen im Erziehungsstil unter den Betreuungspersonen angehen lassen. Im ersten Teil des Kapitels geht es um Gespräche mit dem Co-Elternteil; ich benutze diese Bezeichnung hier im weitesten Sinn für jede andere wichtige erwachsene Person, die eine Rolle in der Erziehung Ihres Kindes spielt. Der zweite Teil des Kapitels ist speziell der Schule und dem Aufbau von Partnerschaften mit Lehrerinnen und Lehrern gewidmet. Die Informationen im zweiten Teil lassen sich auch auf Gespräche mit Trainern und anderen Teilzeit-Betreuungspersonen übertragen, die eine wichtige Rolle im Leben Ihres Kindes spielen, etwa Babysitter.

Der Umgang mit der Co-Elternschaft

Wenn Sie in einer Beziehung sind, ist aller Wahrscheinlichkeit nach Ihre Partnerin oder Ihr Partner der andere Mensch, der eine tragende Rolle im Erziehungsalltag spielt. Wenn es Ihnen dabei so geht wie vielen anderen Paaren auch, ist Ihre Erziehungsphilosophie vielleicht nicht ganz deckungsgleich. Sind Sie mit dem anderen biologischen Elternteil nicht mehr verheiratet oder in einer Beziehung, kann es sogar noch schwieriger sein, sich über die Erziehung zu einigen. In manchen Familien leben andere wichtige Erwachsene mit im Haushalt, etwa die Großeltern oder Mitglieder des erweiterten Familienkreises, und spielen ebenfalls eine Rolle bei der Kindererziehung. In diesem ganzen Abschnitt verwende ich das Wort *Partner*, um diese vielen Arten anderer erwachsener Personen zu beschreiben, die vielleicht an der Erziehung Ihres Kindes beteiligt sind.

Was tun Sie also, wenn andere Bezugspersonen im Leben Ihres Kindes ganz andere Vorstellungen von Erziehung haben? Vielleicht wurden sie mit strenger Disziplin erzogen und halten das Konzept, die Erziehung an die Bedürfnisse des Kindes anzupassen, für eine neuzeitliche Version von »zu weich«. Vielleicht haben sie genaue Vorstellungen von der »richtigen« Erziehung und glauben deshalb nicht an eine flexible Anpassung der Erziehungsmethoden an das Kind. (Ich würde vorschlagen, Sie leihen der Person erst einmal dieses Buch als Ausgangsbasis.) Vielleicht macht ihr stark emotionales Kind mal wieder Theater, und Ihr Partner sagt zu Ihnen, dass es einfach nur mehr Disziplin braucht. Vielleicht meint Ihr Partner, dass das Fehlen von Regeln von Ihrer Seite zu den Ausbrüchen oder dem inakzeptablen Verhalten Ihres Kindes beiträgt. Nicht selten hält ein Elternteil den anderen für zu nachgiebig, während der Co-Elternteil den anderen als zu streng oder kompromisslos erachtet. Wie umschifft man diese Differenzen, die teilweise eine weitere Stressquelle zu Hause sind?

Treten wir erst einmal einen Schritt zurück und sehen uns die Forschungslage zu verschiedenen Erziehungsstilen an.

Den eigenen Erziehungsstil verstehen

In der Psychologie beschreibt man verschiedene Erziehungsstile anhand zweier entscheidender Dimensionen: emotionale Wärme (zu der auch Responsivität gehört) und Kontrolle (die Forderung und Strenge umfasst). Jede Dimension ist ein Kontinuum, in dem Eltern jeweils von hoch bis niedrig verortet sind. Aus den Werten der Eltern in diesen beiden Dimensionen entstehen vier unterschiedliche Erziehungsstile, die allgemein als autoritativ, permissiv, vernachlässigend und autoritär bezeichnet werden.

Autoritative Eltern liegen im oberen Bereich bei Wärme und bei Forderung. Diese Eltern haben hohe Erwartungen an und klare Standards für ihre Kinder und kommunizieren diese Erwartungen mit emotionaler Wärme. Sie stellen Regeln auf und erklären die Gründe hinter den Regeln. Sie erlauben ihren Kindern, Ziele und Aktivitäten mitzubestimmen.

Permissive Eltern liegen bei Wärme im oberen Bereich, führen oder leiten ihre Kinder jedoch weniger. Sie haben weniger Regeln und sind nachsichtiger, wenn ihre Kinder diese brechen. Permissive

Eltern wollen eher die Freunde ihres Kindes sein. Sie sind nicht so streng und lassen ihre Kinder Dinge eher selbst herausfinden. Sie sind herzlich und fürsorglich, haben aber keine hohen Erwartungen an ihre Kinder, die sie erfüllen müssen.

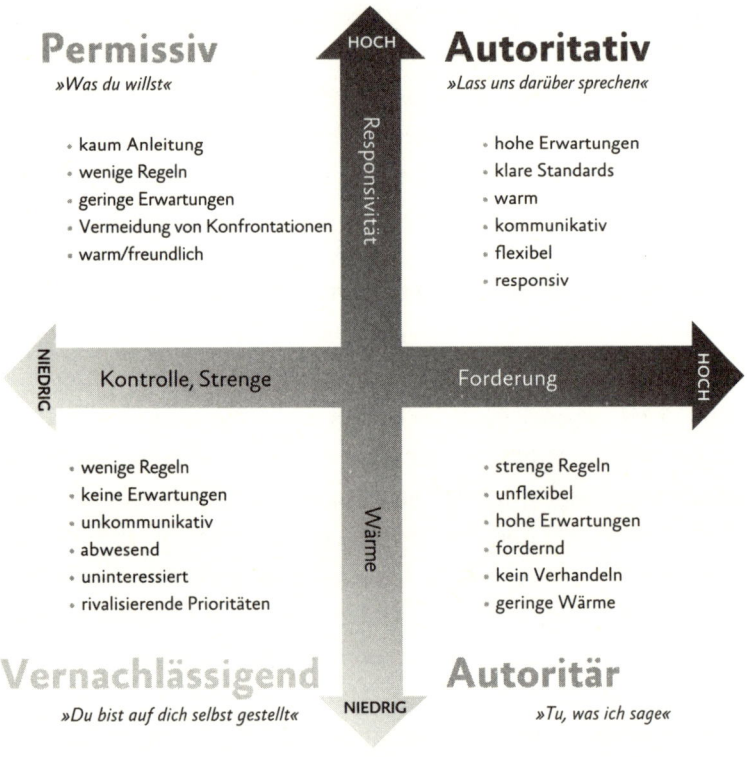

Permissiv
»Was du willst«

- kaum Anleitung
- wenige Regeln
- geringe Erwartungen
- Vermeidung von Konfrontationen
- warm/freundlich

Autoritativ
»Lass uns darüber sprechen«

- hohe Erwartungen
- klare Standards
- warm
- kommunikativ
- flexibel
- responsiv

HOCH

Responsivität

NIEDRIG — Kontrolle, Strenge — Forderung — HOCH

Wärme

- wenige Regeln
- keine Erwartungen
- unkommunikativ
- abwesend
- uninteressiert
- rivalisierende Prioritäten

- strenge Regeln
- unflexibel
- hohe Erwartungen
- fordernd
- kein Verhandeln
- geringe Wärme

Vernachlässigend
»Du bist auf dich selbst gestellt«

NIEDRIG

Autoritär
»Tu, was ich sage«

Quelle: Fernando García und Enrique Gracia. »Is Always Authoritative the Optimum Parenting Style? Evidence from Spanish Families« *Adolescence* 44, no. 173 (Spring 2009): 101–31.

Autoritäre Eltern liegen bei Forderung wie auch autoritative Eltern im oberen Bereich, nicht jedoch bei Wärme. Sie stellen meist strenge Regeln auf und setzen sie durch, ohne viel Mitsprache vonseiten des Kindes. Ihre Regeln sind unflexibel, das Brechen der Regeln führt zu Bestrafung. Verhandeln mit dem Kind wird als

2. Bausteine

unzumutbar betrachtet. Die Kommunikation ist meist eine Ein-
bahnstraße von Elternteil zu Kind, und es wird erwartet, dass das
Kind Regeln befolgt, ohne sie infrage zu stellen. Autoritäre Eltern
sind meist weniger herzlich und fürsorglich.

Vernachlässigende Eltern liegen bei Wärme und Forderung im
unteren Bereich. Diese Eltern lassen ihre Kinder meist tun, was
sie wollen, geben wenig Anleitung und setzen kaum Grenzen.
Kommunikation findet selten statt. Es gibt wenige Regeln oder
Erwartungen. Diese Eltern sind abwesend oder mit anderen Prioritäten beschäftigt. Im Extremfall kommt es zu echter Vernachlässigung.

Sehen wir uns nun an, wie diese Erziehungsstile in einigen typi-
schen Eltern-Kind-Situationen zum Tragen kommen.

Der fünfjährige Ethan geht mit seiner Mutter einkaufen. Ethans
Meinung nach dauert das alles viel zu lange, und er ist frustriert. Er
wirft sein Getränkepäckchen auf den Boden, und der Saft spritzt
heraus. So könnten Eltern mit unterschiedlichen Erziehungsstilen
darauf reagieren:

Autoritativer Elternteil *(bestimmt, aber freundlich):* »Ethan,
ich weiß, dass du keine Lust mehr hast, aber wir müssen
nun mal einkaufen, damit wir was zum Abendessen zu
Hause haben. Was haben wir wegen des Werfens besprochen? Es ist nicht in Ordnung, mit Dingen zu werfen, wenn
man wütend ist. Was machst du jetzt mit dem Saft auf dem
Boden?«

Permissiver Elternteil *(wirft Ethan einen verschmitzten Blick
zu):* »Ethan, du weißt doch, dass du das nicht sollst. Aber
ich weiß, dass Einkaufen langweilig ist. Weißt du was, wir
gehen jetzt nach Hause, und ich mache dir was zu essen.«

Autoritärer Elternteil *(laut und barsch)*: »Ethan, das geht zu weit! Sobald wir zu Hause sind, gehst du in dein Zimmer, und Nachtisch gibt es heute auch keinen!«

Vernachlässigender Elternteil: bemerkt gar nicht, dass Ethan das Getränkepäckchen auf den Boden geworfen hat.

Zehn Jahre später: Der fünfzehnjährige Ethan kommt erst nach Mitternacht nach Hause.

Autoritativer Elternteil: »Ethan, wir haben doch abgemacht, wann du zu Hause sein sollst, und du weißt ganz genau, dass Mitternacht vereinbart war. Es ist absolut nicht in Ordnung, dass du ohne Grund einfach eine halbe Stunde später auftauchst. Wir hatten das ja besprochen: Weil du zu spät zu Hause warst, darfst du dich morgen Abend nicht mit deinen Freunden treffen. Lass uns mal überlegen, wie du beim nächsten Mal die Zeit besser im Auge behalten kannst.«

Permissiver Elternteil: »Ethan, versuch bitte, beim nächsten Mal pünktlich zu kommen.«

Autoritärer Elternteil *(wird laut)*: »Ethan, ich dulde nicht, dass du zu spät kommst! Was hast du dir dabei gedacht? Du hast zu tun, was ich dir sage! Du hast bis auf Weiteres Hausarrest.«

Vernachlässigender Elternteil: Ethan muss zu keiner bestimmten Zeit zu Hause sein.

Beim Lesen dieser Szenarien haben Sie sich vermutlich zum Teil in den möglichen Reaktionen der Eltern wiedererkannt. Welcher

Erziehungsstil kommt Ihrem am nächsten? Wahrscheinlich identifizieren Sie sich mit einem der vier Stile am ehesten, vielleicht erkennen Sie aber auch Elemente der anderen Stile bei sich wieder. Möglicherweise setzen Sie in unterschiedlichen Situationen auch verschiedene Stile ein, oder bei unterschiedlichen Kindern oder zu verschiedenen Zeitpunkten im Leben Ihrer Kinder. Das ist darauf zurückzuführen, dass das kindliche Verhalten oft die treibende Kraft hinter den elterlichen Reaktionen ist, wie wir zu Beginn des Buches gesehen haben. Auf stark emotionale Kinder reagieren Eltern oft zunächst eher autoritär, weil sie versuchen, resolut gegen das »schlechte« Benehmen vorzugehen. Später kann dies in eine eher permissive Erziehung umschlagen, wenn die Eltern allmählich aufgeben, weil scheinbar nichts funktioniert.

Autoritative Erziehung gilt als der vorteilhafteste Stil für die kindliche Entwicklung. Autoritative Eltern setzen ihren Kindern angemessene Grenzen und fördern gleichzeitig ihre Fähigkeit, aus ihren Fehlern zu lernen und eigenständig zu denken. Autoritative Erziehung, die sich sowohl durch emotionale Wärme als auch durch Kontrolle auszeichnet, wurde in unzähligen Studien mit einer Reihe positiver Outcomes beim Kind in Verbindung gebracht, etwa bessere akademische Leistungen und soziale Kompetenz, ein geringeres Auftreten von Aggression, Ängstlichkeit und Depressionen sowie weniger Verhaltensprobleme.

Sehen wir uns die autoritative Reaktion auf den Wutausbruch des kleinen Ethan einmal genauer an, um zu verstehen, warum genau sie hilfreich für die kindliche Entwicklung ist. »Ethan, ich weiß, dass du keine Lust mehr hast [*zeigt Empathie mit dem Kind und erkennt seine Gefühle an*], aber wir müssen nun mal einkaufen, damit wir was zum Abendessen zu Hause haben [*wiederholt, was getan werden muss, und erklärt, warum es notwendig ist*]. Was haben wir wegen des Werfens besprochen? Es ist nicht in Ordnung, mit Dingen zu werfen, wenn man wütend ist [*erinnert das Kind, dass sie schon über dieses*

Thema gesprochen haben und welche Familienregel hier gilt]. Was machst du jetzt mit dem Saft auf dem Boden? [*Macht das Kind für sein Handeln verantwortlich und dafür, es zu korrigieren, ohne es dabei herabzusetzen. Behandelt das unangebrachte Verhalten als Fehler, nicht als Ausdruck der Ungezogenheit des Kindes. Bezieht das Kind in den Prozess mit ein, eine Lösung für seinen Fehler zu finden.*]«

Natürlich entscheidet die Reaktion auf einen solchen Vorfall im Supermarkt nicht über das Wohl und Wehe des Kindes. Wir alle waren schon in Situationen, in denen wir unseren eigenen Ansprüchen als Eltern nicht genügten. Mein Kind hat jedenfalls schon so lange gedrängelt und gequengelt und genervt, bis ich ihn irgendwann anblaffte: »Weil ich deine Mutter bin und es dir sage!« (und in dieser Antwort findet sich wirklich *keine* der guten Eigenschaften der autoritativen Erziehung). Aber generell deuten zahlreiche Studien darauf hin, dass ein beständiger autoritativer Erziehungsstil mit einer Reihe positiver Ergebnisse beim Kind in Zusammenhang steht.

Es geht nicht nur um Sie

Aber jetzt kommt der Haken. Unsere Erziehungshaltung ist ein Abbild unseres eigenen genetisch beeinflussten Temperaments. Das gilt für alle Beteiligten am Erziehungsprozess: Veranlagungen beeinflussen, wie *unsere Kinder* unseren Erziehungsstil sehen, wie *wir uns selbst* als Eltern sehen, wie *wir* den Erziehungsstil *unseres Partners* sehen, und wie *unser Partner* unseren Erziehungsstil sieht. Unsere einzigartigen genetischen Anlagen beeinflussen auch, wie wir das Verhalten unserer Kinder wahrnehmen und als wie problematisch wir bestimmte Verhaltensweisen einstufen oder auch nicht.

Nehmen wir diese Puzzleteile einmal unter die Lupe. Erstens kann es sein, dass Sie und Ihr Partner sich nicht darüber einig sind, ob das Verhalten Ihres Kindes problematisch ist oder nicht. In der Forschung zur kindlichen Entwicklung kommt es nicht selten vor, dass mehrere Menschen über das Verhalten eines Kindes berichten: Eltern, Lehrkräfte und andere Betreuungspersonen. Dabei stellt sich immer wieder heraus, dass die Erwachsenen im Leben eines Kindes sich über dessen allgemeines Verhalten nicht immer einig sind. Teilweise könnte das daran liegen, dass Kinder sich in Gegenwart verschiedener Menschen und in verschiedenen Situationen unterschiedlich benehmen. Ich war immer verblüfft, wenn die Eltern der Freunde meines Sohnes mir erzählten, wie artig und wohlerzogen er sei – Moment, reden wir hier von *meinem* Sohn? Das würde ich auch gern häufiger erleben! Viele von Ihnen kennen das sicher auch: Die Lehrerin schwärmt von Ihrem fleißigen, fügsamen Kind, und Sie fragen sich, ob sie es nicht vielleicht verwechselt. Mustergültiges Verhalten kann für Kinder sehr anstrengend sein, vor allem, wenn die Situation ihren natürlichen Veranlagungen entgegenwirkt; deshalb reißt sich Ihr Kind vielleicht in der Schule zusammen, aber wenn es bei Ihnen zu Hause in »Sicherheit« ist, brechen alle Dämme, weil es weiß, dass es auch dann geliebt wird, wenn es sich nicht von seiner Schokoladenseite zeigt.

Die andere Wahrheit ist, dass Menschen dasselbe Verhalten unterschiedlich wahrnehmen können. Eine befreundete Kinderpsychologin füllte einmal eine Reihe Fragebogen zum Temperament ihrer kleinen Tochter aus und bat ihren Mann und das Kindermädchen, dasselbe zu tun. Wie sie mir erzählte, erkannte sie dabei, dass jeder von ihnen ein anderes Kind erzog! Der Kinderpsychologe Thomas Achenbach untersuchte besonders gründlich, wie verschiedene Menschen das Verhalten desselben Kindes wahrnehmen. In einer Studie[37] untersuchte er mehr als 250 Fälle, in denen mehrere Informationsquellen (unter anderem Mütter, Väter, Lehrkräfte, Gleichaltrige, psychologische Fachkräfte und die Kinder selbst) über das Verhalten eines Kindes berichteten. Er fand heraus, dass Berichtende, die das Kind in ähnlichen Situationen erlebten (zum Beispiel Co-Eltern), sein Verhalten häufiger ähnlich bewerteten (durchschnittliche Korrelation von 0,6) als Menschen, die die Kinder in unterschiedlichen Situationen erlebten (durchschnittliche Korrelation nur bei 0,28). Und die Berichte der Kinder über ihr eigenes Verhalten korrelierten nur mit einem Wert von 0,22 mit den Berichten anderer! (Zur Erklärung der Korrelationswerte siehe das erste Kapitel.) Insgesamt zeigen die Ergebnisse eindeutig, dass verschiedene Menschen das Verhalten desselben Kindes auf sehr unterschiedliche Weise wahrnehmen können.

Die erste Unstimmigkeit kann also daraus entstehen, wie die Partner das Verhalten eines Kindes wahrnehmen und ob es für sie ein Problem darstellt oder nicht. Der nächste Streitpunkt kann jedoch damit zusammenhängen, wie die Partner die Erziehung des jeweils anderen wahrnehmen. Das bedeutet, Sie erleben Ihre Erziehung vielleicht auf eine bestimmte Weise, aber Ihr Partner – oder Ihr Kind – nimmt es ganz anders wahr. Vielleicht halten Sie sich für einen warmherzigen Elternteil mit klaren Grenzen und Erwartungen, aber Ihr Partner (oder Ihr Kind) sieht Sie ganz anders.

Probieren Sie mit Ihrem Partner folgende Übung aus: Zeichnen Sie die Achsen der Erziehungsstile aus der Abbildung oben (Wärme/Forderung von niedrig bis hoch) auf zwei Blatt Papier. Sie und Ihr Partner markieren auf jeweils einem Blatt mit einem Kreuz, wo Sie sich selbst und den anderen in den beiden Dimensionen verorten. So beurteilt jeder Co-Elternteil sowohl sich selbst als auch den anderen Elternteil/Partner. Wenn Sie fertig sind, vergleichen Sie Ihre Kreuze. Stimmen sie überein? Wie nahe an der Eigenwahrnehmung liegt ihre Wahrnehmung des Erziehungsstils des anderen?

Diese Übung mit dem Vater meines Sohnes durchzuführen, war äußerst aufschlussreich. Als mein Sohn noch klein war, gab es häufig Konflikte um unseren jeweiligen Erziehungsstil. Bei der

Selbsteinschätzung machten wir beide unser Kreuz im Quadranten »Autoritative Erziehung«. Innerhalb des Quadranten lag mein Kreuz etwas höher bei Wärme und niedriger bei Forderung und seins etwas höher bei Forderung und niedriger bei Wärme, aber dennoch sahen wir uns beide als die »idealen« autoritativen Eltern.

Doch unsere Sichtweise auf den anderen passte ganz und gar nicht dazu. Ich hielt mich für autoritativ, er ordnete mich beim permissiven Erziehungsstil ein. Mit anderen Worten, wir waren uns zwar einig, dass ich bei Wärme höher lag und er bei Forderung, aber wir hatten eine unterschiedliche Wahrnehmung, was das Gleichgewicht des jeweils anderen zwischen Wärme und Forderung anging. Er dachte, ich sei zu warmherzig ohne ausreichende Regeln und Grenzen (permissiv), ich fand ihn zu streng und regelgebunden ohne ausreichend Wärme (autoritär).

Wer hatte nun recht?

Ich natürlich, ich bin hier schließlich die Psychologin.

Scherz! Obwohl, wenn ich ganz ehrlich bin, dachte ich auf jeden Fall lange, ich hätte »objektiv gesehen« eine korrektere Vorstellung von der richtigen Erziehung. Und wenn Sie mit sich einmal ehrlich ins Gericht gehen, stellen Sie vielleicht fest, dass auch Sie normalerweise Ihre Sichtweise für die »richtige« halten. Wir glauben, dass wir es richtig machen, weil das widerspiegelt, wie unser Gehirn funktioniert. Für uns ist es das Richtige. Und es ist unsere Realität.

Das trifft den Kern der Frage, warum Erziehung so schwierig ist – es hängen tief verwurzelte Beurteilungen daran, die auf unserer Wahrnehmung der Welt fußen. Erziehung in einem Vakuum wäre viel einfacher. In der echten Welt haben aber alle Beteiligten potenziell unterschiedliche Auffassungen davon, was Liebe, Grenzen, Belohnungen, Konsequenzen und mehr ausmacht.

Auf dieselbe Wellenlänge kommen

Was also tun, wenn Ihre Kreuze und die Ihres Partners weit voneinander entfernt liegen? Nutzen Sie diesen Umstand als Ausgangspunkt für ein Gespräch. Bitten Sie einander abwechselnd, Ihre jeweilige Wahrnehmung der Erziehung des anderen zu erklären. Warum hält er/sie Sie für weniger herzlich? Oder fordernder? Beide Partner sollten versuchen, spezifische Beispiele zu nennen, die sie zu dieser Wahrnehmung führen. Warum glaubt er/sie, dass es wichtig ist, strengere (oder weniger) starre Regeln zu haben? Warum legt er/sie mehr (oder weniger) Wert auf Flexibilität?

In solchen Gesprächen sollten Sie unbedingt die folgenden fünf Schritte einhalten, damit Sie zu einem Ergebnis kommen.

Hören Sie sich die Perspektive Ihres Partners an. Das Ziel des Gesprächs besteht *nicht* darin, die Person von ihrem Irrtum zu überzeugen oder sie dazu zu bringen, Ihren Standpunkt zu übernehmen, sondern zu verstehen, woher diese andere Haltung stammt. Wenn Ihr Partner oder Ihre Partnerin Beispiele bringt, unterbrechen Sie ihn nicht, um ihm zu sagen, warum seine Interpretation falsch ist. Ihre Aufgabe besteht darin, dem anderen *wirklich* zuzuhören und zu versuchen, seine oder ihre Perspektive zu verstehen. In einem Gespräch mit jemandem, dessen Ansichten sich von unseren unterscheiden, verbringen wir oft den Großteil seiner Redezeit mit Nachdenken über all die Gründe, warum er falsch liegt, und mit der Formulierung unserer Widerlegung. Das mag in einer Debatte funktionieren, aber es bringt Sie nicht näher an eine starke, geeinte Co-Elternschaft oder Erziehungs-Partnerschaft. Vielleicht stimmen Sie nicht allem (oder überhaupt nicht) zu, was er/sie sagt, aber nach dem Gespräch werden Sie besser verstehen, wie er/sie die Welt wahrnimmt. Das ist zunächst einmal Ihr einziges Ziel: mehr über seine/ihre Perspektive zu erfahren. Sie entscheiden oder diskutieren nicht, ob Sie das für richtig oder falsch halten. Sie hören nur zu und lernen.

Suchen Sie nach einem gemeinsamen Nenner. Hier beginnt Ihre Zusammenarbeit. Worüber sind Sie sich einig? Vielleicht können Sie sich darauf verständigen, dass eine herzliche Beziehung zu Ihrem Kind wichtig ist; es bedeutet für Sie beide nur etwas Unterschiedliches. Vielleicht können Sie übereinkommen, dass ein gewisses Maß an Regeln und Grenzen notwendig ist, selbst wenn Sie unterschiedliche Auffassungen davon haben, wie diese Regeln und ihre Durchsetzung aussehen sollten. Vielleicht sind Sie sich nur darüber einig, dass Sie keine Wutausbrüche mögen oder ein bestimmtes Verhalten, das Ihr Kind an den Tag legt, nicht dulden. Beginnen Sie mit den Gemeinsamkeiten, die Sie entdecken können, und seien es noch so wenige.

Benennen Sie Ihre Differenzen. Es liegt eine Macht darin, Dinge beim Namen zu nennen. Es nimmt dem unausgesprochenen offensichtlichen Problem etwas von seiner Energie. Verwenden Sie Ich-Botschaften, wenn Sie die Unterschiede in Ihrer beider Erziehungsstil auflisten. Sagen Sie zum Beispiel nicht:»Nie unternimmst du was, wenn Sally sich danebenbenimmt«, sondern:»Ich finde es sehr wichtig, dass Kinder Konsequenzen erfahren, damit sie lernen, was wir von ihnen erwarten. Ich sehe nicht, dass du Konsequenzen umsetzt.« Während Sie Ihre Differenzen aufzählen, stellen Sie gern »Warum«-Fragen, um mehr über die Perspektive des anderen zu erfahren. Entscheidend dabei ist, dass sich keiner von Ihnen an diesem Punkt kritisch über die Perspektive des anderen äußert; erst einmal werden nur die Bereiche notiert, in denen es unterschiedliche Ansichten gibt.

Stellen Sie einen Plan auf, um Ihre Differenzen anzugehen. Jetzt wird es ernst. Sie haben nun eine Liste der Dinge, die Sie gemeinsam haben – Ihre gemeinsamen Hoffnungen für oder Sorgen um Ihr Kind. Und Sie haben eine Liste der Unterschiede in Ihrer beider Neigung, Ihr Kind zu erziehen. Versuchen Sie mithilfe der Vorschläge aus den vorigen Kapiteln zur Schaffung einer guten Passung für Kinder mit unterschiedlichen Temperamenten einige wenige Strategien herauszuarbeiten, auf deren Umsetzung Sie sich einigen können. Vielleicht ist Ihr Partner nicht bereit, Disziplinarstrategien im Zusammenhang mit der Emotionalität Ihres Kindes zu ändern, kann sich aber vorstellen, es mit einem Wenn-dann-Plan zur Verbesserung seiner Selbstregulation zu versuchen. Erstellen Sie eine Liste der verschiedenen empfohlenen Erziehungsstrategien für das Temperament Ihres Kindes und identifizieren Sie gemeinsam mit Ihrem Partner, welche er ebenfalls bereit ist umzusetzen. Wenn ihm eine bestimmte Strategie stark widerstrebt, stellen Sie sie erst einmal zurück und beginnen Sie mit denen, auf die Sie sich einigen können.

Auswerten und erneut zusammensetzen. Als Wissenschaftlerin und Forscherin sage ich es nicht gern, aber Erziehung ist ebenso sehr eine Kunst wie eine Wissenschaft. Ja, wir können uns von der Forschung leiten lassen, aber sosehr wir es auch versuchen, lassen sich in der Forschung die unzähligen Faktoren, die das Outcome jedes Kindes zu einem bestimmten Zeitpunkt beeinflussen, niemals umfassend mitberücksichtigen. Das kindliche Verhalten ist ein Produkt einer komplexen Vielzahl von Faktoren: seiner genetischen Veranlagungen in vielen Dimensionen, seiner häuslichen Umgebung, seiner Wohngegend, seiner Kultur, seiner Schule, anderen Gleichaltrigen, Geschwistern, die Erwachsenen in seinem Leben, die Umweltereignisse, die es erlebt hat. Kinder sind komplexe Wesen. Und Erziehung ist ähnlich komplex.

Erziehung bewegt sich in einem Kontinuum und liegt teilweise auch »im Auge des Betrachters«, es gibt also viele Möglichkeiten ein »guter Elternteil« zu sein – etwa, wenn beide voll und ganz in den Quadranten »autoritativ« fallen, aber sich in bestimmten Regeln und Strategien unterscheiden. Tatsächlich *sollte* das einzigartige Wesen jedes Kindes Eltern auch dazu bringen, innerhalb dieses Quadranten beweglich zu bleiben und bei verschiedenen Kindern unterschiedliche Strategien anzuwenden. Die Fortführung der Aussage »Es gibt keine einzig richtige Art der Erziehung« bedeutet, dass es unterschiedliche Arten geben kann, die Strategien umzusetzen, die ich in diesem Buch skizziert habe. In der Erziehung geht es um Versuch und Irrtum.

Das Mantra »Kinder sind komplex, Erziehung auch« kann Ihnen dabei helfen, in Zusammenarbeit mit Ihrem Partner gemeinsame Erziehungsstrategien zu entwickeln. Im Hinterkopf zu behalten, dass niemand objektiv »recht« hat, kann die Entstehung von Kompromissen fördern, um Strategien zu finden, mit denen Sie beide leben können. Denken Sie daran, dass nichts in Stein gemeißelt werden muss. Einigen Sie sich auf eine Strategie, die Sie ausprobieren wollen, setzen Sie sie um und warten Sie ab, wie gut es klappt. Hier ist die Wissenschaft auf Ihrer Seite. Selbst wenn Sie von einer Erziehungsstrategie, die Ihr Partner einsetzen möchte, nicht so begeistert sind: Solange sie Ihrem Kind keinen Schaden zufügt, können Sie sie über einen festgelegten Zeitraum ausprobieren und im Voraus vereinbaren, dass Sie sich am Ende der Probezeit erneut zusammensetzen und auswerten, wie es gelaufen ist. Achten Sie darauf, Ihrem Kind ausreichend Zeit zu geben, sich an neue Regeln zu gewöhnen. Rufen Sie sich ins Gedächtnis, dass Kinder sich meist erst einmal auffällig benehmen, wenn sich Regeln ändern oder etwas Neues eingeführt wird; Sie sollten sich daher mindestens einige Wochen Zeit nehmen, eine neue Routine zu entwickeln und zu beobachten, wie es funktioniert. Seien Sie dann bereit, sie je nach Ergebnis gegebenenfalls abzuändern und anzupassen.

Zwei Menschen, zwei Meinungen

Die Ansichten Ihres Partners zum Thema Erziehung zu verstehen, bedeutet nicht, dass Sie mit ihm übereinstimmen müssen. Sie können seine Sichtweise und ihren Ursprung nachvollziehen, aber trotzdem der Meinung sein, dass Sie es »besser« machen. Statt zu versuchen, Ihren Willen durchzusetzen, was zu unbeabsichtigten zusätzlichen Spannungen im Haushalt führen kann, ist es manchmal die beste Lösung, die Differenzen einfach bestehen zu lassen. Ja, idealerweise einigen sich Eltern auf eine Erziehungsstrategie. Aber selbst dann, wenn sie sich prinzipiell einig sind, habe ich die liebevollsten Paare in der Praxis schon über ihre Erziehungspraktiken diskutieren erlebt. Für viele von uns kann es schwer sein mit anzusehen, wie unser Partner unser Kind nicht *genauso* erzieht, wie wir es auch tun würden.

In Wirklichkeit funktioniert manchmal etwas, das bei einem Elternteil gut klappt, beim anderen überhaupt nicht. Vielleicht versucht Ihr Partner, dieselbe Strategie umzusetzen wie Sie, aber weil er es aus einer anderen Wesensart heraus tut, wird sie vom Kind anders wahrgenommen. Kinder sind schlau. Sie erkennen schnell, dass Erwachsene unterschiedliche Erziehungsstile und Naturelle haben. Sie lernen bewusst und unbewusst, ihr Verhalten auf die einzelnen Erwachsenen in ihrem Leben abzustimmen. In der Tat ist das eine wichtige Fertigkeit im Leben. Machen Sie sich also keine allzu großen Sorgen, wenn Sie und Ihr Partner bei Ihrem Kind leicht unterschiedliche Strategien einsetzen.

Mein Ex-Mann und ich kamen letztendlich zu der Erkenntnis, dass wir bestimmte Regeln und Strategien konsequent in beiden Haushalten aufrechterhalten (mein Sohn war abwechselnd bei ihm und bei mir) und dass jeder auf der Basis seines eigenen Erziehungsstils bestimmte Dinge nur in seinem Haushalt umsetzen sollte. Einerseits wollte ich zum Beispiel mehr gemeinsame

Belohnungstafeln und -systeme, die über beide Haushalte hinweg eingesetzt werden; er wollte strengere Regeln im Umgang mit der Mäkelei beim Essen. Letztlich war keiner von uns bereit, das System des anderen zu übernehmen, es funktionierte für den anderen Elternteil einfach nicht. Andererseits war es uns bei den Themen Hausaufgaben und Mediennutzung wichtig, dass in beiden Haushalten dieselben Grundsätze herrschten, und es gelang uns, eine Reihe von Regeln aufzustellen, auf die wir uns einigen konnten. In der ersten Zeit machte ich mir oft Sorgen über das (in meinen Augen) nicht optimale Fehlen »absoluter Beständigkeit« im Elternteam, aber letzten Endes ging alles gut. Mein Sohn passte sich an und sorgte sogar ungewollt dafür, dass unsere Erziehungsstile nach einer Weile deutlich näher beieinander lagen als am Anfang.

Wenn Ihr Kind etwas älter ist, können Sie es auch in die Übung zu den Erziehungsstilen einbeziehen und es bitten, mit einem Kreuz zu markieren, in welche Kategorie seiner Meinung nach jeder Elternteil fällt. Das kann unter Umständen sehr aufschlussreich sein. Stellen Sie sich jedoch darauf ein, dass die Sichtweise Ihres Kindes nahezu sicher von Ihrer abweicht. Wenn Sie diese Übung mit ihm machen, achten Sie unbedingt auf die Regel Nummer 1: Ihr Ziel besteht darin, etwas über seine Sichtweise zu erfahren, und *nicht* darin, ihm zu vermitteln, dass es unrecht hat.

Das kann echt schwer sein. Ich habe diese Übung kürzlich mit meinem inzwischen dreizehnjährigen Sohn gemacht. Er bewertete mich bei Wärme niedriger, als ich mich selbst wahrnahm, und seine Gründe dafür waren aufschlussreich, aber meiner Meinung nach nicht besonders zutreffend oder fair: »Weißt du noch, das eine Mal, als ich mir den Arm gebrochen habe und du mich nicht ins Krankenhaus gebracht hast?« Ich musste mich sehr beherrschen, um nicht zu antworten: »Das kann doch nicht dein Ernst sein! Du nennst das eine Mal, als ich auf Geschäftsreise war, und sagst kein

Wort von den anderen tausend Malen, als ich mit dir im Krankenhaus und beim Arzt war! Ich bin sehr wohl warmherzig!«

Na gut, kleines Geständnis an dieser Stelle: Vielleicht habe ich das doch gesagt. Was ich aber *hätte* sagen sollen:»Interessant, dass du das so siehst. Weißt du, ich kann nicht immer da sein, um dich davor zu bewahren, dass du dir wehtust. Das gehört zum Großwerden dazu. Aber ich kann dafür sorgen, dass du immer geliebt und umsorgt wirst, damit du weißt, dass sich immer jemand um dich kümmert, wenn etwas passiert. Deshalb sehe ich mich bei Wärme weiter oben.«

Es geht darum, die Übung zum Austausch über Perspektiven zu nutzen. Das heißt allerdings nicht, dass Sie immer einer Meinung sein werden. Seien Sie also gewarnt. Es könnte Ihnen als Elternteil einige Denkanstöße geben. Wenn Sie beispielsweise einen autoritativen Erziehungsstil anstreben, aber Ihr Kind Sie als autoritär wahrnimmt, gäbe es vielleicht Möglichkeiten, das Kind mehr mit einzubeziehen? Gibt es Regeln, die sich etwas flexibler handhaben lassen, damit das Kind sich an der Entscheidungsfindung beteiligt fühlt? Ihr wahrgenommener autoritärer Stil könnte widerspiegeln, dass in Ihrer Familie Wert darauf gelegt wird, die Eltern zu respektieren. Verständlich, dass Sie Ihrem Kind diesen Wert vermitteln wollen. Aber vermutlich wollen Sie kein Kind, das Erwachsenen blind gehorcht; wahrscheinlich wünschen Sie sich, dass Ihr Kind auch lernt, eigenständig zu denken. Wenn Ihr Kind sehr geradeheraus ist, kann das auf Sie so wirken, als stelle es Ihre Regeln infrage. Durch solche Gespräche mit Ihrem Kind über Ihre Erziehung können Sie beide die Perspektive des anderen besser verstehen.

»Denkanstöße« bedeutet übrigens nicht, dass Ihr Kind bestimmen kann, wie Sie es zu erziehen haben. Ich hätte mir als Teenager ziemlich sicher permissivere Eltern gewünscht. Ich nahm ihre Regeln (Ich muss zu einer bestimmten Zeit zu Hause sein?!) als autoritär wahr. Aber sie waren einfach nur gute Eltern, die darauf bestanden zu wissen, wo ihre Teenagertochter war, mit wem ich mich herumtrieb und was ich tat. Als Entwicklungspsychologin (und inzwischen Mutter eines Teenagers) erkenne ich die Bedeutung elterlicher Überwachung auf eine ganz andere Weise an als in meiner Jugend. Vergessen Sie nicht, das Gehirn Ihres Kindes ist noch in der Entwicklung; damit ändert sich im Laufe der Zeit wahrscheinlich auch seine Wahrnehmung.

Im Zusammenhang mit Veränderungen im Zeitverlauf gibt es noch etwas anderes zu bedenken: Das Temperament Ihres Kindes äußert sich in verschiedenen Entwicklungsphasen auf unterschiedliche Weise. Das kann zu einer unterschiedlichen Güte der Passung mit verschiedenen Elternteilen (oder anderen Erwachsenen) zu unterschiedlichen Zeitpunkten führen. Zum Beispiel könnte eine geringe Selbstregulation bei einem Kleinkind zu viel Trubel und kaputten Haushaltsgegenständen führen. Das kann für einen Elternteil, der etwa Wert auf ein schön eingerichtetes, ordentliches Heim legt, eine große Herausforderung sein, während der andere Elternteil das vielleicht nicht so schlimm findet. Bei einem Teenager kann eine schwache Selbstregulation jedoch zu riskanten Verhaltensweisen wie Alkoholgenuss oder Experimenten mit anderen Drogen führen, womit der andere Elternteil wesentlich größere Probleme hat. Wenn Sie also feststellen, dass Ihr Temperament und das Ihres Kindes sich aneinander reiben, oder auch neidisch sind, dass Ihr Kind viel besser zum anderen Elternteil zu »passen« scheint, sollten Sie wissen, dass sich das im Laufe der Zeit auch ändern kann.

Die richtige Weichenstellung für den schulischen Erfolg

Das Temperament unserer Kinder beeinflusst ihren Weg durch die Welt, und das gilt auch für die Schule. Die genetischen Veranlagungen Ihres Kindes wirken sich in hohem Maße auf seine Interaktionen in der Schule aus und beeinflussen so seine Beziehungen zu anderen Kindern, wie es die vielen Anforderungen des Schulalltags meistert und wie es mit seinem Lehrpersonal zurechtkommt. Ein stark extravertiertes Kind hat keine Schwierigkeiten, Freunde in der Klasse zu finden, während das introvertierte Kind vielleicht länger braucht, um mit den neuen Klassenkameraden warm zu werden. Ein stark emotionales Kind hat möglicherweise Schwierigkeiten mit den Übergängen zwischen den Aktivitäten während des Schultages. Einem Kind mit geringer Selbstregulation ist es vielleicht unmöglich, im Unterricht über längere Zeit auf seinem Platz zu bleiben. Gerade so, wie die Unterschiede zwischen den Veranlagungen unserer Kinder zu Hause einzigartige Probleme schaffen, stehen Kinder mit unterschiedlichen genetischen Anlagen auch in der Schule vor einer Reihe verschiedener Herausforderungen.

Der Schulbeginn bringt viele Anforderungen mit sich – man muss mit anderen Kindern zurechtkommen und lernen, was man tun darf und was nicht: Wann man sprechen darf und wann man ruhig sein muss, wann man auf seinem Platz bleiben muss und wann man umherlaufen darf. Individuelle Unterschiede in den Veranlagungen der Kinder erkennt jeder, der schon mal Zeit in einem Klassenzimmer verbracht hat. Da ist das Kind, das mit seinen Antworten immer gleich herausplatzt; das Kind, das ganz still sitzt; das Kind, das der Lehrerin aufmerksam zuhört; das Kind, das sich schnell langweilt; das Kind, das ruhig sitzen bleiben kann; das Kind, das dauernd auf seinem Stuhl herumzappelt; das Kind, das mit allen gut befreundet ist, und das Kind, das sich abseits hält.

In der Schule beeinflussen die einzelnen Unterschiede den Erfolg der einzelnen Kinder – sowohl den akademischen als auch den sozialen –, was sich wiederum auf die Rückmeldungen von Gleichaltrigen und Lehrpersonal auswirkt. Dieses Feedback kann seinerseits positiv oder negativ beeinflussen, wie sie sich selbst sehen und wie sie die Menschen um sich herum erleben. Halten sie sich für klug und sympathisch? Sehen sie andere Menschen als freundlich und vertrauenswürdig?

Die natürliche Veranlagung eines Kindes kann einen direkten Einfluss darauf haben, wie es lernt; ein Kind mit geringer Selbstregulation, das sich nur schwer auf das konzentrieren kann, was die Lehrerin sagt, hat möglicherweise Probleme damit, den Schulstoff zu begreifen. Sie kann sich auch indirekt auf seine akademische Laufbahn auswirken; beispielsweise beeinflussen die natürlichen Anlagen, wie oft ein Kind den Unterricht stört, was sich wiederum auf seine Beurteilung durch das Lehrpersonal auswirkt. Das wiederum kann Auswirkungen darauf haben, ob man es für besondere akademische Programme oder Auszeichnungen auswählt.

Über viele Aspekte der schulischen Umgebung haben Lehrende keine Kontrolle, etwa über die Anzahl der Kinder im Klassenzimmer, den verfügbaren Platz und viele Abläufe im Schulalltag. Aber andere Aspekte können Lehrende sehr wohl verändern: die Sitzordnung, die Struktur der Aktivitäten in der Klasse (Arbeit in Kleingruppen oder Frontalunterricht) und wie sie mit bestimmten Verhaltensweisen umgehen. Diese Unterschiede im Klassenraum tragen zur Passung zwischen den einzelnen Kindern und der Schule bei. Eine Lehrkraft, die lieber in der großen Gruppe arbeitet und Frontalunterricht bevorzugt, passt zum Beispiel hervorragend zu einem stark extravertierten Kind, das keine Probleme damit hat, vor der Klasse zu sprechen und die Aufmerksamkeit auf sich zu ziehen. Ein introvertiertes Kind jedoch kann in solchen großen Gruppen untergehen. Dagegen blüht es vielleicht auf, wenn es allein oder in kleinen Gruppen arbeiten kann. Ein weiteres Beispiel: Kinder mit geringer Selbstregulation haben oft Schwierigkeiten in einer Klasse, in der die Kinder über den größten Teil des Schultages ruhig an ihrem Platz sitzen sollen; viel besser kann es ihnen in einer Klasse mit vielen Aktivitäten gehen, wo sie weniger eingeengt werden. Kurz gesagt, »dieselbe« Klasse ist nicht für alle Kinder gleich; für einige Kinder besteht hier eine bessere Passung als für andere. Kinder, deren Temperament in einer Klasse Probleme macht, können in einer anderen aufblühen.

Natürlich unterscheiden sich nicht nur die Gegebenheiten im Klassenraum, sondern auch die Lehrenden. Auch sie haben bestimmte genetische Veranlagungen, die beeinflussen, wie sie mit den Kindern in ihrer Klasse interagieren und sie wahrnehmen. Manche Lehrende sind eher extravertiert und voller Energie, andere introvertiert und manchmal sogar verschlossen. Manche sind emotionaler – bei Fehlverhalten in der Klasse verspüren sie eine stärkere Frustration und finden den Umgang damit schwierig. Andere lassen sich weniger leicht aus der Ruhe bringen und nehmen es lockerer. Ein Kind, das im Unterricht wiederholt herausplatzt, kann für eine Lehrerin nur störend sein, eine andere regt sich furchtbar darüber auf. Eine dritte Lehrerin findet die Begeisterung desselben Kindes vielleicht sogar liebenswert.

Manchmal passen Lehrer und Kind von Natur aus gut zusammen, manchmal aber auch nicht. Ein Lehrender mit geringer Extraversion etwa achtet möglicherweise besonders darauf, dass die eher introvertierten Kinder in der Klasse nicht übersehen werden. Ein stark extravertierter Lehrer dagegen wundert sich vielleicht, warum die introvertierten Kinder sich im Unterricht nicht häufiger melden, und nimmt an, dass sie akademisch weniger motiviert oder talentiert sind. Auch die eigenen Erfahrungen des Lehrenden spielen eine Rolle. Wer mit einem Haufen lärmender Brüder aufgewachsen ist, hat vielleicht keine Probleme damit, Jungen mit geringer Selbstregulation zu verstehen und mit ihnen umzugehen, während ein anderer sich über ihr Verhalten furchtbar aufregt.

Es gibt schlüssige Anhaltspunkte dafür, dass es wichtig ist, wie Lehrende die Kinder in ihrer Klasse wahrnehmen: Studien haben gezeigt, dass das Temperament der Kinder mit ihren Noten korreliert und dass dieser Effekt deutlich stärker bei subjektiver Benotung zutage tritt (im Gegensatz etwa zu Multiple-Choice-Tests). Lehrende haben eine Vorstellung davon, welche Kinder am besten »beschulbar« oder vielversprechend sind, und diese vorgefasste Meinung beeinflusst, wie sie die akademischen Leistungen von Kindern bewerten.

Darüber hinaus wirken sich die Interaktionen von Kindern mit ihren Lehrerinnen und Lehrern auf ihre eigene Beurteilung von sich als Lernende und als Menschen aus. Häufige negative Rückmeldungen können dazu führen, dass Kinder sich zurückgewiesen fühlen und ihre akademische Motivation sowie ihr Selbstwertgefühl darunter leiden. Lehrende dagegen, die jedes Kind annehmen und mit ihm zusammen seine Stärken entwickeln und an seinen Problemen arbeiten, können einen wichtigen positiven Einfluss auf seine akademische Selbsteinschätzung, seine Motivation und entsprechend auch auf seine akademische Leistung haben.

Gute Lehrerinnen und Lehrer verstehen, dass es ihnen helfen kann, sich die unterschiedlichen Veranlagungen bewusst zu machen; es kann den Stress verringern und sie befähigen, Probleme in der Klasse zu reduzieren – genauso wie es den Eltern zu Hause helfen kann, die unterschiedlichen Tendenzen ihrer Kinder zu erkennen und sich darauf einzustellen. Wenn zwischen ihrem Temperament und den Anforderungen ihrer Umgebung eine Diskrepanz besteht, tendieren Kinder zu Fehlverhalten; für manche Kinder kann der Stressor ein chaotisches Klassenzimmer sein, für andere ein allzu fest strukturierter Schulalltag. Manche Kinder reagieren nicht gut auf die Aufforderung, vor der ganzen Klasse zu

sprechen, andere brauchen in stärkerem Maße individuelle Anerkennung ihrer Ausdauer und Mühe. Wie Eltern werden Lehrende,
die das Verhalten eines Kindes (ständiges Aufspringen vom Platz,
Weigerung, vor der Klasse zu sprechen) als absichtlich einstufen
statt als individuelle Reaktion auf der Grundlage genetischer Veranlagung, es eher bestrafen. Ohne ein Verständnis für die natürlichen Tendenzen von Kindern kommen sie zu dem Schluss, dass
ihnen die Motivation zu Leistung oder Wohlverhalten fehlt und
nicht etwa die Fähigkeit.

Was können Eltern nun dagegen unternehmen? Das Lehrpersonal ist oft überarbeitet und unterbezahlt, wie vielen Eltern spä-
testens seit der COVID-19-Pandemie 2020 schmerzlich bewusst
wurde, als sie von jetzt auf gleich für das Homeschooling ihrer Kinder verantwortlich waren. Während Mütter und Väter nur mit den
genetischen Anlagen ihrer eigenen Zöglinge fertigwerden müssen,
haben es Lehrende mit einem ganzen Klassenzimmer unterschiedlicher Veranlagungen und all den einzigartigen Interaktionen zwischen ihnen zu tun, die sie irgendwie unter einen Hut bringen
müssen. Und dann ändert sich auch noch jedes Jahr die Zusammensetzung der Klasse! Obendrein sind sie dafür verantwortlich,
den Kindern den Schulstoff beizubringen, während sie ihre individuelle emotionale und verhaltensbezogene Entwicklung im Auge
behalten. Es ist wirklich kein leichter Beruf!

Sie kennen Ihr Kind besser als irgendjemand sonst, und häufig
wissen Lehrende Ihre Einsichten zu schätzen. Wenn Sie glauben,
dass Ihr Kind in der Schule vor besonderen Herausforderungen
steht, scheuen Sie sich nicht, mit der Klassenleitung darüber zu
sprechen. Am besten wäre es, solche Gespräche proaktiv zu führen, also bevor die ersten Probleme auftauchen. Formulieren Sie es
im Kontext der natürlichen Veranlagung Ihres Kindes, damit der
Lehrerin oder dem Lehrer bewusst wird, wie es sich im Schulalltag manifestieren könnte. Ich versuche, das immer zu Beginn des

Schuljahres über den Kanal zu tun, der für die jeweilige Schule am passendsten ist. Manche Schulen bieten vor Schulbeginn zum Beispiel einen Tag der offenen Tür an, an anderen gibt es Elternsprechtage. Nutzen Sie jede Gelegenheit, um die Klassenleitung Ihres Kindes über bestimmte Wesenszüge zu informieren, die sein Verhalten oder seine schulischen Leistungen beeinflussen könnten. Falls Ihre Schule keine Gelegenheiten für ein Einzelgespräch mit der Lehrerin oder dem Lehrer anbietet, können Sie je nach bevorzugtem Kommunikationskanal auch eine E-Mail schicken oder anrufen.

Hier ein paar Vorschläge, wie Sie dieses Gespräch angehen könnten:

»Liebe/r Frau/Herr XY, meine Tochter Taylor ist in diesem Jahr in Ihrer Klasse. Taylor ist von Natur aus introvertiert, daher wollte ich Sie nur vorab schon einmal darüber informieren, dass sie manchmal erst ermuntert werden muss, im Unterricht etwas zu sagen. In Kleingruppen hat sie keine Probleme, aber oft traut sie sich nicht, sich zu melden.«

»James ist ein echtes Energiebündel! Wir arbeiten mit ihm noch an seiner Selbstkontrolle, und manchmal hat er Schwierigkeiten, sich zurückzuhalten und nicht mit etwas herauszuplatzen oder jemanden zu unterbrechen. Wir haben die Erfahrung gemacht, dass es ihm helfen kann, aktiv zu sein, wenn er mit seiner Selbstbeherrschung kämpft. Letztes Schuljahr schickte sein Lehrer ihn dann beispielsweise mit einem Auftrag ins Sekretariat oder ließ ihn hinten im Klassenzimmer Unterlagen sortieren.«

»Brianna ist von Natur aus ein sehr emotionales Kind. Mit Frustration kann sie teilweise nicht sehr gut umgehen. Zu Hause hilft ihr in solchen Fällen zum Beispiel ...«

Mit solchen Gesprächen helfen Sie der Lehrkraft, die natürlichen Anlagen Ihres Kindes zu verstehen, und schlagen möglichst auch Lösungen vor, die Sie zu Hause in schwierigen Situationen einsetzen oder die in der Vergangenheit schon gut funktioniert haben. Dabei sagen Sie der Lehrerin oder dem Lehrer keineswegs, was sie oder er tun soll, und können auch nicht erwarten, dass sie oder er beispielsweise dasselbe Verhaltensprogramm umsetzt wie Sie zu Hause oder das eine andere Lehrkraft letztes Jahr eingesetzt hat. Wie die meisten von uns müssen Lehrende eine Menge Anforderungen erfüllen und werden auf Sie (und damit auch auf Ihr Kind) deutlich positiver reagieren, wenn Sie das Gespräch als Bestrebung gestalten, hilfreiche Informationen zu liefern, damit sie Ihr Kind besser verstehen und besser mit ihm arbeiten können, und nicht als Versuch, ihnen zu sagen, wie sie ihre Arbeit tun sollen.

Manche Eltern machen sich Sorgen, dass solche Gespräche im Vorfeld beeinflussen, welchen Eindruck der oder die Unterrichtende von ihrem Kind bekommt. Tatsächlich wird die Lehrkraft Ihres Kindes seine Veranlagungen – im Guten wie im Schlechten – von selbst erkennen, ob Sie mit ihr darüber reden oder nicht. Es ist immer besser, proaktiv vorzugehen, als nur zu reagieren. Bestimmte Veranlagungen können in der Schule zu Schwierigkeiten führen, aber in vielen Fällen lassen sich durch Anpassungen im Handlungsrahmen der Lehrkraft einige der Probleme abmildern. Indem Sie vorher das Gespräch suchen, helfen Sie ihr dabei, Systeme aufzustellen, die Ihr Kind und sein Wachstum unterstützen, statt in einer Situation zu landen, die allen Probleme bereitet.

Denken Sie darüber nach, welche der Tendenzen Ihres Kindes in der Schule zu Problemen führen könnten: Hat es Schwierigkeiten mit Aktivitätswechseln? Kann es nur schwer still sitzen? Wird es von zu vielen Eindrücken schnell überstimuliert? Hat es Probleme mit großen Gruppen? Proaktiv mit der Lehrkraft über die Anlagen Ihres Kindes und über Bereiche zu sprechen, in denen es Schwierigkeiten geben könnte, kann den Grundstein für seinen schulischen Erfolg legen. Letzten Endes wollen sowohl Lehrende als auch Eltern nur, dass das Kind Erfolg hat. Im Folgenden finden Sie einige häufige Probleme in der Schule im Zusammenhang mit den unterschiedlichen Wesensmerkmalen, die Ihnen bei der Einschätzung Ihres Kindes zur Orientierung dienen können.

- Stark extravertierte Kinder, die gern mit anderen Kindern zusammen sind und neue Aktivitäten ausprobieren, fühlen sich in der Schule oft sehr wohl. In Verbindung mit einer geringen Selbstregulation jedoch können sie Schwierigkeiten haben, nicht mit ihrer Antwort herauszuplatzen oder im Unterricht nicht mit Freunden zu schwatzen. Sie können mit ihrem extravertierten, gering regulierten Kind daran arbeiten, seine Selbstkontrolle aufzubauen, und die Notwendigkeit mit ihm besprechen, diese Strategien nicht nur zu Hause, sondern auch in der Schule anzuwenden.
- Kinder mit geringer Extraversion werden in der Schule oft übersehen, vor allem in großen Klassen. Dort beteiligen sie sich weniger am Unterricht, vor allem dann, wenn es viele extravertierte Kinder in der Klasse gibt. Wenn Lehrende das ruhigere Wesen dieser Kinder nicht erkennen, schätzen sie sie manchmal als weniger motiviert oder weniger intelligent ein, weil sie sich in der Gruppe weniger aktiv am Unterricht beteiligen. Die Vorliebe eher introvertierter Kinder für wenige, enge Freundschaften kann zu Problemen führen, wenn sie in eine neue Klasse kommen und von ihren bisherigen Freunden getrennt werden.
- Kinder mit geringer Selbstregulation können in der Schule Schwierigkeiten haben, weil viele Aufgaben Selbstkontrolle erfordern – still am Platz sitzen, sich auf eine Aufgabe konzentrieren, nicht mit Freunden reden, das Lehrpersonal nicht unterbrechen. Mit Ihrem Kind an Selbstbeherrschungsstrategien zu arbeiten, kann ihm auch in der Schule helfen.

- Hohe Emotionalität kann in der Schule zu einer Reihe von Problemen führen. Stark emotionale Kinder haben definitionsgemäß Schwierigkeiten mit Stress, Frustration oder Furcht, und in der Schule können viele Szenarien eintreten, die genau diese Gefühle auslösen! Die individuellen Trigger Ihres Kindes können Ihnen dabei helfen, sich Szenarien vorzustellen, die für Ihr Kind problematisch werden könnten. Vielleicht gerät Ihr hochemotionales Kind beispielsweise eher in Stress, wenn es zwischen Aktivitäten wechseln oder sich an neuen Aktivitäten beteiligen soll, etwa einem Ausflug oder im Schultheater.

- Eine wichtige Zusatzbemerkung zu stark emotionalen Kindern an dieser Stelle: Manchmal hängt ihr Fehlverhalten zu Hause mit einem Stressor in der Schule zusammen, auch wenn das nicht sofort ins Auge fällt.

In den ersten Grundschuljahren meines Sohnes war morgens zu Hause oft alles in bester Ordnung, aber auf dem Weg zum Auto warf er dann plötzlich seinen Ranzen ab, stürmte zurück ins Haus und erklärte, dass er nicht in die Schule wollte. Perplex dachte ich: »Was soll das denn jetzt?« Natürlich schien das vor allem dann zu passieren, wenn ich direkt von der Schule aus zu einem wichtigen beruflichen Meeting musste. Selbstverständlich verhielt ich mich in meiner Frustration und Verwirrung (und Eile) nicht gerade wie eine mustergültige Mutter. Das ist das Problem, wenn man nur reagiert, statt proaktiv zu werden.

Im Laufe der Zeit erkannte ich, dass es zu diesen Gefühlsausbrüchen kam, wenn er auf dem Weg zum Auto an etwas in der Schule dachte, das ihm Angst machte. Es gab eine Reihe von Dingen, die seine Stressreaktion auslösten: Ihm fiel ein, dass er die Hausaufgaben vergessen hatte oder dass sie an einem Projekt arbeiten würden, mit dem er Schwierigkeiten hatte. Oder – das Schlimmste für ein angstanfälliges, hochemotionales, introvertiertes Kind – es standen Schultheaterproben an. Ich hatte im Laufe der Jahre viele Gespräche mit seinen Lehrerinnen und Lehrern über das gefürchtete jährliche Theaterstück und welche Verheerungen es bei uns zu Hause anrichtete. Ich brauche wohl nicht zu betonen, dass ich nicht stolzer (und erleichterter) hätte sein können, am Tag der Aufführung meinen unglücklich dreinschauenden Felsen (ja, einmal spielte er wirklich den Felsen) auf der Bühne zu entdecken. Man muss die Kinder dort abholen, wo sie stehen – und manchmal bedeutet das eben, sich über den Auftritt seines Kindes als Felsen zu freuen statt in einer Hauptrolle.

Die meisten Lehrenden sind froh über engagierte Eltern, die sie dabei unterstützen möchten, den Grundstein für eine erfolgreiche Schullaufbahn ihres Kindes zu legen. Die meisten, aber nicht alle. Genau wie unter den Co-Eltern, Großeltern und anderen Erwachsenen gibt es auch unter den Lehrenden solche, die festgefahren sind, genaue Vorstellungen davon haben, wie man das Verhalten von Kindern steuert, und nicht gewillt sind, ihren Unterrichtsstil flexibel an unterschiedliche Schülerinnen und Schüler anzupassen. Leider haben manche Lehrenden kein Interesse daran, aktiv mit den Eltern zusammenzuarbeiten. Wenn Sie so einer Lehrkraft begegnen und eindeutig keine gute Passung besteht (entweder für Sie oder für Ihr Kind!), können Sie immer noch mit Ihrem Kind zu Hause Strategien entwickeln, mit problematischen Situationen in der Schule umzugehen. Denken Sie immer daran, auch dieses Schuljahr wird vorübergehen, und im nächsten Jahr hat Ihr Kind vielleicht schon eine neue Klassenleitung.

Es braucht ein ganzes Dorf

Viele Erwachsene werden eine Rolle im Leben Ihres Kindes spielen, wenn es größer wird: Trainer, Großeltern, Nachbarn, Gruppenleiter. Die Güte der Passung zwischen Ihrem Kind und jedem dieser Erwachsenen wird seine Entwicklung auf nicht immer ganz vorhersehbare Weise beeinflussen. Als Elternteil können Sie natürlich nicht erwarten, dass sich jeder an Ihr Kind anpasst oder den Erziehungsstil übernimmt, der Ihrer Erfahrung nach am besten bei ihm funktioniert. Wie also entscheiden Sie, wann Sie mit wem über die genetische Veranlagung Ihres Kindes sprechen sollen? Besonders schwierig ist das für Eltern von Kindern, deren natürliche Tendenzen in einer Vielzahl von Situationen zu Problemen führen. Es gibt darauf keine eindeutig richtige Antwort (so leid es mir tut!). Meine Faustregel: Wenn es um eine Person geht, die viel Zeit mit meinem Kind verbringen wird, *und* ich halte es für wahrscheinlich, dass die Umgebung, in der sie mit meinem Kind interagiert, zu Verhaltensproblemen führen könnte, suche ich proaktiv das Gespräch. Wenn sie weniger häufig mit meinem Kind zu tun hat und ich die Situation so einschätze, dass es wahrscheinlich eher nicht zu Problemen kommen wird (berühmte letzte Worte), sehe ich mir meist erst einmal an, wie es läuft, und spreche Probleme nur dann an, wenn welche auftreten. Wenn die Großeltern eine Woche auf die Kinder aufpassen, während mein Mann und ich im Urlaub sind: proaktives Gespräch. Wenn die Großeltern einmal im Jahr nur kurz vorbeischauen: das Beste hoffen. Das Kindermädchen, das nach der Schule mein Kind betreut, kommt in den Genuss eines langen, proaktiven Gesprächs (meistens, bevor wir entscheiden, wen wir engagieren); die Gelegenheitsbabysitterin bekommt vielleicht nur ein paar kurze Anweisungen zur Abendroutine. Als Erwachsene entscheiden wir ständig, wie viele Informationen für eine bestimmte Person zu einem bestimmten Zeitpunkt notwendig ist (meine beste Freundin bekommt einen umfassenden Bericht über den gestrigen Streit mit meinem Mann, der Handwerker eher nicht) – Gespräche über die genetischen Anlagen Ihres Kindes sind da keine Ausnahme.

Kernpunkte

* Eltern unterscheiden sich in zwei wichtigen Dimensionen: Wärme und Forderung.
* Wie wir Erziehung sehen, ist ein Spiegelbild unseres eigenen einzigartigen, genetisch beeinflussten Temperaments. Das gilt gleichermaßen für die Perspektive unserer Kinder auf unsere Erziehung, unser Selbstbild als Elternteil, unsere Sicht auf den Erziehungsstil unseres Partners und die Perspektive unseres Partners auf unseren Erziehungsstil.
* Es ist wichtig, dass Co-Eltern sich bemühen, die Perspektive des anderen auf die Erziehung zu verstehen.
* Die Veranlagung jedes Elternteils interagiert auf unterschiedliche Weise mit der Veranlagung des Kindes; deshalb funktionieren Strategien des einen nicht immer auch beim anderen.
* Die Wesensmerkmale eines Kindes beeinflussen die Güte der Passung in der Schule.
* Mit der Lehrkraft Ihres Kindes über seine natürlichen Tendenzen zu sprechen, kann Ihnen dabei helfen, mit ihr gemeinsam potenzielle Schwierigkeiten anzugehen und Ihrem Kind zu schulischem Erfolg zu verhelfen.

Wann Sie sich Sorgen machen sollten und was Sie dann tun können

Häufig fragen mich Eltern:»Woher weiß ich, ob mein Kind nicht unter einer Störung leidet?«

Wo ist die Grenze zwischen hoher Emotionalität und einer Angststörung? Wie viel Impulsivität ist zu viel? Sind die extremen Wutausbrüche meines Kindes noch normal? Hat mein Kind nur eine geringe Selbstregulation oder ADHS? Mit solchen Fragen haben viele Eltern zu kämpfen.

Selbst mit einem Doktortitel in klinischer Psychologie geht es mir da mit meinem Sohn nicht viel anders. Auch ich schlage mich mit solchen Problemen herum. Manchmal lässt sich schwer sagen, was noch »im Normalbereich« liegt, vor allem weil man für gewöhnlich nur eine kleine Stichprobe von Bezugspunkten zur Verfügung hat, wenn man nicht gerade mit vielen Kindern arbeitet (z. B. in Schule oder Kindertagesstätte). Und überhaupt, was ist bei Kindern schon »normal«? Mein Sohn schlief *ein Jahr lang* auf Kissen auf dem Boden neben seinem wunderbar bequemen Bett. Ich weigerte mich als Kind einmal monatelang, etwas anderes als Bananen zu essen. Es ist schwer zu sagen, was bei Kindern »normal« ist.

Es lässt sich vor allem so schwer sagen, ob ein Verhalten sich im Normbereich bewegt oder klinisch auffällig ist, weil es keine eindeutige Antwort darauf gibt. Das menschliche Verhalten bewegt sich in einem glockenförmigen Kontinuum, in dem einige

Menschen bei einem beliebigen Charakterzug im unteren Bereich liegen, die meisten in der Mitte und einige am oberen Ende. In der Statistik nennen wir dieses Variabilitätsmuster eine *Normalverteilung*. Es ist also definitionsgemäß normal, dass einige Menschen bei einer Eigenschaft im oberen Bereich liegen. Unsere genetischen Anlagen beeinflussen, wo wir in diesem Kontinuum stehen. Wenn wir klinische Erkrankungen wie Angststörungen, Depression oder Aufmerksamkeitsdefizit-/Hyperaktivitätsstörung (ADHS) definieren, ziehen wir im Grunde eine willkürliche Linie durch diese Kurve und legen fest, dass Menschen über einem bestimmten Niveau von Sorge, Traurigkeit oder Impulsivität eine Schwelle überschreiten, die wir als problematisch betrachten. Aber es gibt keine klare Linie zwischen normalen Verhaltensvariationen und Verhaltensstörungen. Es gibt keinen Lackmustest oder Biomarker, der anzeigt, ob bei einem Kind eine Störung vorliegt oder nicht.

Selbst die Fachleute können nicht präzise definieren, wann ein Verhalten die Grenze zu einer Störung überschreitet. Verhaltensstörungen werden anhand von Symptomlisten diagnostiziert, die von psychiatrisch-psychologischen Komitees aufgestellt werden, die sich ihrerseits auf ihre klinische Beurteilung und Expertise stützen. In den USA werden Diagnosen anhand des *Diagnostic and Statistical Manual of Mental Disorders* (DSM) gestellt, das von der American Psychiatric Association publiziert wird und aktuell in der fünften Auflage vorliegt. Wie Störungen definiert werden, ändert sich mit jeder Auflage, manchmal nur ein wenig und manchmal drastisch (Homosexualität wurde zum Beispiel früher als Störung klassifiziert). Alle zehn bis fünfzehn Jahre wird das DSM überarbeitet; an diesem Prozess sind Hunderte Fachleute aus Forschung und Klinik beteiligt, und er beinhaltet jahrelange Diskussionen und hitzige Debatten. Die WHO definiert Störungen auf eine eigene, etwas andere Weise in der *Internationalen statistischen Klassi-*

fikation der Krankheiten und verwandter Gesundheitsprobleme (ICD). Die ICD wird derzeit in der *elften* Version überarbeitet und folgt einem ähnlichen Prozess.

Das soll heißen, Verhaltensstörungen werden auf unpräzise und ständig im Wandel begriffene Weise definiert. Mit Sicherheit wissen wir allerdings, dass Verhaltens- und emotionale Probleme bei Kindern extrem häufig vorkommen. Die Schätzungen variieren, aber etwa eins von fünf Kindern erfüllt die Kriterien einer diagnostizierbaren psychischen Störung. Ein Bericht der *National Academies of Sciences, Engineering, and Medicine* arbeitete kürzlich die häufigsten Störungen im Kindesalter heraus: Diese sind Angststörungen (betreffen rund 30 Prozent der Kinder zwischen sechs und siebzehn Jahren), Verhaltensstörungen wie die Aufmerksamkeitsdefizit-/Hyperaktivitätsstörung (ADHS) oder die oppositionelle Verhaltensstörung (ODD; rund 20 Prozent der Kinder) und Depression (etwa 15 Prozent). Bei Kindern, die die Kriterien für solche Störungen erfüllen, sind Angst, Frustration oder Impulsivität so stark, dass sie zu massiven Problemen im Alltag führen.

In der Psychologie werden Verhaltens- und emotionale Störungen mithilfe zweier Dimensionen als *internalisierend* und *externalisierend* beschrieben. Diese Begriffe geben an, wie ein Kind seine emotionalen Schwierigkeiten kanalisiert: nach innen oder nach außen. *Internalisierend* sind Probleme, vor denen Kinder in ihrem Inneren stehen, etwa Ängste oder Depressionen. *Externalisierend* sind die Probleme, die sich in einem nach außen gerichteten Verhalten manifestieren. ADHS und ODD sind Beispiele für externalisierende Störungen. Die Begriffe *internalisierend* und *externalisierend* erinnern uns daran, dass diese Verhaltensweisen Kontinuen sind und dass Störungen das obere Ende der Variationsbreite menschlichen Verhaltens darstellen, und nicht etwa etwas Separates, das Menschen erben. Niemand erbt eine psychische Störung; wir erben nur verschiedene Funktionsweisen des Gehirns, von denen einige mit höherer Wahrscheinlichkeit im Extremfall zu Problemen führen.

Stark emotionale Kinder haben ein höheres Risiko sowohl für internalisierende als auch für externalisierende Störungen, da sie definitionsgemäß eine höhere Neigung zu Angst und Frustration haben. Manche Kinder mit hoher Emotionalität tendieren eher zum Internalisieren; sie richten ihre Ängste und ihren Aufruhr nach innen, was zu erhöhten Raten bei Angststörungen oder Depressionen führt. Bei anderen hochemotionalen Kindern kann ihre natürliche Tendenz, sich leicht frustrieren zu lassen, sich nach außen wenden und als Schlagen, Werfen mit Gegenständen oder anderes explosives Verhalten zutage treten. Wenn diese Verhaltensweisen ausgeprägt genug sind, können sie die Kriterien für die sogenannte *oppositionelle Verhaltensstörung* (ODD) erfüllen. Kinder mit geringer Selbstregulation haben definitionsgemäß Schwierigkeiten, ihre impulsiven Tendenzen zu kontrollieren; bei ihnen besteht daher ein erhöhtes Risiko für externalisierende Störungen, vor allem ADHS. Wenn sie älter werden, sind sie auch stärker gefährdet durch Suchterkrankungen.

Im Folgenden beschreibe ich die häufigsten internalisierenden und externalisierenden Störungen bei Kindern, damit Sie die Symptome der einzelnen Erkrankungen besser verstehen. Behalten Sie beim Lesen der unterschiedlichen Diagnosen bitte im Hinterkopf, dass eine Übereinstimmung mit Kriterien für eine psychische Störung nicht bedeutet, dass mit Ihrem Kind etwas »nicht stimmt«; es zeigt nur, dass Ihr Kind ein Gehirn geerbt hat, das extremer programmiert ist. Es liegt am oberen Ende bei Wesenszügen, die in der Bevölkerung entlang eines Kontinuums variieren. Seine einzigartige genetische Konstitution macht es ihm schwerer, in seiner Umgebung zu funktionieren. Das bedeutet, dass es zusätzliche Unterstützung brauchen könnte – intensivere verhaltenstherapeutische Maßnahmen, um ihr spezielles Problem anzugehen, oder in einigen Fällen auch Medikamente, um ihr Gehirn auf ein weniger extremes Funktionsniveau zu bringen, damit sie im Alltag besser zurechtkommen.

Nicht vergessen dürfen wir bei der Betrachtung verschiedener Symptome außerdem, dass bei Kindern mit einer diagnostizierten psychischen Störung ein größeres Risiko für die Diagnose zusätzlicher Störungen besteht. Diese sogenannte *Komorbidität* beschreibt den Umstand, dass viele Verhaltens- und emotionale Probleme gemeinsam auftreten und manchmal schwer zu trennen sind. Im Allgemeinen besteht bei Kindern mit einer internalisierenden Störung (z. B. einer Angststörung) ein höheres Risiko für andere internalisierende Störungen (z. B. Depression). Ebenso besteht bei Kindern mit einer diagnostizierten externalisierenden Störung (z. B. ODD) eine größere Gefahr für weitere externalisierende Störungen (z. B. ADHS). Das lässt sich dadurch erklären, dass internalisierende Störungen bestimmte genetische Einflüsse gemeinsam haben; es gibt also häufige Gene, die mehrere Arten internalisierender Störungen verursachen können. Ähnliches gilt für externalisierende Störungen: Es gibt Gene, die das Risiko für eine Vielzahl externalisierender Störungen erhöhen können.

Verhaltensstörungen können auch Kaskaden auslösen, in denen ein problematischer Bereich zu anderen Problemen führt. Wenn die Ängstlichkeit eines Kindes beispielsweise seine Fähigkeit beeinträchtigt, Freundschaften zu schließen, kann dies zu Einsamkeit führen, die ihrerseits Depressionen auslösen könnte. Bei einem anderen Kind ruft Ängstlichkeit möglicherweise extreme Frustration und Wut hervor, was zu aufsässigem und oppositionellem Verhalten führt. Deshalb ist es wichtig, Verhaltensprobleme früh zu identifizieren und sich Hilfe zu suchen.

Internalisierende Störungen – Probleme im Inneren

Angststörungen

Angsterkrankungen sind die am häufigsten diagnostizierten psychischen Probleme, sowohl bei Kindern als auch bei Erwachsenen. Glücklicherweise lassen sich Angststörungen gut behandeln – doch viele Menschen mit einer Angsterkrankung bekommen nie eine solche Behandlung, denn obwohl die Angst auf vielen Ebenen den Alltag beeinflusst, ist vielen Betroffenen nicht klar, dass es auch anders geht. Etwas anderes haben sie nie gekannt, also gehen sie betrüblicherweise davon aus, dass es eben ihr Schicksal ist, mit der Angst zu leben. Deshalb gehe ich sehr detailliert auf Angststörungen ein, damit Sie wissen, nach welchen Symptomen Sie bei Ihrem Kind Ausschau halten müssen.

Wer unter einer Angsterkrankung leidet, erlebt so viele Sorgen und Ängste, dass es ihn im Alltag behindert. Manche Menschen glauben irrtümlich, dass sich eine Angststörung bei Kindern »auswächst« oder dass sie sich einfach mehr »abhärten« müssen. Eine Angsterkrankung ist jedoch kein Problem, das von selbst wieder verschwindet; es wird vielmehr häufig mit der Zeit noch schlimmer. Je früher Sie also Hilfe suchen, desto eher kann Ihr Kind Strategien erlernen, mit seinen Ängsten umzugehen.

Wenn Sie selbst niemals klinische Angstzustände erlebt haben, fällt es Ihnen vielleicht schwer zu verstehen, warum Kinder mit dieser Störung sie nicht einfach »überwinden« können. Mit Angst haben wir alle schon Erfahrungen gemacht. Wir fühlen uns nervös oder fürchten uns, wenn wir etwas Neues ausprobieren, oder sind unsicher, wie etwas ausgeht. Es ist normal, eine leichte Angst zu verspüren, bevor man auf einer Bühne auftritt oder vor einem Publikum eine Rede hält. Wie viel Angst Sie in verschiedenen Situationen erleben, hängt von Ihren Erbanlagen (wie stark Sie von Natur aus zu Furcht und Sorge neigen) und Ihren Lebenserfahrungen ab. Wenn Sie schon Dutzende Reden gehalten haben, verspüren Sie wahrscheinlich weniger Angst als vor dem ersten Mal. Wenn die letzte Rede allerdings nicht gut lief, sind Sie beim nächsten Mal vielleicht nervöser. Das alles sind normale menschliche Erfahrungen.

Es mag schwer zu glauben sein, aber ein gewisses Maß an Angst ist eigentlich etwas Gutes – deswegen lernen wir für eine Prüfung oder proben vor einer Aufführung: aus Furcht, schlecht abzuschneiden. Furcht verändert sich im Laufe der Evolution. Vorsichtig zu sein, half den Menschen beim Überleben. Hätten die ersten Menschen keine Furcht gekannt, wären sie von Löwen und Tigern und Bären gefressen worden. Unsere Fähigkeit, die Möglichkeit wahrzunehmen, dass etwas Schlimmes passieren könnte, sorgt für unsere Sicherheit. Verhaltensmerkmale, die uns am Leben halten, werden an zukünftige Generationen weitergegeben, und deshalb lebt der Mensch heute noch mit einem gewissen Maß an Angst und Sorge.

Bei ängstlichen Kindern jedoch ist das Gehirn zu stark auf Sorgen programmiert. Der Teil des Gehirns, der Furcht und wahrgenommene Bedrohungen verarbeitet, die *Amygdala*, ist überaktiv; das führt dazu, dass ängstliche Kinder überall potenzielle Gefahren sehen. Ihr Gehirn ist ständig in Alarmbereitschaft für mögliche negative Ergebnisse und überschätzt die Möglichkeit, dass etwas Schlimmes passieren könnte. Ein Kind mit einer Angststörung denkt daher beim Blick aufs Meer vielleicht automatisch: »Gefahr! Haie!« Normalerweise sorgt der präfrontale Kortex – der Gehirnbereich, der für kühle, rationale Reaktionen zuständig ist – dafür, diese Angstreaktion in einen Kontext zu bringen; er erinnert uns daran, dass Haiangriffe sehr selten sind und dass die Strandwache ständig nach ihnen Ausschau hält. Aber bei einem Kind mit einer Angststörung kommt der präfrontale Kortex gegen die überaktive Amygdala nicht an. Die Amygdala übertönt mit ihrem ohrenbetäubenden »GEFAHR! HAIE!« einfach alles andere. Auf diese Weise wird die Angst nicht eingeordnet und kommt den Alltagsfunktionen in die Quere, statt für die Sicherheit des Kindes zu sorgen.

Aus fachlicher Sicht gibt es nicht eine einzige Angsterkrankung, sondern eine ganze Reihe von Angststörungen:

Generalisierte Angststörung – gekennzeichnet durch eine intensive, irrationale Furcht vor einem bestimmten Objekt oder einer Situation (z. B. Angst vor Hunden oder vor dem Fliegen)

Soziale Angststörung – gekennzeichnet durch eine starke Angst vor gesellschaftlichen Situationen und Aktivitäten

Zwangsstörung (OCD) – gekennzeichnet durch unerwünschte Zwangsgedanken (Obsessionen) und ein zwanghaftes Bedürfnis, ein ritualisiertes Verhalten auszuführen (z. B. ein bestimmtes Klopfmuster), um die entstandene Angst abzumildern

Panikstörung – gekennzeichnet durch plötzliche Anfälle überwältigender Angst, oft in Begleitung physiologischer Symptome wie Herzrasen und Kurzatmigkeit

Posttraumatische Belastungsstörung (PTBS) – gekennzeichnet durch starke Furcht oder Angstzustände nach dem Erleben oder Beobachten eines traumatischen Ereignisses

Die spezifischen Symptome variieren je nach Angststörung; deshalb ist es wichtig, mit einer Fachperson zu sprechen, die eine Diagnose stellen und einen entsprechenden Behandlungsplan erstellen kann. Folgende allgemeine Anzeichen können jedoch darauf hindeuten, dass Ihr Kind unter einer Angststörung leidet:

- Scheint Ihr Kind sich über viele Dinge so sehr Sorgen zu machen, dass es Ihnen unverhältnismäßig vorkommt?
- Sind die Sorgentage häufiger als die Tage ohne Sorgen? Durchkreuzen seine Sorgen allmählich Ihre tägliche Routine oder Ihre Aktivitäten?
- Fällt es Ihrem Kind schwer, seine Sorgen unter Kontrolle zu behalten? Scheinen Ihre Bemühungen, sachlich mit ihm darüber zu reden und seine Sorgen in einen Kontext einzuordnen, keinen Einfluss auf sein Gegrübel zu haben?
- Beeinträchtigen seine Sorgen seine Funktionsfähigkeit im Alltag – zur Schule gehen, mit Freunden interagieren? Beeinträchtigt es familiäre Routinen und Aktivitäten?
- Klagt Ihr Kind über Kopfschmerzen oder Bauchschmerzen oder sagt regelmäßig, dass es ihm nicht gut geht, wenn es zur Schule gehen oder anderweitig das Haus verlassen soll?
- Hat Ihr Kind Probleme mit dem Schlafen oder häufig Albträume?
- Hat Ihr Kind übermäßig Angst davor, dass andere ihm böse sind, oder macht es sich Sorgen darüber, was andere von ihm denken?
- Weigert sich Ihr Kind, an schulischen oder sportlichen Aktivitäten teilzunehmen?
- Gerät Ihr Kind in stressreichen Situationen schnell in Wut oder fühlt sich unwohl?
- Verbringen Sie übermäßig viel Zeit damit, in ganz gewöhnlichen Situationen Ihr gestresstes Kind zu trösten?
- Äußert Ihr Kind immer wieder »Was ist, wenn«-Sorgen, gegen die auch das gemeinsame Durchsprechen nicht hilft?

Wenn Sie eine oder mehrere dieser Fragen mit Ja beantworten, sollten Sie professionelle Hilfe erwägen.

Zum Schluss noch ein Hinweis: Einige Kinder, vor allem Jungen, reagieren auf ihre Ängste durch Abreagieren und Fehlverhalten. Das kann verwirrend sein, weil es die Grenze zwischen internalisierendem (was sie im Inneren erleben) und externalisierendem Verhalten (ihrem Fehlverhalten) verwischt. Statt zu sagen: »Ich bin ganz nervös, weil ich in die Schule soll«, werfen sie auf dem Weg zum Bus ihre Bücher zu Boden und erklären trotzig: »Ich gehe nicht zur Schule, du kannst mich nicht dazu zwingen!« Kinder, die auf unterschwellige Angstgefühle mit Reizbarkeit oder Wutausbrüchen reagieren, rufen oft elterliche Wut und Bestrafung hervor statt Empathie. Es kann länger dauern zu begreifen, dass dieses Verhalten ihre Angst widerspiegelt. Wenn die Ausbrüche Ihres Kindes immer in sozialen Situationen auftreten (zur Schule gehen, an Sportveranstaltungen oder Ferienlagern teilnehmen, das gefürchtete Schultheaterstück), könnte die zugrunde liegende Ursache dieses Verhaltens in Wirklichkeit eine Angsterkrankung sein.

Depression

Wir alle fühlen uns manchmal traurig oder niedergeschlagen, aber Menschen mit einer depressiven Störung erleben eine anhaltende Traurigkeit, die ihren Alltag beeinträchtigt. Ähnlich wie bei den Angsterkrankungen gibt es mehrere depressive Störungen, aber im allgemeinen Sprachgebrauch nach DSM-Standard bezieht sich »Depression« meist auf die sogenannte Major Depression (MDD). Als MDD wird eine depressive Phase bezeichnet, die länger als zwei Wochen anhält. (Dies entspricht einer schweren depressiven Episode nach dem Klassifikationssystem der ICD.) Depressionen sind bei jungen Kindern weniger häufig als Angststörungen, deshalb werden sie hier weniger ausführlich behandelt. Viele Kinder mit Angststörungen entwickeln jedoch im späteren Verlauf eine Depression, oft im Teenageralter. Mädchen leiden häufiger unter Depressionen als Jungen.

Folgende Indikatoren könnten darauf hinweisen, dass Ihr Kind an Depressionen leidet:

- *Ist Ihr Kind häufig traurig oder weinerlich oder weint es viel?*
- *Hat Ihr Kind das Interesse an Aktivitäten verloren, die ihm früher Spaß machten?*
- *Zieht sich Ihr Kind aus sozialen Aktivitäten oder von Freunden zurück?*
- *Hat Ihr Kind Schwierigkeiten, sich zu konzentrieren?*
- *Hat Ihr Kind ein geringes Selbstwertgefühl oder eine sehr unfreundliche Selbsteinschätzung (»Ich bin zu nichts nutze«, »Ich werde nie Freunde finden«, »Ich bin hässlich« usw.)?*
- *Gab es eine auffallende Veränderung im Ess- oder Schlafverhalten Ihres Kindes?*
- *Spricht Ihr Kind davon, dass es sterben will?*
- *Haben Sie eine gesteigerte Reizbarkeit oder häufigere Wutausbrüche bei Ihrem Kind festgestellt?*
- *Hat Ihr Kind wenig Energie?*
- *Klagt Ihr Kind oft über Schmerzen ohne ersichtlichen Grund?*

Wie Sie sehen, überschneiden sich einige der Symptome für Depressionen mit Anzeichen für Angsterkrankungen, etwa erhöhte Reizbarkeit, Schlafprobleme sowie Kopf- oder Bauchschmerzen. Auch daran wird deutlich, dass Depressionen und Angsterkrankungen zwar aus fachlicher Sicht als getrennte Störungen diagnostiziert werden, tatsächlich aber einige genetische Einflüsse gemeinsam haben. Eine allgemeine Veranlagung zur Internalisierung, also eine Neigung, starke Emotionen wie Furcht, Sorge oder Stress nach innen zu richten, ist erblich. Bei einigen Menschen zeigt sich diese Veranlagung als Angststörung und bei anderen als Depression. Sie kann sich auch in derselben Person im Zeitverlauf unterschiedlich manifestieren – als Angsterkrankung an einem Punkt der Entwicklung und als Depression an einem anderen. Deshalb ist es so wichtig, sich frühzeitig Hilfe zu holen.

Die kognitive Verhaltenstherapie (KVT) ist eine etablierte, wissenschaftlich fundierte Behandlungsmöglichkeit, die sich bei Angststörungen und Depressionen (sowie anderen psychischen Erkrankungen) als wirksam erwiesen hat. Sie hilft Betroffenen dabei, ihre Denkmuster zu erkennen, negatives Denken und Sorgen zu kontrollieren und ihre Verhaltensreaktionen zu verändern. Auf diese Weise begreifen sie, wie ihr Gehirn von Natur aus programmiert ist, und bauen Fertigkeiten (und damit neue Verknüpfungen im Gehirn) auf, mit deren Hilfe sie besser mit der Störung umgehen können. Statt zuzulassen, dass ihr Gehirn etwa »GEFAHR! HAIE!« brüllt und sie in Panik versetzt, lernen die Betroffenen, die Überaktivität ihres Sorgenzentrums (oder bei Depression ihres Negativitätszentrums) zu erkennen und durch Stärkung des präfrontalen Kortex neue, rationalere und anpassungsfähigere Reaktionen aufzubauen, die ihrer natürlichen Tendenz entgegenwirken.

Externalisierende Störungen – nach außen getragene Probleme

Oppositionelle Verhaltensstörung (ODD)

ODD ist eine der am häufigsten diagnostizierten Verhaltensstörungen bei Kindern. Kinder mit ODD liegen meist bei Emotionalität im oberen und bei Selbstregulation im unteren Bereich. Sie haben Schwierigkeiten, mit Frustration und Wut umzugehen und ihre Reaktionen auf die starken Gefühle zu kontrollieren. ODD wird definiert als ein negatives, feindseliges Verhaltensmuster, das mindestens sechs Monate anhält. Diese sechs Monate sind keine magische Grenze, sondern sollen eher dafür sorgen, dass die Diagnose nur bei *fortdauernden* Verhaltensproblemen gestellt wird und nicht bei vorübergehendem aufsässigem kindlichem Verhalten (denn das kennen ja die meisten Eltern in der einen oder anderen Form). Eine ODD liegt vor, wenn ein Kind mindestens vier der folgenden Kriterien erfüllt:

- *Verliert Ihr Kind häufig die Beherrschung?*
- *Ist Ihr Kind oft wütend oder verärgert?*
- *Streitet Ihr Kind häufig mit Erwachsenen?*
- *Wehrt sich Ihr Kind häufig gegen Forderungen oder Regeln Erwachsener oder weigert sich, diese einzuhalten?*
- *Ärgert Ihr Kind absichtlich andere Menschen?*
- *Gibt Ihr Kind häufig anderen die Schuld für seine Fehler?*
- *Ist Ihr Kind oft boshaft und nachtragend?*

Alle Kinder benehmen sich gelegentlich daneben. ODD wird erst diagnostiziert, wenn *Dauer* und *Ausmaß* des problematischen Verhaltens das übersteigen, was in dem Alter und auf der Entwicklungsstufe des Kindes typischerweise beobachtet wird. Auch diese Diagnose bedeutet nicht, dass etwas mit Ihrem Kind »nicht stimmt« (auch wenn Eltern, denen die Ausbrüche ihres Kindes Angst machen, diese Sorge vielleicht hegen); es bedeutet nur, dass das Kind stark emotional ist und noch nicht die Fähigkeit besitzt, damit umzugehen.

Behandelt wird ODD mit einer intensiven Anwendung der Strategien für stark emotionale Kinder; zusätzlich wird mit den Eltern gearbeitet, damit sie verstehen, dass ihrem Kind bestimmte Fähigkeiten fehlen und dass es nicht einfach manipulativ oder aufsässig ist, Auslöser werden identifiziert und gemeinschaftliche Lösungsfindungsstrategien erarbeitet. Kinder mit einer ODD-Diagnose neigen auch eher zu ADHS aufgrund der Tatsache, dass eine starke Impulsivität das Risiko für mehrere externalisierende Störungen erhöht. Kinder mit ODD entwickeln später auch häufiger Angststörungen oder Depressionen, wahrscheinlich aufgrund der negativen Feedbackschleifen, die entstehen, wenn Kinder sich extrem verhalten. Ihr Verhalten führt oft zu Problemen mit Gleichaltrigen, zu Hause und in der Schule, sodass sie Gefühle der Isolation oder Verzweiflung internalisieren, was zu Angsterkrankungen oder Depressionen führen kann. Entsprechend ist es auch hier wichtig, sich rechtzeitig professionelle Hilfe zu suchen.

Aufmerksamkeitsdefizit-/Hyperaktivitätsstörung (ADHS)

ADHS wird oft als Störung der Verhaltenskontrolle oder Verhaltensenthemmung beschrieben. In aller Kürze bedeutet dies, dass Kinder mit ADHS Schwierigkeiten haben, ihre Impulse zu kontrollieren. Jungen erfüllen die ADHS-Kriterien häufiger als Mädchen. Definitionsgemäß liegen Kinder mit ADHS bei der Selbstregulation im unteren Bereich; ihr Gehirn ist anders programmiert, wie wir bereits gesehen haben. Kindern mit ADHS fällt es schwerer, sich über längere Zeit auf Aufgaben zu konzentrieren, die sie langweilig finden, sie handeln oft, bevor sie die Konsequenzen zu Ende gedacht haben, und sind häufig zappeliger, aktiver und ruheloser als andere Kinder in ihrem Alter. Viele Kinder mit ADHS haben Schwierigkeiten mit der Aufmerksamkeit *und* der Impulsivität, aber es ist auch möglich, dass hauptsächlich Probleme mit Unaufmerksamkeit *oder* Hyperaktivität (statt beidem) bestehen.

Die folgenden Anzeichen deuten auf Probleme mit Unaufmerksamkeit hin (für eine Diagnose müssen sechs oder mehr erfüllt sein):

- *Achtet Ihr Kind nicht auf Einzelheiten oder macht viele Flüchtigkeitsfehler?*
- *Hat Ihr Kind häufig Probleme, mit der Aufmerksamkeit bei einer Aufgabe oder einem Spiel zu bleiben?*

- *Hört Ihr Kind oft nicht zu, wenn es direkt angesprochen wird?*
- *Bringt Ihr Kind häufig Hausaufgaben oder Arbeiten im Haushalt nicht zu Ende?*
- *Hat Ihr Kind Schwierigkeiten, Aufgaben oder Aktivitäten zu organisieren?*
- *Lehnt Ihr Kind Aufgaben ab, die über einen längeren Zeitraum durchgehende geistige Aufmerksamkeit erfordern (wie Hausaufgaben), oder vermeidet es sie?*
- *Verliert Ihr Kind oft Gegenstände, die es für Aufgaben und Aktivitäten braucht (z. B. Schulmaterialien, Stifte, Bücher, Werkzeuge, Portemonnaie, Schlüssel, Dokumente, Brille, Handy)?*
- *Lässt sich Ihr Kind leicht ablenken?*
- *Ist Ihr Kind bei täglichen Aktivitäten oft vergesslich?*

Die folgende Aufstellung nennt Symptome für Hyperaktivität/Impulsivität. Für eine Diagnose müssen mindestens sechs Symptome über mindestens sechs Monate auftreten, und sie müssen störend und unangemessen für die Entwicklungsphase des Kindes sein:

- *Fuchtelt oder klopft Ihr Kind oft mit Händen oder Füßen oder rutscht auf seinem Stuhl herum?*
- *Springt Ihr Kind häufig in Situationen auf, in denen erwartet wird, dass es sitzen bleibt?*
- *Rennt oder klettert Ihr Kind oft, wenn es in einer Situation nicht angemessen ist?*
- *Ist es Ihrem Kind oft unmöglich, ruhig zu spielen oder an Freizeitaktivitäten teilzunehmen?*
- *Ist Ihr Kind häufig »in Bewegung« und benimmt sich wie »aufgezogen«?*
- *Redet Ihr Kind oft ohne Punkt und Komma?*
- *Platzt Ihr Kind häufig mit einer Antwort heraus, bevor die Frage zu Ende gestellt wurde?*

- Hat Ihr Kind oft Schwierigkeiten zu warten, bis es an der Reihe ist?
- Unterbricht oder stört Ihr Kind andere (platzt es z. B. in Gespräche oder Spiele)?

Neben den aufgeführten Verhaltenskriterien müssen die Verhaltensweisen für eine ADHS-Diagnose in zwei oder mehr Umgebungen auftreten (z. B. zu Hause und in der Schule oder bei den Eltern und bei anderen Betreuungspersonen). Zusätzlich müssen die Symptome die Funktionsfähigkeit des Kindes im Alltag stören, indem sie beispielsweise Probleme zu Hause oder in der Schule oder mit Freunden verursachen.

Störung oder Temperament?

Beim Durchgehen der Liste der Symptome für die häufigsten Störungen in der Kindheit sind Ihnen wahrscheinlich Überschneidungen mit den Verhaltensweisen im Kontext unterschiedlicher genetisch beeinflusster Temperamenteigenschaften aufgefallen. Hohe Aktivität und übermäßiges Reden kommen beispielsweise bei stark extravertierten Kindern häufig vor, sind aber auch Kriterien für ADHS. Frustrationsanfälligkeit und Jähzorn deuten auf hohe Emotionalität hin, sind aber auch Symptome für ODD. Ebenso sind Ängstlichkeit oder Reizbarkeit häufige Eigenschaften stark emotionaler Kinder, gehören aber auch zu den Symptomen für internalisierende Störungen. Kinder mit geringer Selbstregulation haben Probleme mit der Selbstbeherrschung, was auch ein wesentliches Merkmal der ADHS ist.

Nun fragen Sie sich vielleicht: Wann ist es das Temperament und wann eine Störung? Wenn Sie gerade über dieser Frage brüten, sind Sie ganz einfach über die Tatsache gestolpert, dass es keine heiligen

Wahrheiten in Bezug auf klinische Störungen gibt. Kinder am oberen Ende bestimmter Verhaltensmerkmale sind definitionsgemäß extremer, was in Umgebungen, die auf »durchschnittliche« Menschen abgestimmt sind, zu Problemen führen kann. Klinische Störungen sind einfach Verhaltensmuster, die nachgewiesenermaßen Probleme hervorrufen. Wenn Sie sich also Sorgen machen, weil das Verhalten Ihres Kindes Probleme verursacht, möchte ich Sie ermuntern, *nicht* erst zu grübeln, ob es die Kriterien für eine Störung erfüllt – vergessen Sie nicht, das sind immer willkürliche und unscharfe Grenzen. Werden Sie stattdessen aktiv und suchen Sie den Rat einer Ärztin oder eines Therapeuten, sobald Ihnen das Verhalten Ihres Kindes Sorgen bereitet.

Ich habe schon erlebt, wie sich Eltern den Kopf zermartert haben, ob sie wegen der Verhaltensprobleme ihres Kindes professionellen Rat suchen sollten. Man muss es sich gar nicht so schwer machen. Als Eltern treffen wir ständig Ermessensentscheidungen, wann wir professionelle Hilfe für unsere Kinder in Anspruch nehmen: jedes Mal, wenn sie husten oder sich verletzen. Wir sehen Symptome wie Halsschmerzen oder Fieber und entscheiden, wann es schlimm genug ist, um einen Arztbesuch zu rechtfertigen, und wann die heimische Behandlung mit Hühnersuppe und liebevoller Zuwendung reicht. Wir müssen keine Diagnose stellen, bevor wir zum Arzt gehen (auch wenn wir Vermutungen anstellen); wir wissen nur, dass etwas nicht stimmt, und suchen deshalb professionelle Hilfe.

Derselben Logik können wir auch folgen, wenn es um das psychische Wohlergehen unserer Kinder geht. Wir entscheiden, wann zum Beispiel eine Episode verstärkter Ängstlichkeit von selbst vorübergeht und wann es Zeit ist, eine Kinderpsychologin hinzuzuziehen. Wir machen nicht bei jedem Wutanfall gleich einen Termin beim Therapeuten, aber ein fortgesetztes Muster beängstigender Ausbrüche kann durchaus eine genauere Untersuchung erfordern.

Die Liste der Symptome häufiger Verhaltens- und emotionaler Störungen kann Ihnen dabei helfen, mögliche Problembereiche zu identifizieren, aber auch sie liefern keine eindeutigen Antworten: Das entsprechende Verhalten muss »oft« oder »häufig« oder »viel« auftreten, was wiederum eine Ermessensfrage ist.

Dementsprechend lautet die beste Faustregel bei der Entscheidung, ob Sie professionellen Rat einholen sollten: *Wenn das Verhalten Ihr Kind beeinträchtigt, dann ja.* Stört das Verhalten Ihres Kindes seine Beziehung zu Ihnen, zu Gleichaltrigen oder zu seinen Lehrkräften? Gerät es in der Schule immer wieder in Schwierigkeiten? Wurde es bereits aus mehreren Spielgruppen geworfen? Geben Sie Ihr Bestes, um die Strategien in diesem Buch (und vielleicht anderen) umzusetzen, haben aber das Gefühl, nichts funktioniert? Wenn Sie eine dieser Fragen mit Ja beantworten, suchen Sie ruhig Hilfe von außen.

Aufmerken sollten Sie auch, wenn sich das Verhalten Ihres Kindes verändert. Wenn Ihr sonst so fröhliches extravertiertes Kind plötzlich viel Zeit in seinem Zimmer verbringt, sich nicht mit seinen Freunden treffen oder Aktivitäten unternehmen will, die es vorher liebte, lohnt es sich, tiefer zu graben, um herauszufinden, was los ist. Wenn das ungewöhnliche Verhaltensmuster anhält (ein allgemeiner Richtwert ist ein Monat oder länger), sollten Sie überlegen, professionellen Rat einzuholen.

Noch ein letzter Hinweis: Wenn Sie bei Ihrem Kind Anzeichen dafür feststellen, dass es eine Gefahr für sich oder andere sein könnte, suchen Sie sich umgehend professionelle Hilfe. Das bedeutet nicht, dass Sie bei jedem melodramatischen Kommentar Ihres Kindes (»Wenn ich nicht ins Team komme, will ich nicht mehr leben«) sofort den Psychiater über Kurzwahltaste anrufen müssen. Setzen Sie Ihre elterliche Intuition ein: Wenn sich die Bedrohung seiner selbst oder anderer echt anfühlt, nehmen Sie Kontakt auf.

Hilfe suchen

»Das ist ja alles schön und gut«, denken Sie jetzt, »aber wo fange ich an zu suchen, wenn mein Kind Hilfe braucht?« Ich wünschte, es gäbe eine einfache Antwort auf diese Frage, aber leider gibt es viele Variablen, wenn es um die Qualität einer therapeutischen Behandlung geht. Man kann nicht einfach das Telefonbuch aufschlagen und irgendeinen Therapeuten anrufen. Eine kassenärztliche Zulassung oder Psychotherapie-Erlaubnis allein ist noch kein Garant dafür, dass diese Person Ihr Kind auch wirksam behandeln kann. Die fehlende Qualitätskontrolle in Psychiatrie und Psychotherapie ist wahrscheinlich ein Überbleibsel des Stigmas, das psychische Erkrankungen lange umgab – der Überzeugung, dass es sich dabei nicht um »echte« Störungen im Sinne anderer medizinischer Leiden handelt. Unser Verständnis psychischer Probleme hat sich jedoch weiterentwickelt. Wir wissen inzwischen, dass psychische Störungen genetisch beeinflusst sind, genau wie andere biomedizinische Störungen, und wir verfügen über wirksame evidenzbasierte Behandlungen. Sie sollten darauf achten, dass Ihr Kind davon profitiert.

Die Wahrheit ist: Wenn Sie eine Fachperson für psychische Erkrankungen suchen, müssen Sie sich gründlich informieren. Sie müssen Ihre Hausaufgaben machen. Leider erkennt man einen guten Therapeuten (also einen, der wissenschaftlich fundierte Behandlungen anbietet) nicht an seinem geschmackvollen Wartezimmer oder an der guten Atmosphäre in der Praxis. Sie müssen dem potenziellen Kandidaten oder der Kandidatin folgende Fragen stellen:

- *Welche Behandlung empfehlen Sie?*
- *Gibt es wissenschaftliche Belege, die diese Therapie stützen?*
- *Gibt es noch andere Behandlungsmöglichkeiten?*
- *Warum ist gerade das Ihre bevorzugte Behandlungsmethode?*

Ihre höchste Priorität besteht darin, jemanden zu finden, der wissenschaftlich fundierte Maßnahmen ergreift; gleichzeitig werden Sie mit dieser Person aber auch eine enge Arbeitsbeziehung eingehen. Dementsprechend sollten Sie auch berücksichtigen, wie Sie auf den Therapeuten reagieren. Sie müssen das Gefühl haben, eine gute Beziehung zum Therapeuten Ihres Kindes zu haben – es gibt tatsächlich Belege dafür, dass dies eine Rolle dabei spielt, ob die Therapie als wirksam wahrgenommen wird! Vergessen Sie dabei jedoch nicht, dass jemand, den Sie auf Anhieb mögen, Ihr Kind nicht unbedingt auch im Sturm erobern wird; ich fand mal eine bestimmte Therapeutin besonders toll, aber mein Sohn fand, sie sei mir zu ähnlich (!). Für ihn fühlte es sich deshalb so an, als bekäme er die doppelte Dosis »Mama-Tipps«.

Wieso warten? Warum Sie lieber früher als später Hilfe suchen sollten

Das Fazit lautet also: Wenn Sie sich fragen, ob Sie Hilfe in Anspruch nehmen sollten oder nicht – tun Sie es! Vielleicht warten Sie noch ab, ob das Verhalten sich von selbst bessert oder ob Sie allein herausfinden, wie Sie damit umgehen können. Das ist ein ganz normales erstes Vorgehen, aber wenn Sie feststellen, dass es Sie nicht weiterbringt, Bücher zu lesen und allein zu versuchen, Verhaltensstrategien umzusetzen, dann scheuen Sie sich nicht, zusätzlich professionelle Hilfe in Anspruch zu nehmen. Denken Sie daran, je früher Sie Ihrem Kind Hilfe besorgen, desto eher kann es Fähigkeiten erlernen, um mit seinen Schwierigkeiten besser umzugehen.

Manche Eltern machen sich Sorgen, dass der Psychologe oder die Psychiaterin schlecht von ihnen denken könnte, und trauen sich deshalb nicht hin. Nun ist die Sache aber die: Therapeuten arbeiten gern mit Menschen! Sie sehen viele Eltern, deren Kinder

Probleme haben. Sie sind nicht der Meinung, dass etwas mit den Leuten nicht stimmt, die um Hilfe bitten – sie helfen nämlich ausgesprochen gern! Therapeuten sind dafür ausgebildet, eine angenehme Umgebung zu schaffen. Die Menschen in meinem Bekanntenkreis, die am ehesten professionelle Hilfe in Anspruch nehmen würden, sind ebenfalls psychologische Fachleute – wir wissen, dass Kindererziehung schwer ist und wir alle zusätzliche Hilfe brauchen können, vor allem von anderen Menschen, die sich mit der Wissenschaft des kindlichen Verhaltens auskennen.

Zum Teil warten Eltern auch ab, weil sie befürchten, dass ihr Kind einen Stempel aufgedrückt bekommt. Sie möchten nicht, dass es (beispielsweise) mit ADHS oder einer Angststörung diagnostiziert wird, weil sie sich Sorgen wegen des Stigmas machen, das solchen Diagnosen anhaftet. Meiner Erfahrung nach geht es den meisten Therapeuten weniger darum, eine Diagnose zu stellen, als Ihrer Familie und Ihrem Kind aus der schwierigen Situation zu helfen. Häufig machen sich die Eltern viel mehr Gedanken darüber, ob ihr Kind eine Störung »hat«. Die meisten Fachleute in der Praxis sind sich der Problematik klinischer Diagnosen durchaus bewusst. Sie wissen, dass kindliche Verhaltensprobleme nicht sauber in fertige Schubladen passen. Oft werden Diagnosen hauptsächlich gestellt, um die Anforderungen von Dokumentation und Abrechnung zu erfüllen. Die meisten klinischen Fachleute stellen bei Kindern unter fünf Jahren überhaupt keine Diagnosen.

Sie sollten Ihre Befürchtungen rund um eine Diagnose für Ihr Kind gegen den Schaden abwägen, den unbehandelte Verhaltensstörungen und emotionale Probleme anrichten können. Angsterkrankungen, Depression, ODD, ADHS und andere Verhaltens- und Affektstörungen können schwerwiegende Folgen nach sich ziehen, wenn sie nicht behandelt werden, und sich sehr negativ auf die Beziehung der Kinder zu ihren Eltern, ihre Fähigkeit, Freundschaften zu schließen, und ihre schulischen Leistungen auswirken.

Diese Konsequenzen verschärfen die Probleme dann weiter, da die Kinder zunehmend daran verzweifeln, ihren Platz in der Welt zu finden. Ihrem Kind Hilfe zu besorgen, kann diesen Teufelskreis aufbrechen und ihm die Fertigkeiten vermitteln, die es braucht, um engere Freundschaften zu entwickeln, in der Schule besser abzuschneiden und vor allem eine bessere Beziehung zu Ihnen, seinen Eltern, aufzubauen.

Einigen Kindern (und Erwachsenen) hilft eine Diagnose sogar im Sinne einer Anerkennung, dass es »echt« ist, was sie erleben. Sie verstehen dadurch, dass viele Menschen mit denselben Problemen zu kämpfen haben wie sie. Betroffene und ihre Familien erkennen so, dass sie nicht allein sind und dass es Behandlungsmöglichkeiten gibt, die die Situation verbessern können. Für viele bedeutet eine Diagnose tatsächlich Hoffnung, vor allem in Verbindung mit einem dynamischen Selbstbild.

Eine andere Sorge mancher Eltern sind die potenziellen Kosten einer therapeutischen Behandlung. Kosten und Zahlungsoptionen sollten Sie im Sondierungsgespräch mit potenziellen Therapeuten unbedingt zur Sprache bringen. Viele Therapeuten haben eine Kassenzulassung, auch für die gesetzlichen Krankenkassen, jedoch nicht alle. In manchen Praxen gibt es eine gestaffelte Gebührenordnung, manche Privatpraxen behandeln sogar pro bono. Wenn die Kostenfrage Ihnen auf der Seele brennt, bringen Sie das im Kennenlerngespräch gleich zur Sprache. Falls ein Therapeut oder eine Praxis nicht Ihrer finanziellen Situation entspricht, kann man dort vielleicht andere Fachleute mit günstigeren oder flexibleren Gebühren empfehlen.

Es ist doch so: Wir *alle* können Hilfe bei der Erziehung gebrauchen. Einigen reicht es, Bücher zu lesen und mit Freundinnen zu sprechen. Aber Eltern mit Kindern, deren Temperament größere Probleme aufwirft, sollten sich nicht scheuen, zusätzliche Hilfe in Anspruch zu nehmen, vor allem dann, wenn diese Veranlagung die Funktionsfähigkeit des Kindes oder der Familie beeinträchtigt. Einen Profi zu finden, der Ihnen dabei hilft, wissenschaftlich fundierte Strategien umzusetzen, um die unterentwickelten Fertigkeiten Ihres Kindes zu stärken, kann ein dringend benötigter Rettungsanker sein. Eine Liste an Organisationen und Einrichtungen, die Ihnen als Ausgangspunkt dienen soll, finden Sie im Anhang.

Kernpunkte

* Verhaltens- und emotionale Probleme kommen bei Kindern sehr oft vor. Am häufigsten sind Angst- und Verhaltensstörungen (oppositionelle Verhaltensstörung, ADHS), gefolgt von Depressionen.
* Psychische Störungen sind unscharf definiert. Es gibt keine eindeutige Grenze zwischen normalen Verhaltensvariationen und Verhaltensstörungen.
* Der wichtigste Hinweis darauf, dass Sie professionelle Hilfe in Erwägung ziehen sollten, ist eine Beeinträchtigung durch das Verhalten; mit anderen Worten, verursacht das Verhalten Ihres Kindes Probleme zu Hause, mit Gleichaltrigen oder in der Schule?
* Je schneller Sie Hilfe für die Verhaltensauffälligkeiten oder emotionalen Probleme Ihres Kindes in Anspruch nehmen, desto schneller kann Ihr Kind die Fertigkeiten lernen, die es zu ihrer Überwindung braucht. Warten Sie also nicht! Viele dieser Störungen werden unbehandelt mit der Zeit nur schlimmer.

Das ganze Puzzle: Ein neuer Erziehungsansatz

Es ist ein Running Gag in meiner Familie, dass ich mehr Zeit im Büro des Schulleiters verbracht habe, seit die Kinder auf der Welt sind, als in den über zwanzig Jahren als Schülerin und Studentin. So hatte ich mir meine Zukunft damals als Einserstudentin mit mehreren Abschlüssen in Psychologie ganz sicher nicht vorgestellt. Wenn Ihre Kinder also nicht ganz so werden, wie Sie sie sich erhofft haben, dann sind Sie nicht allein. Meine sind auch nicht perfekt, und ich gelte immerhin als »Expertin« für kindliches Verhalten (mein Mann findet das bis heute zum Brüllen komisch).

Die Wahrheit ist, als Elternteil sind Sie nur dafür verantwortlich, Ihr Bestes zu geben. *Sie sind nicht verantwortlich für das Verhalten Ihres Kindes.* Moment mal, wie jetzt? Nicht verantwortlich für das Verhalten meines Kindes? Das widerspricht jeglicher Intuition. Aber jeder, der jemals versucht hat, ein zappelndes Kleinkind im Kindersitz anzuschnallen, musste einsehen, dass es sehr schwierig ist, jemanden zu etwas zu *zwingen* – egal, wie klein dieser Jemand ist.

Es ist Ihre Aufgabe, Ihr Kind zu unterstützen und anzuleiten. Aber es ist die Aufgabe Ihres *Kindes,* diese Lektionen umzusetzen. Seien Sie also nachsichtig mit sich und mit anderen Eltern. Es ist schwer zu akzeptieren, aber ein Großteil des Verhaltens unserer Kinder entzieht sich letztlich unserer Kontrolle. Wir können sie führen und formen, aber wir können sie nicht steuern. Letzten Endes entscheiden sie selbst, wie sie sich benehmen und wer sie werden. An diese Tatsache müssen wir uns wieder und wieder erinnern, wenn sie größer werden und wir in unsere Rolle des »elterlichen Formgebers« zurückfallen und dabei vergessen, wie viel Kontrolle unsere eigenen Kinder über ihr Schicksal haben.

Stellen wir uns doch einmal vor, wie Erziehung in einer Welt aussehen könnte, in der wir alle diese grundlegende Tatsache verinnerlicht haben – dass wir als Eltern nicht die Kontrolle über das Verhalten unserer Kinder haben. In dieser Welt geben wir uns mit unseren Kindern die größtmögliche Mühe, aber wir haben keine gewaltigen Schuldgefühle, wenn sie im Laden einen Wutanfall bekommen. Wir spüren nicht das Gewicht der urteilenden Blicke, wenn unser Kind auf der Geburtstagsparty in einer Ecke schmollt. Wir unterstützen uns als Eltern gegenseitig. Wir tauschen Ideen aus, aber wir erkennen auch an, dass jedes Kind anders ist. Wir staunen und lachen mit anderen Eltern in der Spielgruppe, wenn ein Vater versucht, die »magische« Belohnungstabelle einer anderen Mutter einzusetzen, und das bei seinem Kind total nach hinten losgeht – *und wir gehen nicht davon aus, dass dieser Vater etwas falsch gemacht haben muss.* Wir formulieren unsere Vorstellungen von Erziehung als Vorschläge, nicht als Evangelium, und sind uns bewusst, dass etwas, das bei einem Kind funktioniert, bei einem anderen vielleicht überhaupt nicht greift – auch wenn das andere Kind seine Schwester ist! Wir begreifen, dass wir einfach nur Glück hatten, wenn unser Kind »einfach« und wohlerzogen ist – dass sein Verhalten sich genauso aus seinem Temperament ableitet wie aus unserer hervorragenden Erziehung. Wir fühlen mit den Eltern »schwieriger« Kinder mit und sind uns bewusst, dass ihre kleine genetische Losnummer ihnen einfach nichts schenkt. Statt über sie zu urteilen, unterstützen wir Eltern, deren Kinder sich auffällig benehmen oder Schwierigkeiten haben.

Wenn Ihnen diese Welt unrealistisch vorkommt, dann liegt das daran, dass wir Freud und unseren Müttern und all den anderen »Experten« aus der von ihnen selbst erschaffenen Erziehungsratge berbranche erlaubt haben, unser Narrativ zu dominieren. Ebenso, wie wir uns zusammen mit der Wissenschaft weiterentwickelt und unsere Ansichten über die Ursachen von Autismus geändert haben (nein, nicht die kaltherzigen Mütter sind schuld), ist es nun an der Zeit, unsere Betrachtungsweise des gesamten kindlichen Verhaltens zu ändern und nicht mehr den Eltern die Schuld zu geben, wenn Kinder nicht perfekt sind. Nicht die schlechte Erziehung führt dazu, dass unsere Kinder sich danebenbenehmen. Sie sind einfach Kinder. Und manche Kinder sind eben aufgrund ihrer natürlichen Anlagen impulsiver, emotionaler, aufsässiger und fordernder als andere. Wenn wir die wissenschaftlichen Grundlagen der individuellen Unterschiede zwischen Kindern anerkennen, können wir eine Erziehungskultur mit mehr Unterstützung und weniger Beurteilung schaffen.

In der Literatur zur kindlichen Entwicklung gibt es das Konzept des *Good Enough Parenting*, der hinreichend guten Erziehung.[38] Dahinter steht die Idee, dass wir als Eltern keinem präzisen Plan folgen müssen, damit unsere Kinder zu anständigen Menschen heranwachsen. Unsere Supererziehung macht sie nicht zu Superwesen. Man kann einem Kind, in dessen Genen eine geringe Körpergröße programmiert ist, nicht so viel zu essen geben, bis es 1,80 Meter groß ist. Man *kann* allerdings ein Kind so schlecht ernähren, dass es nicht seine volle Körpergröße erreicht. Aber solange die Umgebung sich innerhalb normaler Parameter bewegt, wachsen unsere Kinder zum großen Teil auf der Grundlage ihres einzigartigen genetischen Codes zu eigenständigen Menschen heran. Unsere Aufgabe besteht darin, »hinreichend gute« Eltern zu sein, um ihnen die Möglichkeit zu geben, sich zu entfalten.

Um eins klarzustellen: Hinreichend gute Erziehung bedeutet nicht, dass unser elterliches Handeln nicht wichtig ist. Eltern sind in entscheidenden Bereichen wichtig – *es sind nur nicht die Bereiche, über die die meisten von uns sich Sorgen machen.* Ob wir einen Schnuller erlauben oder wie wir das Sauberkeitstraining gestalten oder wie viel Bildschirmzeit genau wir zulassen, wird nicht bestimmen, was für Menschen unsere Kinder einmal werden. (Auch wenn es wahrscheinlich keine gute Idee ist, sie täglich von morgens bis abends vor den Fernseher zu setzen.) Vergessen Sie nicht: Unsere Kinder besitzen bereits einen genetischen Code, der darauf programmiert ist, sie zu ausgewachsenen Menschen heranreifen zu lassen, mit der ganzen schwindelerregenden, unglaublichen Palette an Eigenschaften, die zum Menschsein dazugehören. Trotz allem, was die Medien, unsere Eltern und befreundete Eltern uns erzählen, *ist der größte Teil dessen, worüber wir uns als Eltern den Kopf zerbrechen, einfach nicht so wichtig im Hinblick auf das große Ganze, nämlich zu welchen Menschen unsere Kinder heranwachsen.* Die Schwerarbeit leisten ihre Gene.

Wir können immer noch auf viele Weisen großartige Eltern sein – und nicht nur »hinreichend gut«. Das beginnt mit der Anerkennung der Persönlichkeit Ihres Kindes auf der Grundlage seines genetischen Bauplans. Indem Sie dieses Kind akzeptieren und lieben, können Sie ihm helfen, sein volles Potenzial zu entfalten; dazu gehört auch anzuerkennen, dass diese Person vielleicht nicht diejenige ist, als die Sie sich Ihr Kind ursprünglich einmal vorgestellt haben.

Die genetische Einzigartigkeit Ihres Kindes zu verstehen, kann Ihnen dabei helfen, Ihre Erziehung flexibel anzupassen, um ihm dabei zu helfen, das Beste aus sich herauszuholen; Sie können ihm dabei helfen, seine Stärken zu erkennen und zur Geltung zu bringen, und gemeinsam mit ihm an seinen Schwächen arbeiten. Wenn Sie begreifen, über welche Teile Sie die Kontrolle haben und über welche nicht, können Sie mit diesem Wissen Ihrem Kind helfen, sein Potenzial auszuschöpfen. Schwierigkeiten tauchen auf, wenn Sie versuchen, Ihr Kind zu »verändern«. Wenn Sie ständig davon reden, wie sehr Sie sich wünschen, es sei größer, und es mit Zwangsernährung versuchen, sorgen Sie nur dafür, dass ein Kind mit genetisch vorbestimmter geringer Körpergröße mit sich unzufrieden ist. Beim Thema Körpergröße scheint das offensichtlich, aber Gleiches gilt auch für das Verhalten.

Ich hoffe, Sie fühlen sich nun gestärkt! Sie haben die Wissenschaft auf Ihrer Seite. Sie verstehen nun besser, wer Ihr Kind ist und wie sein einzigartiger genetischer Code seine Entwicklung prägt. Sie wissen, wie Ihr Genotyp Ihr Temperament, Ihre Neigungen und die Interaktion mit Ihrem Kind beeinflusst. Sie fühlen sich weniger unter Druck, weil Sie wissen, dass es so etwas wie die perfekte Erziehung nicht gibt. Sie können Ihre Erziehung flexibel an Ihr Kind anpassen und auf diese Weise Frustrationen und Stresspunkte reduzieren und sich darauf konzentrieren, was für alle Beteiligten jeweils am wichtigsten ist. Sie wissen, dass Sie Ihr Bestes geben, letzten Endes aber weder die Kontrolle noch die Verantwortung für das Verhalten und die Outcomes Ihres Kindes haben. Sie wissen, nach welchen Anzeichen Sie Ausschau halten müssen und wann Sie sich Hilfe holen sollten.

Aber vielleicht fühlen Sie sich auch überfordert. Vielleicht macht die Vorstellung, dass Sie weniger Kontrolle über das Verhalten und die Lebensresultate Ihres Kindes haben, Ihnen Angst oder entmutigt Sie, weil Ihr Kind Schwierigkeiten hat. Vielleicht fragen Sie sich gerade, warum Sie so viel Zeit und Energie auf Ihr Kind verwenden, wenn Sie es nicht so formen können, wie Sie es sich vielleicht vorgestellt haben.

Wenn Ihnen gerade solche Gedanken durch den Kopf gehen, stellen Sie sich einmal vor, dass es um Ihren Mann oder eine gute Freundin geht statt um Ihr Kind. Wahrscheinlich verbringen Sie auch mit diesen eine Menge Zeit, aber vermutlich deshalb, weil Sie diese Person gernhaben und eine Beziehung zu ihr aufbauen möchten. Sie verbringen nicht deshalb Zeit mit ihr, weil Sie versuchen, sie zu ändern oder zu der Person zu formen, die sie Ihrer Meinung nach sein sollte. Wenn Sie glücklich (oder auch nur immer noch) verheiratet sind, haben Sie sich wahrscheinlich schon vor einer Weile von dieser Vorstellung verabschiedet und gelernt, an Frustrationspunkten zu arbeiten und eine Beziehung aufzubauen, die die individuellen Bedürfnisse, Wünsche und Persönlichkeiten beider Beteiligten berücksichtigt. Dasselbe gilt auch für enge, dauerhafte Freundschaften.

Genau wie Ihr Partner oder Ihre beste Freundin ist Ihr Kind ein eigenständiger Mensch. Ein kleiner Mensch zwar und einer, der Ihre Hilfe braucht, um er selbst zu werden. Aber auch Ihr Kind ist eine einzigartige Person – eine, die Sie kennenlernen werden und an der Sie bestimmte Dinge lieben und andere nicht so sehr. Genau wie die anderen lieben Menschen in Ihrem Leben ist Ihr Kind jemand, mit dem Sie eine Beziehung aufbauen können, und Qualität und Wesen dieser Beziehung werden stark davon abhängen, ob Sie es akzeptieren und es als den Menschen annehmen, der es ist.

Gute Erziehung bedeutet nicht einfach, mehr zu tun. Es bedeutet herauszufinden, was für Ihr Kind – für seinen einzigartigen genetischen Code – das Richtige ist, während es sich in den verschiedenen Entwicklungsphasen immer mehr entfaltet. Die kindliche Entwicklung zeichnet sich sowohl durch Stabilität als auch durch Veränderung aus. Genetische Einflüsse tragen zu einem großen Teil zu dem bei, was im Laufe der Entwicklung stabil bleibt, aber wie sich diese Veranlagungen entfalten und in verschiedenen Altersstufen zum Vorschein kommen, unterliegt einer Entwicklung. Es wird sich verschieben, je nachdem ob Sie es sanft in die eine oder die andere Richtung lenken, sowie in Abhängigkeit von vielen anderen Aspekten im unmittelbaren Umfeld. Es wird sich je nach Erfahrungen mit Gleichaltrigen, Lehrkräften, Trainern und anderen Lebensereignissen verändern – einiges davon können Sie beeinflussen, anderes nicht.

Für mich ist es einer der schwierigsten Aspekte am Muttersein anzuerkennen, dass eine Unmenge an Dingen in Bezug auf meine Kinder nicht meiner Kontrolle unterliegen, und diese Tatsache zu akzeptieren und damit leben zu lernen. Als meine Freundinnen und ich Mitte zwanzig waren und noch keine Kinder hatten, stellten wir uns gern vor, wie wir unsere Kinder später in die Rückentrage setzen und genau wie vorher wandern, zelten und die Welt bereisen würden (damals lebte ich in Alaska). Bei einigen von uns hat das funktioniert. Andere saßen plötzlich mit einem von Koliken geplagten Baby oder einem Kleinkind zu Hause, das zu gewaltigen Wutausbrüchen neigte und mit denen kein Reisen möglich war, oder ihre Kinder hatten Entwicklungsstörungen.

Der Versuch zu steuern, was aus unseren Kindern wird, lässt grundlegende Tatsachen über das Wesen des menschlichen Verhaltens außer Acht. Es führt nur zu Frustration bei Ihnen und bei Ihrem Kind. Im schlimmsten Fall kann der allzu verbissene Versuch, Ihr Kind zu formen, sein Wachstum behindern und die Beziehung zu ihm beschädigen. Letzten Endes müssen Kinder lernen, mit ihrem Temperament und ihren Tendenzen umzugehen. Einer der besten Beiträge, die Sie als Elternteil leisten können, besteht darin, ihm dabei zu helfen. Dazu gehört auch, es die positiven und auch die negativen Konsequenzen verschiedener Entscheidungen erfahren zu lassen. Wenn es nicht die Gelegenheit für Versuch und Irrtum bekommt, lernt es nicht, es beim nächsten Mal besser zu machen.

Als Elternteil können Sie Ihr Kind unterstützen und ermutigen, während es diesen Wachstumsprozess durchläuft. Je älter es wird, desto mehr Gewicht und potenzielle Konsequenzen haben seine Entscheidungen; daher muss es bereits anfangen zu üben, wenn es noch jung ist. Sosehr wir unsere Kinder lieben, wir können nicht immer für sie da sein. Und das sollten wir auch nicht. Vielleicht ist letzten Endes das größte Geschenk, das wir unseren Kindern machen können, sie so weit loszulassen, dass sie eine eigenständige Persönlichkeit entwickeln können; ihren genetischen Code zum Klingen zu bringen; zu erkennen, dass ihr Lied ein anderes ist als unseres, und das Konzert trotzdem zu genießen, auch wenn wir beim Betreten des Konzertsaals etwas anderes erwartet hatten.

Danksagung

Ich bin den vielen Menschen, die dieses Buch möglich gemacht haben, unendlich dankbar.

Meinem Kollegen Everett Worthington, der als Erster mit mir über die praktischen Grundlagen des Sachbuchschreibens sprach. Danke für die Großzügigkeit mit deiner Zeit und deinen Materialien und dass du mich auf diese Reise geschickt hast.

Meiner Agentin Carolyn Savarese. Du hast aus meinem Ideenbröckchen dieses Buch gemacht! Danke, dass du meine Vision erkannt, mir beim Ausformen geholfen, das Potenzial für andere sichtbar gemacht und die ganze Zeit über für mich gekämpft hast. Ich stehe in deiner Schuld, weil du aus meinem Traum Wirklichkeit gemacht hast.

Meiner Verlegerin Lucia Watson und dem ganzen Team bei Avery und Penguin Random House dafür, dass dieser Prozess so toll und glatt lief! Ich freue mich auf das Abenteuer, das nun vor uns liegt. Danke, Lucia, dass du an mich geglaubt und das Potenzial dieses Buches voll ausgeschöpft hast.

Meinen Eltern Dan und Lynn Dick. Danke für eure beständige Liebe, dass ihr immer an mich geglaubt und mich ermuntert habt, meine Träume zu verwirklichen. Danke für euren unermüdlichen Einsatz für meine Sache. Ihr habt meine Erfolge stets als Erste gefeiert und wart immer da, wenn etwas mal nicht so lief wie geplant. Ich wünschte, jeder hätte das Glück, solche Eltern zu haben.

Meinem Mann Casey, der mein Leben auf so viele Arten bereichert hat, nicht zuletzt durch meine wunderbare Stieftochter Nora.

Du hattest schon lange vor mir die Vision, was aus diesem Buch werden könnte. Danke für dein gutes Herz, deine Geduld und Unterstützung und dafür, dass du ein wunderbarer Ehemann und Vater bist, dass du mich dazu bringst, meine Denkmuster zu erweitern (auch wenn ich es nicht hören will, also meistens), dass du meine Sache begeistert vertrittst und so viel Freude in mein Leben bringst.

Meinen wunderbaren Kindern Aidan und Nora, die so unterschiedlich und auf ihre Weise besonders sind. Ich bin so gespannt, wo eure einzigartige Reise euch hinführt! Aidan: Ich dachte, ich wüsste alles über Erziehung – bis ich dich bekam! Danke dafür, dass du mich zur Mutter gemacht hast, für deine Geduld, wenn ich es nicht ganz schaffte, und dafür, dass du diese Reise mit mir zusammen unternimmst. Ich bin so stolz darauf, wie weit du gekommen bist, und auf den Menschen, zu dem du heranwächst.

Meinen Geschwistern Jeanine und Bryan, die mich auf all meinen Abenteuern begleitet haben, und ihre Angetrauten John und April, die unsere engste Familie so schön abrunden. Ich bin so froh, dass ich das Aufziehen kleiner Menschen mit starken Dick-Familiengenen in all seiner Verrücktheit mit euch allen teilen kann.

Meiner angeheirateten Familie, meiner Schwiegermutter Susan und Schwägerin Barbara, die sich mit mir für *alle* meine Projekte begeistern. Ich hatte großes Glück, Casey zu treffen und euch als Bonusfamilie zu bekommen.

Den vielen Freundinnen und Freunden, die meine Reise als Mutter bereichert haben. Ich werde nicht versuchen, euch alle hier aufzuzählen, damit ich niemanden vergesse – ihr wisst, wer ihr seid. Danke, dass ihr eure Geschichten mit mir geteilt und meinen gelauscht habt, und dass ihr eine Quelle der Freude und Unterstützung seid. Das Elternsein macht so viel mehr Spaß, wenn man die Höhen und Tiefen mit seinen Freunden teilen kann! Mein besonderer Dank gilt Gretchen Winterstein für ihr konstruktives Feedback zu den ersten Kapiteln dieses Buches, die mir seit unserem zufälligen Treffen in der ersten Collegewoche in so vielen Lebensphasen eine verlässliche Freundin war. Ebenso danke ich meiner lieben Freundin Stephanie Davis Michelman, die mir erlaubte, einige ihrer Erziehungsgeschichten in diesem Buch zu verwenden.

Ich danke meinen ersten Mentoren auf dem Gebiet der Verhaltensgenetik, dem verstorbenen Irving Gottesman, meinem Betreuer im Grundstudium, der mich in das Fachgebiet einführte, und Richard Rose, meinem Betreuer im Hauptstudium. Beide hatten einen unschätzbaren Einfluss auf mein Leben, und ich bin ihnen auf ewig dankbar. Danke an meine Kollegin, Freundin und Mitmutter Jessica Salvatore, die eine frühe Version dieses Buches gelesen und mir freundlicherweise erlaubt hat, Geschichten aus ihrer eigenen Elternreise mit einzubauen. Meinem EDGE-Laborteam (EDGE = Examining Development, Genes, and Environment): Danke, dass ihr euch die endlosen Geschichten über meine Kinder angehört und geduldig meine unersättliche Leidenschaft für das Ausprobieren neuer Dinge ertragen habt. Außerdem stehe ich in der Schuld aller Forschenden, die ihr Leben dem Generieren von Wissen gewidmet haben. Wir sind ein Produkt unserer Geschichte, und meine ist geprägt von den Hunderten Gelehrten vor mir, deren Forschung mein Denken, meine Erziehung und dementsprechend auch dieses Buch geprägt hat. Dieses Buch ist ein Tribut an die harte Arbeit all dieser Menschen, auch wenn es eine andere Form hat als in der Wissenschaft sonst üblich.

Zum Schluss möchte ich noch meinem lieben Freund Marshall Lynch danken. Wo soll ich anfangen? Du hast so viel zu diesem Buch beigetragen, dass du eigentlich mit als Autor genannt werden müsstest! Ich weiß, dass du deinen Einfluss überall wiedererkennen wirst, aus unseren Verabredungen zum Kaffee am Samstagmorgen, unseren Videochats während der Ausgangssperre und den unzähligen Gesprächsstunden über unsere Kinder und unser

Leben. Danke, dass du jedes Kapitel jeder Entwurfsversion gelesen und mir über die ganze Zeit bei diesem Projekt als Partner zur Seite gestanden hast. Du machst alles und jeden in deinem Leben besser; dieses Buch hat enorm davon profitiert, in deinem Wirkungskreis zu entstehen. Ich bin so dankbar für deine Freundschaft.

Und ich danke Ihnen, meinen Leserinnen und Lesern, die an vorderster Front ihr eigenes einzigartiges Menschlein großziehen. Ich sehe Sie. Ich weiß, wie es ist, wenn Ihr kleiner »Wonneproppen« Ihnen nichts, aber auch gar nichts schenkt. Danke, dass Sie bis zum Ende durchgehalten haben – dieses Buch ist für Sie.

Weiterführende Literatur und Hilfsquellen

Wie ich schon in der Einleitung anmerkte, soll dieses Buch ein anwendungsfreundlicher Ratgeber für Eltern sein und keine wissenschaftliche Übersichtsarbeit. Im Folgenden empfehle ich einige Bücher, in denen Sie weiterführende Informationen zu den Forschungsarbeiten finden, die in diesem Buch zur Sprache kommen, sowie einige andere Erziehungsratgeber, die ich hilfreich fand. Im Anschluss finden Sie einige Kontaktdaten zu Organisationen und Einrichtungen, die Ihnen bei der Suche nach einem Therapeuten/ einer Therapeutin weiterhelfen können.

Leseempfehlungen

Temperament

Wenn Sie nach einer wissenschaftlichen Übersicht zum Stand der Forschung über das Temperament suchen, empfehle ich Ihnen wärmstens *Becoming Who We Are: Temperament and Personality in Development* (Guilford Press, 2012) von Mary K. Rothbart. Die emeritierte Professorin gehört zu den weltweit führenden Fachleuten für Temperament. Dieses Buch bietet einen ausführlichen Überblick über die wichtige wissenschaftliche Literatur zum Temperament, einschließlich viele der Studien, die in diesem Buch erwähnt werden. Zusätzlich findet sich darin eine umfangreiche weiterführende Literaturliste.

Temperament in the Classroom: Understanding Individual Differences (Paul H. Brookes Publishing Company, 2002), herausgegeben von Barbara K. Keogh, gibt ebenfalls einen wirklich guten Überblick über die wissenschaftliche Literatur zum Thema Temperament und steigt tiefer in die wissenschaftlichen Erkenntnisse ein, wie das Temperament in der Schule zum Tragen kommt.

Verhaltensgenetik

Wenn Sie nach einem wissenschaftlichen Buch suchen, das weitere Informationen zu Methoden und Erkenntnissen auf dem Gebiet der Verhaltensgenetik liefert, empfehle ich *Behavioral Genetics*, 7. Auflage (Worth Publishers, Macmillan Learning, 2017), ein umfassendes Lehrbuch von Valerie S. Knopik, Jenae M. Neiderhiser, John C. DeFries und Robert Plomin.

Als eher praktischen Ratgeber für ein allgemeines Publikum empfehle ich *Blueprint: How DNA Makes Us Who We Are* von Robert Plomin (MIT Press, 2018).

Erziehungsratgeber

Hier eine Auswahl meiner liebsten Erziehungsratgeber; alle sind wissenschaftlich fundiert und haben mir auf meinem Erziehungsweg geholfen. Vor allem Eltern mit stark emotionalen Kindern finden einige dieser ausführlichen Bücher über Erziehungsstrategien vielleicht nützlich.

Die 1-2-3-Methode (Verlag an der Ruhr, 2005) von Thomas W. Phelan.

Das explosive Kind: Plan B für Eltern von kleinen Tyrannen (Ed. Spuren, 2011) von Ross W. Greene.

Freeing Your Child from Anxiety: Powerful Strategies to Overcome Fears, Worries, and Phobias, überarbeitete Ausgabe (Harmony Books, 2014) von Tamar E. Chansky.

The Kazdin Method for Parenting the Defiant Child: With No Pills, No Therapy, No Contest of Wills (Mariner Books, 2009) von Alan E. Kazdin, Direktor des Yale Parenting Center and Child Conduct Clinic.

Parenting the Strong-Willed Child: The Clinically Proven Five-Week-Program for Parents of Two-to Six-Year-Olds, aktualisierte Ausgabe (McGraw Hill, 2002) von Rex Forehand und Nicholas Long.

Beratungsstellen

- Das National Institute of Mental Health (nimh.nih.gov) – US-Regierungsbehörde, die Forschung zu psychischen Erkrankungen finanziert. Auf ihrer Website finden Sie eine Fülle von Informationen.
- Das Child Mind Institute (childmind.org) – Non-Profit-Organisation, die sich der psychischen Gesundheit des Kindes verschrieben hat. Auf der Webseite finden Sie ein hervorragendes Blog mit Informationen zu allen möglichen psychischen Problemen bei Kindern.
- Die American Academy of Child and Adolescent Psychiatry (aacap.org) – auf der Website finden sich viele Ressourcen zu psychischen Erkrankungen.

Deutschland

- Deutsche Psychotherapeuten Vereinigung (DPtV)
  https://www.deutschepsychotherapeutenvereinigung.de
- Deutsche Gesellschaft für Psychoanalyse, Psychotherapie, Psychosomatik und Tiefenpsychologie e. V. (DGPT)
  https://dgpt.de
- Kassenärztliche Bundesvereinigung (KBV)
  https://www.kbv.de/html/arztsuche.php

Österreich

- Österreichischer Bundesverband für Psychotherapie (ÖBVP)
  https://www.psychotherapie.at/patientinnen/finanzierung
- Österreichische Gesundheitskasse (ÖGK)
  https://www.gesundheitskasse.at

Schweiz

- Föderation der Schweizer Psychologinnen und Psychologen (FSP)
  https://www.psychologie.ch/psychologen-finden-0
- Zürcher Gesellschaft für Psychiatrie und Psychotherapie (ZGPP)
  https://www.therapievermittlung.ch/therapeutinnen-suche/

Sachregister

Sachregister

Anmerkungen

1 M. K. Rothbart und J. E. Bates: Temperament, in: W. Damon und N. Eisenberg (Hrsg.), *Handbook of Child Psychology: Social, Emotional, and Personality Development*, Bd. 3 (New York, NY: John Wiley and Sons, 1998), 105–76.

2 F. S. Collins und H. Varmus: A New Initiative on Precision Medicine, *New England Journal of Medicine* 372, Nr. 9 (2015), 793–95.

3 J. Lansford et al.: Bidirectional Relations between Parenting and Behavior Problems from Age 8 to 13 in Nine Countries, *Journal of Research on Adolescence* 28, Nr. 3 (2018), 571–90.

4 L. L. Heston: Psychiatric Disorders in Foster Home Reared Children of Schizophrenic Mothers, *British Journal of Psychiatry* 112 (1966), 819–25.

5 P. Sullivan, K. S. Kendler und M. C. Neale: Schizophrenia as a Complex Trait: Evidence from a Meta-Analysis of Twin Studies, *Archives of General Psychiatry* 60, Nr. 12 (2003), 1187–92.

6 K. S. Kendler et al.: An Extended Swedish National Adoption Study of Alcohol Use Disorder, *JAMA Psychiatry* 72, Nr. 3 (2015), 211–18.

7 D. Daniels und R. Plomin: Origins of Individual Differences in Infant Shyness, *Developmental Psychology* 21, Nr. 1 (1985), 118–21.

8 R. J. Cadoret: Adoption Studies, *Alcohol Health and Research World* 19, Nr. 3 (1995), 195–200.

9 K. S. Kendler et al.: A Swedish National Adoption Study of Criminality, *Psychological Medicine* 44, Nr. 9 (2014), 1913–25.

10 Y.-M. Hur und J. M. Craig: Twin Registries Worldwide: An Important Resource for Scientific Research, *Twin Research and Human Genetics* 16, Nr. 1 (2013), 1–12.

11 R. J. Rose et al.: FinnTwin12 Cohort: An Updated Review, *Twin Research and Human Genetics* 22, Nr. 5 (2019), 302–11; M. Kaidesoja et al.: FinnTwin16: A Longitudinal Study from Age 16 of a Population-based Finnish Twin Cohort, *Twin Research and Human Genetics* 22, Nr. 6 (2019), 530–39.

12 L. Lighart et al.: The Netherlands Twin Register: Longitudinal Research Based on Twin and Twin-family Designs, *Twin Research and Human Genetics* 22, Nr. 6 (2019), 623–36.

13 E. C. H. Lilley, A.-T. Morris und J. L. Silberg: The Mid-Atlantic Twin Registry of Virginia Commonwealth University, *Twin Research and Human Genetics* 22, Nr. 6 (2019), 753–56.

14 K. S. Kendler, C. A. Prescott, J. – und M. C. Neale: The Structure of Genetic and

Environmental Risk Factors for Common Psychiatric and Substance Use Disorders in Men and Women, *Archives of General Psychiatry* 60, Nr. 9 (2003), 929–37.

15 T. J. Bouchard Jr. und M. McGue: Genetic and Environmental Influences on Human Psychological Differences, *Journal of Neurobiology* 54 (2003), 4–45.

16 M. McGue and D. T. Lykken: Genetic Influence on Risk of Divorce, *Psychological Science* 3, Nr. 6 (1992), 368–73.

17 M. Bartels und D. I. Boomsma: Born to Be Happy? The Etiology of Subjective Wellbeing, *Behavior Genetics* 39, Nr. 6 (2009), 605–15.

18 P. K. Hatemi et al.: The Genetics of Voting: An Australian Twin Study, *Behavior Genetics* 37, Nr. 3 (2007), 435–48.

19 T. Vance, H. H. Maes und K. S. Kendler: Genetic and Environmental Influences on Multiple Dimensions of Religiosity: A Twin Study, *Journal of Nervous and Mental Disease* 198, Nr. 10 (2010), 755–61.

20 L. Eaves et al.: Comparing the Biological and Cultural Inheritance of Personality and Social Attitudes in the Virginia 30,000 Study of Twins and their Relatives, *Twin Research 2* (1999), 62–80.

21 Y. E. Willems et al.: The Heritability of Self-Control: A Meta-Analysis, *Neuroscience Biobehavioral Review* 100 (2019), 324–34.

22 D. I. Boomsma et al.: Genetic and Environmental Influences on Anxious/Depression during Childhood: A Study from the Netherlands Twin Register, *Genes, Brain and Behavior* 4 (2005), 466–81.

23 B. C. Haberstick et al.: Contributions of Genes and Environments to Stability and Change in Externalizing and Internalizing Problems during Elementary and Middle School, *Behavior Genetics* 35, Nr. 4 (2005), 381–96.

24 E. Turkheimer: Three Laws of Behavior Genetics and What They Mean, *Current Directions in Psychological Science* 9, Nr. 5 (2000), 160–64.

25 N. Segal: *Born Together – Reared Apart. The Landmark Minnesota Twin Study* (Cambridge, MA: Harvard University Press, 2012); siehe auch: https://mctfr.psych. umn.edu/research /UM%20research.html.

26 R. Sapolsky: A Gene for Nothing, *Discover Magazine*, September 30, 1997.

27 H. Begleiter et al.: The Collaborative Study on the Genetics of Alcoholism, *Alcohol and Health Research World* 19 (1995), 228–36.

28 S. Scarr und K. McCartney: How People Make Their Own Environments: A Theory of Genotype Greater than Environment Effects, *Child Development* 54, Nr. 2 (1983), 424–35.

29 R. Plomin und S. von Stumm: The New Genetics of Intelligence, *Nature Reviews Genetics* 19, Nr. 3 (2018), 148–59.

30 C. Tuvblad und L. A. Baker: Human Aggression across the Lifespan: Genetic Propensities and Environmental Moderators, *Advances in Genetics* 75 (2011), 171–214.

31 D. Dick: Gene-environment Interaction in Psychological Traits and Disorders, *Annual Review of Clinical Psychology* 7 (2011), 383–409.

32 S. Chess und A. Thomas: *Goodness of Fit: Clinical Applications for Infancy through Adult Life* (Philadelphia: Bruner/Mazel, 1999).

33 C. S. Dweck: *Mindset: The New Psychology of Success* (New York: Ballantine Books, 2007).

34 K. A. Duffy und T. L. Chartrand: The Extravert Advantage: How and When Extraverts Build Rapport with Other People, *Psychological Science* 26, Nr. 11 (2015), 1795–802.

35 W. Mischel: *The Marshmallow Test: Why Self-Control Is the Engine of Success* (Boston: Little, Brown, 2015).

36 T. E. Moffitt et al.: A Gradient of Childhood Self-control Predicts Health, Wealth, and Public Safety, *Proceedings of the National Academy of Sciences of the United States* 108 (2011), 2693–98.

37 T. M. Achenbach, S. H. McConaughy und C. T. Howell: Child/Adolescent Behavioral and Emotional Problems: Implications of Cross-informant Correlations for Situational Specificity, *Psychological Bulletin* 101, Nr. 2 (1987), 213–32.

38 S. Scarr: Developmental Theories for the 1990s: Development and Individual Differences, *Child Development* 63, Nr. 1 (1992), 1–19.

Über die Autorin

© Allison Shumate Photography

Danielle Dick ist Professorin für Human- und Molekulargenetik an der Virginia Commonwealth University und erforscht, inwieweit genetische Faktoren und Umwelteinflüsse das menschliche Verhalten bestimmen. Sie leitet ein Forschungsinstitut für Behavioral and Emotional Health und erhielt für ihre wissenschaftliche Arbeit Forschungsgelder in Höhe von 25 Millionen Dollar. Sie hat mehr als 300 wissenschaftliche Beiträge verfasst und zahlreiche nationale und internationale Auszeichnungen erhalten.